아산재단 연구총서 제383집

노인요양원과 문화 변화

거주 노인 중심 장기요양시설

최 재 성

집문당

머리말

인간이 좀 더 오래 산다는 것은 인류의 오랜 관심사이면서 본능적인 욕구의 하나였다. 지구라는 제한된 영토와 자원 속에서 인구 성장과 인간 수명의 연장은 인류 역사에 또 다른 차원의 새로운 도전을 가져왔다. 제한된 자원의 틀에서 경쟁은 심화될 수밖에 없었고 경쟁 속에서 인간의 존엄성을 희생하는 선택에 인류의 양심은 비겁하게 조금씩 익숙해져 가는지도 모른다.

인간의 오랜 염원이었던 장수는 진정 축복인가? 아니면 누구의 주장처럼 이미 재앙이 되고 있는가? 인구 고령화에 따라 노인 돌봄은 이미 가족의 부양 부담 문제를 넘어 사회적 문제이고 국가의 책임이 되었다. 핵심은 급증하는 노인의 돌봄 부담을 사회적으로 어떻게 풀어야 하는가이다. 우리 옛말에 '고려장'이라는 표현이 있다. 네이버(NAVER) 국어사전에 따르면, 경기 지역의 방언으로 "늙고 쇠약한 사람을 구덩이 속에 산 채로 버려 두었다가 죽은 뒤에 장사 지냈다는 일"을 가리킨다. 사회적 노인 돌봄 체계가 실패한다면 이제 고려장은 역사 속의 일이 아니라 다가올 미래가 될 수 있는 것이다.

이 책은 저자의 노인 돌봄에 대한 고민을 정리한 것이다. 한국 사회도 경제성장과 식생활의 개선, 의료 기술의 발달 등으로 인해 평균 수명의 연장이 급속도로 진행되었다. 이는 저출산과 맞물려 급속한 인구구조의 고령화라는 결과로 이어졌다. 급기야 2008년에는 노인장기요양보험제도가 국가가 강제하는 사회보험으로 전격 시행되었다. 이를 전후해 노인요양원 수는 폭발적으로 증가했다. 수요자 입장에서는 비용 부담을 보험 방식으로 해결하여 구매력이 높아지는 효과가 나타난 것이다. 이에 따라 노인요양서비스시장은 폭발하는 수요에 대응하여 폭발적인 공급으로 응답해 왔고 가히 요양서비스시장의 활황이 벌어졌다. 단기간에 요양서비스 공급 능력이 확충되는 전 세계적으로 보기 드문 상황 속에서 노인요양원의 서비스 질은 어찌해야 하는가? 이러한 질문에서 연구가 시작된 것이다.

저자는 노인요양서비스의 질에 대하여 고민하면서 서구의 노인요양시설 '문화 변화(Culture Change)'라는 개념에 주목하였다. 노인 돌봄의 문제를 우리보다 훨씬 먼저 치열하게 고민해 왔던 서구의 경험을 참고한 것이다. 문화 변화는 인생의 마지막 종착역으로서의 노인요양원, 죽기 전에는 빠져나올 수 없는 마지막 거주지, 부정적 수용 시설, 어두운 이미지, 이러한 노인요양원 문화를 바꿔 보자는 처절한 몸부림이었다. '외로움(loneliness)', '무기력함(helplessness)', '무료함(boredom)'이라는 노인요양원의 세 가지 고질적 문제를 어떻게 좀 해 보자는 시도였다. 어찌되었든 노인요양원에서 거주하는 노인에게는 길게는 10여 년 이상을 거주하는 유일한 내 집이 요양원인 것이다. 그래서 비록 내 집과 똑같진 않더라도 내 집과 흡사한 편안함을 느낄 수 있는 공간과 환경으로 노인요양원 문화 자체를 변화시키자는 것이다. 이러한 시도는 노인요양원 운영 철학의 변화이고 패러다임의 전환이다.

노인요양원 운영의 문화 변화는 실제로 거주하여 생활하고 있는 노인 중심 운영, 가정과 같은 환경으로의 시설 개선, 거주 노인의 개인 선택권 및 선호도 존중, 직원 역량 강화 등을 핵심으로 강조한다.

이러한 운영 철학 변화의 결과는 미국을 비롯해 캐나다, 호주 등에서 성공적인 것으로, 이미 학계에도 다수 보고된 바 있다. '이러한 서구의 접근이 한국 사회에도 통할까'라는 관점에서 이 책이 기획되었다. 결론은 검토의 가치가 충분히 있다는 것이다. 오히려 아직 명확하고 지배적인 모델이 없는 한국의 상황에서 더 효과적으로 정착시킬 수 있는 모델로 보고 싶다. 이미 검증된 모델이기에 서구의 경우처럼 시행착오의 비용을 치르지 않아도 되는 것이다.

물론 사회문화적 특수성도 고려되어야 한다. 서구의 문화와 가족주의적 유교문화의 영향을 받아 온 한국 사회는 분명 다른 점이 있기 때문이다. 그렇기에 한국적 '거주 노인 중심(Resident-Centered) 노인요양원' 운영 모델은 서구의 모델과 다를 수 있는 것이다. 이 부분은 후속 연구의 과제로 넘기려 한다. 이 책에서는 '거주 노인 중심'의 노인요양시설 운영을 강조하는 노인요양시설 운영 문화 변화 노력(혹은 철학)이 한국 사회에도 가치가 있겠는가를 검토하는 것으로 제한한다.

저자는 이 책을 완성하기 위해 서베이를 통해 확보한 데이터를 분석한 바 있다. 이 작업은 아산사회복지재단으로부터 부분 지원받아 수행한 연구 과제, 「거주자중심(Resident-centered) 장기요양시설에 관한 연구: 문화 변화(Culture Change)의 관점과 한국적 함의」의 일부이기도 하다. 연구 과정에는 미국의 사례와 호주의 사례를 검토하여 의미를 찾으려는 시도도 있었다. 데이터를 활용하여 분석한 세부적 연구 목적을 가진 연구 결과들은 이미 국내외 학계에 공식적으로도 보고되었다. 이 책은 이러한 모든 노력을 집약하여 전체적으로 검토하고 성찰하려는 시도이다.

이 책을 완성하는 데 많은 도움을 준 소중한 분들께 진심으로 감사드린다. 부분적으로 연구 과정에 참여했거나 귀중한 전문적 견해를 주기도 하였고, 자료 조사와 교정을 도와주었던 연구자들이다. 이민홍 교수, 임진섭 교수, 최상미 교수, 김영선 박사, 이상우 선생 등이다. 호주 사례 연구는 Anam Cara 노인요양원의 원장인 Shawn Ringelstein의 친절한 도움과 호주 Eden Alternative의 협력이 있었기에 가능했다. 다시 깊은 감사를 드린다. 끝으로 본 연구를 가능하게 지원해 주신 아산사회복지재단에도 깊이 감사를 드린다.

2015. 3.
연희관에서
최재성

차 례

제3장 외국 노인장기요양시설의 거주자중심케어 사례

제4장 한국 노인장기요양시설의 현황 및 거주자중심케어 실태

| 표 차례 |

| 그림 차례 |

제 1 장

서 론

1. 거주 노인 중심 노인장기요양시설 도입의 필요성
2. 연구의 목적과 내용
3. 자료 및 연구 방법

제1장 서 론

1. 거주 노인 중심 노인장기요양시설 도입의 필요성

'노인요양시설(long-term care facilities)' 혹은 '노인요양원(nursing homes)'에 대한 일반적 인식은 동서양을 막론하고 부정적인 측면이 크다. 죽음을 위한 전 단계 과정으로서의 이미지와 인생의 종착역이라는 부정적 이미지가 노인 당사자뿐만 아니라 일반 시민에게도 확산되어 있기 때문이다(Vladeck, 2003). 인구의 고령화에 따라 노인 부양이 심각한 사회적 문제로 부각되면서 노인요양시설의 사회적 기능이 더욱 강조됨에도 불구하고, 노인요양시설에 대한 이 같은 부정적 이미지는 노인 부양의 문제를 더욱 어렵게 만든다.

이와 관련하여 서구의 경우에는 학자들 및 전문가 사이에서 노인요양시설의 수용 시설화를 방지하고 이용자 중심의 운영을 해야 한다는 논의와 주장이 끊임없이 제기되어 왔다. 하지만 문제의 심각성에 비해 관련 연구들은 산발적이었으며 종합적이고 경험적으로 검증된 실천 모델은 발견하기가 어려웠던 것이 사실이다. 그러던 중 1990년대부터 미국과 일부 유럽 국가들을 중심으로 '거주 노인 중심의 노인요양시설 문화 변화(culture change)'라는 개념과 철학이 논의의 수준을 넘어 모델 개발과 성과 검증으로까지 이어지는 모습으로 나타났다(Hooyman & Kiyak, 2008; Rahman & Schnelle, 2008; Robinson & Rosher, 2006; Shimidt & Beatty, 2005; Weiner & Ronch, 2003). 이 책에서는 이러한 서구의 경험이 한국적 상황에 의미 있는 함의를 제공할 수 있는가를 실증적으로 검토하려 했다.

노인요양시설은 전통적으로 공급자 중심 혹은 공급자의 편의를 중심으로 운영되어 왔으며 이에 따른 규제, 정형화된 프로그램, 절차 등에 지나치게 종속되어 있다는 비판을 받아 왔다. 거주 노인에게 노인요양시설은 '생활의 장'이며 '삶의 공간'임을 다시 인식하게 하고, 가정과 같은 환경 속에서 의미 있는 활동을 수행하며 지속적인 성장이 가능한 장소로 전환될 필요가 있다는 주장이 확산되어 온 것이다(Hooyman & Kiyak, 2008; Rahman & Schnelle, 2008; Robinson & Rosher, 2006; Shimidt & Beatty, 2005; Vladeck, 2003; Weiner & Ronch, 2003).

노인요양시설의 문화 변화(culture change)는 기존의 시설 중심 문화에서 보다 거주자 중심으로, 그리고 노인이 '살던 집(home)'과 같은 분위기로 조성되어야 한다는 철학과 신념에 기초한 것이다(Fagan, 2003; Weiner & Ronch, 2003). 이러한 노인요양시설의 문화 변화에 대한 연구는 전통적으로 노인요양시설 모델에서 추구해 온 수직적 전달 체계에 대한 문제점을 지적하는 것에서 출발한다. 기존 전통적인 노인요양시설이 가진 가장 핵심적인 문제는 거주 노인의 삶이 '비인간화'된다는 문제이다(Booker, 1982). 이러한 전통적 노인요양시설에서는 거주 노인이 인간으로서의 개별성이나 선택권을 전혀 인정받을 수 없고, 이는 결국 노인의 삶의 질에 부정적인 영향을 미칠 수밖에 없다.

이러한 문제 인식으로 인해 기존의 노인요양시설 모델에서 발생하는 문제점을 해결하고 거주 노인에 대한 케어의 질과 삶의 질 향상을 위해 노인요양시설의 문화 변화에 대한 논의가 활발하게 진행되어 왔다(Davies, Neutley, & Mannion, 2000; Fagan, 2003; Kane, 2002; Lopez, 2006; Thomas & Stermer, 1999; Vladeck, 2003; White et al., 2008). 앞서 논의한 바와 같이, 전통적 노인요양시설 모델에서는 서비스 제공자 중심의 수직적 의사 결정, 전체 거주 노인의 동일한 생활 패턴, 일상생활을 위한 기본적 욕구 충족만이 지나치게 강조되었다. 하지만 노인요양시설은 문화 변화를 통해 거주자 중심의 케어와 노인 자신의 개인적 선택에 높은 가치를 부여한다. 나아가 노인의 총체적(신체적, 정신적, 사회적, 문화적 등) 욕구를 충족시켜 지속적인 자기 성장을 수행할 수 있는 공간이 될 것을 주장한다(Koenig & Spano, 2006; Roth, 2005). 이는 전체성으로 인한 '시설의 비인간화'로부터 개별성을 강조하는 '시설의 인간화'로의 변화를 의미한다(Ronch, 2004).

노인요양시설의 새로운 문화적 특성은 거주 노인의 삶의 질 향상에 최우선적인 가치를 두고 이에 따른 최상의 기능 수준 유지, 거주자 중심의 케어, 노인의 선택에 근거한 생활, 가정과 같은 환경 조성, 편안함과 사랑, 노인의 총체적 욕구 충족을 위한 다학제 간 팀 접근 등으로 요약될 수 있다(Vourlekis et al., 2005; 재인용 임진섭, 2010, 21-22). 또한 거주 노인의 가족이 자신의 집과 같이 편안하게 시설을 방문을 할 수 있도록 하는 것, 케어를 담당하는 직원이 존중받고 적절한 대우를 받을 수 있는 조직문화를 조성하는 것 역시 포함된다(Weiner & Ronch, 2003). 더불어 시설에서 케어를 담당하는 종사자는 케어 플랜 작성 과정에 충실히 참여해야 하고, 거주 노인과 가족도 의사 결정에 참여하는 것을 동시에 강조한다(Lopez, 2006; 재인용, 임진섭, 2010, 22). 종합적으로 볼 때, 노인요양시설의 문화 변화란 거주 노인에 대한 개별화된 케어, 의사 결정 존중, 노인의 자발적인 시간 활용, 시설 거주 노인과 종사자의 인간적 관계 형성, 거주 노인의 의미 있는 사회적 참여 등을 강조하는 새로운 거주 노인 중심의 시설 운영 흐름을 의미하는 것으로 이해할 수 있다(Fagan, 2003).

이러한 노인요양시설의 문화 변화는 비단 노인요양시설에만 국한된 논의가 아니라 다양한 유형의 생활시설은 물론 나아가 모든 사회복지시설이 적극적으로 수용하고 노력해야 하는 새로운 '거주자 중심(resident-centered)'의 운영 패러다임이다. 노인요양시설의 문화 변화에 대한 관심과 논의는 단순한 개념적 논의의 수준을 넘어서 노인요양시설의 친거주자 중심 문화 변화를 구현할 수 있는 구체적 모델과 수행단계 개발로 전개되고 있다. 실제로 미국을 비롯한 호주, 캐나다, 스위스 등의 복지 선진 국가에서는 문화 변화를 노인요양시설에 적용하고, 효과성에 대한 평가까지 활발하게 연구하고 있다(Weiner & Ronch, 2003).

노인요양시설의 문화 변화에 대한 서구의 관심과 경험적 연구는 한국에도 시사하는 바가 크다. 한국은 인구 고령화의 속도가 전 세계에서 가장 빠르게 진행되고 있으며, 노인 부양의 문제는 이미 심각한 사회적 과제로 부각되었다. 특히 노인장기요양보험제도의 도입과 더불어 노인요양시설은 양적으로 급격히 증가하고 있다. 이에 따른 요양서비스시장의 혼란은 안정적인 요양서비스 체계의 구축 및 유지에 대한 긍정적 전망을 어렵게 한다. 또한 노인요양시설의 양적 성장에 비해 조직 운영 문화와 케어 서비스의 질은 후진적이라는 점이 심각한 문제로 지적되어 왔다. 특히 노인요양시설의 양적 증가는 시설 간 불필요한 과다 경쟁을 불러일으키고 있다. 이는 거주 노인을 단순히 수익 창출을 위한 도구 및 수단으로 여김으로써 이용자의 유인 및 알선, 허위·부당 청구 등의 불법 운영을 발생시키는 것으로 지적되었다(이미진, 2009).

또한 일상적인 생활이 불가능한 거주 노인에 대한 노인요양시설의 인권유린 문제는 시설에 대한 부정적 사회 인식을 더욱 확산시키고 있다(엄기욱, 2008). 다시 말해 노인요양시설이 노인의 의미 있는 활동을 유지하고 지속적인 성장을 이끌어 내기보다는 단순히 노인을 보관하는 '창고(warehousing)'로 전락되어 간다는 서구의 비판이 한국에서도 재현되는 것이다. 이는 노인요양시설에서의 보호가 치매, 중풍, 쇠약 등의 이유로 집중적인 케어가 필요한 노인을 사회적으로 격리하고, 이에 더하여 노인의 의사와는 관계없이 일방적인 규정이나 프로그램에 따르게 함으로써 거주 노인의 인간적 존엄성을 낮추기 때문이라 할 수 있다. 이러한 문제에 대한 대응으로 노인의 의사 결정권이나 선택권에 우선적인 가치를 두는 거주 노인 중심(resident-centered)의 시설문화에 대한 조명은 노인요양시설은 물론 전체 노인복지 실천 현장에 중요한 함의를 제공할 것으로 본다.

본 연구는 노인요양시설이 단순히 일상생활을 독립적으로 수행할 수 없는 노인을 죽기 전까지 돌보는 장소가 아니라, 지속적으로 성장할 수 있도록 도와주는 역할을 해야 한다는 새로운 패러다임에 핵심가치를 둔다. 또한 우리나라의 노인요양시설에서도 거주 노인 중심의 문화 변화가 이뤄지기 위한 공감대가 형성되고, 이를 위한 이론적·경험적 토대를 제공한다는 가능성을 두고 본 연구를 수행하였다.

2. 연구의 목적과 내용

본 연구의 목적은 다음의 다섯 가지로 압축하였다.

첫째, 전통적 노인요양시설 운영의 혁신을 의미하는 '거주 노인 중심의 노인요양시설 문화 변화(culture change)'의 개념, 이론, 실천 모델, 성과를 비판적으로 분석하여 한국적 함의를 제시한다.

둘째, 노인요양시설의 '문화 변화'와 관련하여 외국의 경험과 모델을 미국과 호주의 사례를 중심으로 비교 분석하여 실천적 함의를 제시한다.

셋째, 국내 노인요양시설의 거주 노인 중심 케어의 수준과 실태를 실증적인 자료를 통해 분석한다.

넷째, 국내 노인요양시설의 거주 노인 중심 케어에 대한 영향 요인과 방해 요인, 발생 경로 및 성과를 검토한다.

다섯째, 궁극적으로 문화 변화의 개념에 입각한 한국적 '거주 노인 중심' 노인요양시설의 실현을 위한 정책 제언을 도출한다.

전술한 바와 같이 본 연구의 목적은 크게 다섯 가지로 구분할 수 있으며 각각의 연구 목적을 중심으로 세부적인 연구 내용을 기술하면 다음과 같다.

첫 번째 연구 목적은 전통적인 노인요양시설 운영의 혁신을 위한 '거주 노인 중심 요양시설 문화 변화'의 개념, 이론, 실천 모델, 성과를 심층적으로 분석하는 것이다. 이를 위해서 거주 노인 중심 문화 변화가 갖는 구체적인 개념과 이론을 국내외의 다양한 문헌 자료를 통해 검토하고자 한다. 여기에서는 기존 노인요양시설에서 강조해 온 전통적 모델에 대한 비판, 거주 노인 중심 문화 변화에서의 핵심적 가치와 방향성, 문화 변화에 대한 전망, 문화 변화의 개념과 구성 요인 등을 구체적으로 검토한다.

두 번째 연구 목적은 외국의 노인요양시설에서 수행되고 있는 거주 노인 중심 문화 변화의 적용 모델은 어떤 것들이 있으며 이러한 모델의 현재 진행 상태와 장단점, 효과성을 미국과 호주의 경험을 중심으로 비교 분석 한다. 거주 노인 중심의 문화 변화를 시도하고 있는 외국 사례에 대한 현지 조사를 통해 실제로 노인요양시설의 거주자 중심의 문화 변화 개념이 어떻게 적용되고 있으며 그 성과는 과연 타당한가를 검증하는 것은 대단히 중요한 과정이다.

이를 위해 연구자는 이미 오래전부터 노인요양시설에서의 거주 노인 중심 문화 변화를 선도적으로 수행하고 있는 미국과 호주를 사례를 분석하였다. 현재 미국의 노인요양시설에서 실제 활용되고 있는 거주 노인 중심의 문화 변화 모델은 'Eden Alternative', 'Pioneer Network', 'Green House', 'Wellspring', 'Live Oak Regenerative Community' 등으로 다양하다. 호주 역시 Eden Alternative 모델 적용을 통한 노인요양시설 운영이 확산되고 있으며 실제로 긍정적 결과가 있음을 제시하고 있다(MacKenzie, 2003).

먼저 미국의 경우 주 정부(state) 차원에서 모든 노인요양시설에서 거주자 중심 '문화 변화'의 개념과 철학을 적용하고 있는 캔자스(Kansas) 주 정부의 노인국(Department for the Aging)을 검토하였다. 미국의 캔자스 주 정부가 노인요양시설에서 사람 중심 선택(person-directed options)이 이뤄지도록 노력하고 있음을 확인할 수 있다. 노인요양시설의 문화 변화를 위한 구체적 방안으로 Promoting Excellent Alternatives in Kansas Nursing Home(PEAK), Money Follows the Persons(MFP), Money Follows the Person Demonstration Grant, Program of All-

Inclusive Care for the Elderly(PACE) 등의 프로그램을 실시하고 있다. 또한 Long-Term Care Division, Mental Health and Residental Care Facilities Division, Licensure and Certification Division 등을 주 정부 노인국의 부서로 두어 노인요양시설의 문화 변화를 규정 및 지원하고, 평가하는 역할을 수행하고 있다. 이러한 캔자스 주 정부 차원의 경험적 사례는 향후 우리나라 중앙정부 및 지방정부, 그리고 건강보험관리공단에 유용한 정책적 함의를 제공할 수 있을 것으로 판단된다.

다음으로 호주 조사에서는 호주 Eden Alternative 모델을 적용한 사례를 중심으로 검토하였다. 이를 위해 1990년대 후반부터 호주에서 노인요양시설들이 어떻게 문화 변화의 개념과 철학을 받아들이고 있는가를 조사하였다. 특히 Wesley Mission Brisbane의 노인요양시설 중 하나인 Anam Cara의 사례를 들어 거주자 중심 모델을 어떻게 적용했는지, 전통적 의료 모델에서 거주자 중심 모델로의 문화 변화를 통해 얻은 경험적 효과는 무엇인지 파악하려고 노력하였다.

세 번째 연구 목적은 국내 노인요양시설을 대상으로 문화 변화의 핵심적인 가치이자 실천 활동인 거주노인중심케어의 수준을 진단함으로써 국내 노인요양시설의 문화 변화 수준을 파악하고 이를 통해 향후 나아갈 방향과 지침을 제언하는 것이다.

네 번째 연구 목적은 국내 노인요양시설의 거주노인중심케어에 영향을 미칠 수 있는 긍정적·부정적 요인들을 검토하고, 거주노인중심케어가 발생하는 경로에 대해서 규명하는 것이다. 또한 거주노인중심케어를 통해 나타날 수 있는 실제적 성과에는 어떤 것이 있는지 파악하였다. 이를 위해 본 연구 조사를 통해 수집된 데이터를 2차 자료로 분석하여 학술지에 발표된 관련 연구 논문 세 편을 함께 검토하였다.

다섯 번째 연구 목적은 궁극적으로 한국 노인요양시설의 혁신을 위해 거주 노인 중심 시설문화의 적용 가능성과 정책적 방향을 도출하는 것이다. 구체적으로는 노인요양시설의 문화 변화를 위한 시사점, 거주노인중심케어의 국내 적용 가능성, 한국의 문화적 특성을 고려한 거주 노인 중심 운영 모델 개발 가능성, 한국 노인요양시설의 지속적인 변화를 위한 실천적, 정책적, 학문적 함의를 제시하고자 한다. 한국 노인요양시설의 혁신을 위한 문화 변화 개념의 적용 방향을

〈표 1-1〉 연구 추진 방법

<table>
<tr><th>연구 순서</th><th colspan="3">연구 추진 과정 및 세부 연구 내용</th></tr>
<tr><td>국내외
문헌 연구</td><td colspan="3">▷ 거주 노인 중심 문화의 등장 배경 및 연구 동향 파악
▷ 거주 노인 중심의 시설 노력과 관련한 국내 노인요양시설의 실태와 연구 동향 파악
▷ 중심 문화의 개념, 이론, 실천 모델, 핵심 가치와 방향성
▷ 중심 문화의 대한 전망, 구성 요인 파악</td></tr>
<tr><td rowspan="2">해외
사례 연구</td><td>미국</td><td colspan="2">－캔자스 주 정부 노인국(거주자 중심 문화 변화와 관련한 정책 변화와 성과 분석)
－온라인 및 문헌 자료 검토</td></tr>
<tr><td>호주</td><td colspan="2">－Wesley Mission Brisbane의 Anam Cara 방문(Eden Alternative 모델 적용 사례)
－노인요양시설 실무 관리자와의 심층 인터뷰
－Eden Alternative 모델의 도입 배경, 과정, 성과, 전망</td></tr>
<tr><td rowspan="3">실태 연구</td><td rowspan="3">노인
요양
시설</td><td>조사 대상</td><td>전국 노인요양시설 360개소</td></tr>
<tr><td>조사 지역</td><td>수도권, 충청권, 경상권, 전라권</td></tr>
<tr><td>조사 방법</td><td>구조화된 설문 조사</td></tr>
<tr><td>심층
인터뷰
연구</td><td colspan="3">▷ 시설장 3인
▷ 거주 노인 3인
▷ 건강보험관리공단 관계자 1인</td></tr>
<tr><td>연구 논문
검토</td><td colspan="3">▷ 거주자 중심 케어의 영향 요인과 방해 요인 검토
▷ 거주자 중심 케어의 발생 경로 검토
▷ 거주자 중심 케어의 성과 검토</td></tr>
<tr><td>총괄 분석
및 결론
도출</td><td colspan="3">▷ 노인요양시설의 혁신을 위한 거주 노인 중심의 시설 문화 적용 가능성과 정책적 함의 도출
▷ 한국적 노인요양시설의 거주자 중심 문화 모델 개발 가능성 분석</td></tr>
</table>

도출하기 위해서는 실제로 노인요양시설의 실무자와 입소 노인이 인식하는 거주자 중심의 시설 노력이란 무엇인가에 대한 심층 인터뷰가 필수적이다. 따라서 노인요양시설의 관리자를 대상으로 국내 노인요양시설의 '거주자 중심 문화'의 개념이란 무엇이며 시설 차원에서 어떻게 적용하고 운영될 필요가 있는지, 문화 변화의 필요성은 인식하고 있는지, 앞으로 이러한 문화 변화의 개념이 제도적으로 정착되기 위해서는 어떤 노력과 과정이 요구되는지, 거주 노인 중심의 시설문화 실천을 위한 장애 요소는 무엇이 있는지 등을 집중적으로 분석하였다. 이를 위해 국내 노인요양보호시설의 관리자 3인을 선정하고 이들에게 심층인터뷰를 실시하였다.

또한 노인요양시설의 거주 노인은 거주노인중심케어를 위한 시설의 노력에 대한 직접적인 수혜자라는 측면에서 이들의 관련 욕구를 파악하는 것 역시 매우 중요한 과정이다. 노인요양시설의 거주 노인 3인을 선정하고 심층 인터뷰를 실시하였다.

이상에서 제시한 연구 내용과 구체적인 추진 방법은 〈표 1-1〉과 같다.

3. 자료 및 연구 방법

1) 양적 조사

본 연구에서는 앞서 언급한 국내 거주자중심케어의 수준 및 실태를 파악하기 위해 전국의 노인요양시설을 대상으로 수집한 대규모 양적 데이터를 사용하였다. 이 데이터는 저자가 소속 대학 관련 연구소를 통해 직접 수집한 것으로 아산복지재단의 지원이 일부 포함되어 가능할 수 있었다.[1)] 설문조사 대상을 선정하기 위해 연세대학교 사회복지연구소는 2010년 보건복지가족부에서 발간한 '2010년 노인복지시설 현황'을 통해 본 연구의 모집틀(sampling frame)을 확보하였다(임진섭, 2010). 자료에 따르면 2009년 현재 국내 노인요양시설 중 시설급여를 제공하는 기관은 노인요양시설(1,642개소)과 노인요양공동생활가정(1,009개소)으로 구분되는데[2)] 조사에서는 노인요양공동생활가정(노인그룹홈)과 설립된 지 만 1년이 되지 않은 시설은 조사 대상에서 제외하였다(임진섭, 2010). 이는 노인공동생활가정의 경우 거주 노인(10인 미만)과 시설 종사자의 규모가 작아 조직 특성을 파악하고 측정하는 것이 쉽지 않다고 판단하였기 때문이다.

표본 추출을 위해 국내 노인요양시설을 4개 권역별로 구분(강원도와 전라권의 제주도 제외)하였으며 전체 노인요양시설 대비 각 권역별로 노인요양시설 수를 비례하여 표집하는 방식인 층화집락추출(stratified cluster sampling) 방법을 통해 무작위로 총 360개의 표본을 추출하였다(임진섭, 2010; 최재성 외, 2011). 조사 대상으로 추출된 표본을 살펴보면 수

1) 본 데이터를 사용하여 학술지에 이미 몇 개의 관련 연구 결과가 발표되기도 하였다.

2) 현재 우리나라 노인장기요양시설(입소 시설 기준)은 노인요양시설과 노인요양공동생활가정으로 구분되는데 노인요양시설은 치매, 중풍 등 노인성질환 등으로 심신에 상당한 장애가 발생하여 도움을 필요로 하는 노인을 입소시켜 급식・요양과 그 밖에 일상생활에 필요한 편의를 제공함을 목적으로 하는 시설을 의미한다(노인복지법 제4(노인의료복지시설) 개정 2007. 8. 3.). 이는 기존에 있었던 노인요양시설, 실비노인요양시설, 유료노인요양시설, 노인전문요양시설, 유료노인전문요양시설 등의 시설 유형이 모두 노인요양시설로 통합된 것이다(2008. 4. 4. 기준). 또한 노인요양공동생활가정은 치매, 중풍 등 노인성질환 등으로 심신에 상당한 장애가 발생하여 도움을 필요로 하는 노인에게 가정과 같은 주거 여건과 급식・요양 그 밖에 일상생활에 필요한 편의를 제공함을 목적으로 하는 시설로써(노인복지법 제4조(노인의료복지시설) 개정 2007. 8. 3.) 10인 미만의 노인이 입소하여 생활하는 일종의 그룹홈 성격의 소규모 노인장기요양시설로 볼 수 있다.

〈표 1-2〉 조사 대상 노인장기요양시설의 권역별 분포 및 표본 현황

권역	모집단	1년 미만 시설	조사모집단	조사모집단 대비 비율	표본
수도권	634개소	52개소	582개소	41%	148개소
충청권	206개소	110개소	196개소	14%	50개소
경상권	379개소	17개소	362개소	25%	90개소
전라권	289개소	11개소	278개소	20%	72개소
합계	1,508개소	190개소	1,418개소	100%	360개소

출처: 임진섭(2010, 73쪽).

도권 148개소, 충청권 50개소, 경상권 90개소, 전라권 72개소이다. 조사 응답자는 시설의 의견을 가장 잘 이해하고 대표할 수 있다고 판단되는 시설장 및 중간 관리자급 이상으로 현 시설에서의 근무 경력이 1년 이상인 자로 한정하였다(임진섭, 2010). 〈표 1-2〉는 양적 조사를 위한 조사 대상 노인요양시설의 권역별 분포 및 표본 현황이다.

(1) 본 조사

사전 조사 이후 설문 문항에 대한 수정 보완이 이루어졌으며, 이후 추출된 표본을 대상으로 2010년 10월 12일부터 11월 8일까지 총 26일 동안 본 조사가 진행되었다(임진섭, 2010; 최재성 외, 2011). 설문 조사 방법은 우편 설문 조사방법을 사용하였다. 회수율과 설문 조사의 공신력을 위해 노인요양시설과 관련한 대표적인 전국 협회인 한국노인복지중앙회와 한국노인복지시설협회로부터 협조 요청 공문을 제공받아 설문지 발송 시 함께 동봉하였다(임진섭, 2010). 또한 설문지를 우편 발송하기에 앞서 표본 시설을 대상으로 조사 개요와 설문 조사 협조 공문을 일괄적으로 팩스를 이용하여 배포하였다.

〈표 1-3〉 사전조사 대상 기관

번호	시설명	주소	설립 년도	입소자 수	응답자	운영 주체	조사 방법
1	○○실버홈	서울시 마포구	2008년	30명	시설장	개인	방문
2	○○너싱홈	서울시 은평구	2008년	20명	시설장	개인	방문
3	○○의 집	서울시 은평구	2007년	30명	시설장	개인	방문
4	○○○○ 노인전문요양원	서울시 은평구	2008년	37명	실장	개인	방문
5	○○○실버홈	서울시 종로구	2008년	40명	시설장	개인	방문
6	○○○○실버홈	서울시 종로구	2006년	27명	시설장	개인	방문
8	○○실버홈	서울시 서대문구	2008년	20명	사무국장	사회복지법인	방문
9	○○○실버센터	경상북도 청도군	1998년	97명	사무국장	사회복지법인	전화
10	○○효도마을	강원도 강릉시	2008년	105명	사무국장	사회복지법인	전화
11	○○○실버요양원	부산시 사상구	2009년	90명	사회복지사	사단법인	전화
12	○○노인요양원	서울시 중랑구	2001년	234명	사무국장	사회복지법인	전화

출처: 임진섭(2010, 74쪽).

또한 회수율을 높이기 위해 조사 요원들은 표본으로 추출된 총 360개 시설을 대상으로 협조 전화를 걸어 설문 조사에 대한 기관의 공식적인 동의를 얻고 구체적인 설문 응답 예정자까지 확인하였다. 기타 조사 과정과 절차에 대한 세부 사항은 임진섭(2010)의 논문에 상술되어 있다.

설문 응답에 대한 사례로써 명목적인 수준이지만 설문지 발송 시 농협상품권(5,000원)을 동봉하였다. 응답 재촉 전화 실시 후 최종 회수된 설문지는 총 243개로 회수율은 67.5%로 나타났다.

이처럼 회수율이 비교적 높게 나온 이유는 아마도 본 연구 주제에 대한 실천 현장의 관심과 기대가 상당히 높았기 때문으로 판단된다(임진섭, 2010; 임진섭 외, 2012). 회수된 설문지는 데이터 정리 작업을 수행하면서 설문 응답이 불성실하거나(2사례), 본 연구에서 사용한 주요 변수 중 정규분포에서 이상치 값을 갖는 사례(11사례), 해당 기관에서 근무한 지 6개월 미만인 응답자가 작성한 사례(7사례)[3])를 제외하고 최종적으로 223개소가 응답한 설문지가 분석에 사용되었다(임진섭 외, 2012).

(2) 거주노인중심케어의 측정 도구

거주노인중심(거주자중심)케어를 측정하기 위한 척도는 대상자와 측정 환경에 따라 이미 다양한 척도가 개발되어 활용되고 있다. 임진섭(2010)의 논문에서 논의된 바와 같이 본 연구의 취지에 가장 적합하다고 판단되는 척도를 찾기 위해 위의 척도들에 대한 검토 작업이 이루어졌다. 이를 통해 White와 동료들 외(2008)가 개발한 'PDC(Person-Directed Care)' 척도와 Edvardsson과 동료들(2010)이 개발한 'PCA-T (Person-Centered Care Assessment Tool)'척도가 본 연구의 설문조사 응답자(시설 직원)와 측정 환경(노인요양시설)에 가장 적합한 것으로 판단하였다. 물론 두 척도를 사전 조사 시 번안하여 응답자들로 하여금 척도의 이해 정도, 활용의 용이성 등을 점검하는 것도 잊지 않았다. 본 연구에서는 PCA-T 척도보다는 PDC 척도를 거주자중심케어를 측정하기 위한 최종 척도로 선정하는 것이 적합하다고 판단하였다. 이는 전자의 경우 거주자중심케어가 이미 보급된 상황을 전제로 하여

---

3) 본 연구의 경우 분석 단위가 조직이기 때문에 조사 대상자는 해당 조직의 상황과 의견을 가장 대표할 수 있는 중간 관리자급 이상이면서 동시에 현 시설에서의 근무 경력이 1년 이상인 자로 한정하였다. 하지만 많은 수의 시설(주로 개인 시설)이 노인장기요양보험법의 시행과 맞물려 신설되었다는 점에서 종사자의 현 시설 근무 경력이 짧은 경우가 일부 있으며 또한 소규모 노인장기요양시설의 경우 명확한 직급체계가 존재하지 않는 경우도 많다. 따라서 규모가 작은 일부 시설의 경우 사회복지사나 간호사가 시설의 전반적인 관리 운영을 책임지는 경우도 많은 것으로 나타나 본 연구에서는 현 시설의 근무 경력이 6개월 이상이면서 요양보호사를 제외한 간호사와 사회복지사가 응답한 시설도 최종 분석 대상에 포함하였다.

〈표 1-4〉 White 외(2008)의 거주자중심케어 척도 케어 차원 문항 (35문항)

차원	문항 수	세부 문항
자율성	7	1) 어르신이 기르고 싶어 하는 식물 또는 동물을 키울 수 있다. 2) 어르신이 스스로 식사장소나 시간을 자유롭게 선택할 수 있다. 3) 어르신이 좋아하는 음악을 언제든지 들을 수 있다. 4) 어르신이 자신이 원하는 여가활동에 자유롭게 참여할 수 있다. 5) 어르신이 자신의 케어나 서비스, 일상 활동 등을 계획하거나 수정하는데 의견을 준다. 6) 어르신이 목욕, 산책, 취침, 옷 입기와 같은 일상적인 개인보호활동을 스스로 결정할 수 있다. 7) 어르신이 비록 자신의 선택이 위험할지라도 스스로 자신의 행동을 결정할 수 있다. 【예: 당뇨가 있는데 단 음식을 먹는다거나, 폐기종이 있는데 담배를 피운다거나, 치료상 필요한 약물 복용을 거부하거나 하는 것 등】
개인적 특성	7	1) 어르신의 눈으로 시설생활을 이해하고자 노력한다. 2) 질병이나 장애에 관계없이 어르신이 누군가에게 도움이 될 수 있는 사람이 되도록 노력한다. 3) 어르신이 할 수 있는 능력이 무엇인지를 파악하여 이를 최대한 향상시키도록 노력한다. 4) 어르신이 하고 싶은 일이 무엇인지를 파악하여 이를 이룰 수 있도록 도와준다. 5) 어르신이 시설에서 바라는 것이 무엇인지를 자주 물어본다. 6) 케어와 관련된 대화 외에 어르신과 사적인 대화를 자주 나눈다. 7) 어르신에게 배움의 기회(예: 노래교실 등)를 제공한다.
개별 노인 이해	7	1) 어르신이 느끼는 걱정과 두려움이 무엇인지를 알고 있다. 2) 어르신이 죽음에 대해 어떻게 느끼고 있는지를 알고 있다. 3) 우리 시설은 어떻게 하면 어르신들이 즐거운 하루를 보낼 수 있는지 안다. 4) 어르신이 좋아하는 일상적인 것들이 무엇인지를 알고 있다. 【예: 식사 장소나 산책 장소 등】 5) 어르신이 좋아하는 음식이 무엇인지를 알고 있다. 6) 무엇이 어르신을 짜증나고 화나게 하는 것들인지를 알고 있다. 7) 어르신이 좋아하는 음악이 무엇인지를 알고 있다.
관계 형성	6	1) 어르신이 가족과 지속적인 관계를 유지할 수 있도록 다양한 조치를 취한다. 2) 어르신이 입소 전에 교제하던 단체(교회, 경로당 등) 또는 친구들과 관계를 유지할 수 있도록 다양한 조치를 취한다. 3) 어르신의 생활에서 가족들이 중요한 부분을 차지하도록 다양한 조치를 취한다. 【예: 어르신의 상태를 가족에게 전달하면서 관계 유지 or 가족을 대상으로 주기적인 상담 등】 4) 케어활동이나 계획을 수립할 때 가족들이 함께 참여할 수 있도록 한다. 5) 어르신이 좋아하는 사람과 함께 시간을 보낼 수 있도록 한다. 6) 직원들이 어르신과 함께 이야기를 나누며 자주 시간을 보낸다.
편안한 케어	8	1) 어르신이 용변을 보고 싶어 할 때 신속히 도와준다(10분 이내로). 2) 어르신이 신체적 고통을 호소할 때 이를 신속하게 완화하거나 없앤다. 3) 어르신에게 적합한 크기와 종류의 휠체어를 구비하고 있다. 4) 말을 못하는 어르신이라도 언제 용변을 보고 싶어 하는지 안다. 5) 어르신에게 맞는 개별화된 케어플랜을 제공한다. 6) 어르신 또는 가족이 원할 경우 임종서비스를 제공한다. 7) 어르신이 화가 나거나 흥분했을 경우 신속히 평정을 갖도록 도와준다. 8) 어르신이 밤새 숙면을 취할 수 있도록 다양한 조치를 취한다.

자료: White 외(2008); 임진섭(2010, 61쪽).

측정을 하도록 되어 있기 때문이다(임진섭, 2010; 임진섭 외, 2012). 물론 본 연구에서는 PDC 척도를 개발한 White 외(2008)와의 연락을 통해 연구 목적을 위한 사용 승낙을 얻은 후 연구에 사용하였다.

PDC 척도는 총 50문항으로 구성되며 '거주자중심케어 차원(Person-Centered Care)'과 '거주자중심케어를 위한 환경 지원(Person-Directed Environment)' 등의 두 가지 차원으로 구성된다(임진섭, 2010). 총 여덟 가지 영역으로 세분화되어 두 가지 차원을 측정하도록 설계되어 있다. 보다 자세하게는 거주자중심케어의 영역은 '자율성(Autonomy: 7문항)', '개별 노인의 이해(Knowing the Person: 7문항)', '개인적 특성(Personhood:

〈표 1-5〉 White 외(2008)의 거주자중심케어를 위한 환경 지원 척도 문항 (15문항)

차원	문항 수	세부 문항
개별적 환경	4	1) 어르신이 걷거나 휠체어로 산책할 수 있는 장소가 마련되어 있다. 2) 어르신의 개인적 특성과 생활을 반영한 거주 공간을 제공하고 있다. 3) 어르신이 좋아하고 흥미 있어 하는 일을 하루 종일 할 수 있도록 해 준다. 4) 어르신의 케어나 여가활동을 지원할 수 있는 별도의 예산을 확보하고 있다.
거주 노인을 위한 업무	5	1) 어르신의 선택권과 자기결정권을 보장하기 위해서는 무엇이 필요한지 알고 있다. 2) 어르신을 지지하고 옹호하는 사람들이다. 3) 어르신이 지닌 다양한 문제를 해결하기 위해 다른 부서와 잘 협력한다. 4) 어르신을 위한 다양한 활동이나 프로그램 계획한다. 5) 다양한 문제해결을 위해 다른 부서의 직원들(사회복지사, 요양보호사, 간호사 등)과 협력하는 것이 장려한다.
관리구조	6	1) 서비스가 필요할 때 지체 없이 제공한다. 2) 직원들은 슈퍼바이저로부터 업무에 필요한 도움과 지지를 받는다. 3) 모든 직원들은 시설의 중요한 구성원이라고 느끼며 일하고 있다. 4) 모든 직원들이 이곳에서 일을 하는 것을 즐거워한다. 5) 직원들을 대상으로 업무와 관련한 교육 및 훈련 등이 충분히 이루어진다. 6) 슈퍼바이저가 요양보호사에게 얼마나 슈퍼비전을 잘 하고 있는지 평가한다.

자료: White 외(2008); 임진섭(2010, 62쪽).

7문항)', '편안한 케어(Comfort Care: 8문항)', '관계 형성 지지(Support Relationship: 6문항)' 등의 다섯 가지의 영역으로 구분되며 거주자중심케어를 위한 환경 지원은 '거주 노인을 위한 업무 지원(Work with Residents: 5문항)', '거주 노인을 위한 개별 환경(Personal Environment for Residents: 4문항)', '관리 구조(Management Structure: 6문항)' 등의 세 가지 영역으로 구성된다(임진섭, 2010). 〈표 1-4〉와 〈표 1-5〉는 거주자중심케어를 측정하는 척도 문항들을 나타낸 것이다.

2) 질적 조사

본 연구에서는 이상의 양적 연구가 가진 단점을 보완하고 더불어 양적 연구 결과에 대한 깊이 있고 체감할 수 있는 논의를 도출하기 위해 관련 실무자와 거주 노인을 대상으로 심층면접을 실시하였다. 심층면접에서 가장 기대한 것은 실제 실천 현장에서 인식하는 거주자중심케어의 영향 요인을 밝혀내는 것이었다. 즉 거주자중심케어를 가능하게 하는 긍정적 요인과 어렵게 하는 장애 요인을 규명하는 것이 중요하다고 판단하였다. 이러한 심층면접은 앞서 살펴본 본 연구의 양적 분석 결과에 추가적으로 실천 현장의 의견을 수렴할 수 있다는 점에서 강점이 있다.

이러한 심층면접은 노인요양시설 시설장(3명), 거주 노인(3명), 국민건강보험공단 관계자(1인) 총 일곱 명을 대상으로, 2010년 11월 25일부터 30일까지 총 5일에 걸쳐 실시하였다. 공단 관계자와 거주 노인을 제외한 시설장(3명)은 양적 연구를 위해 실시한 설문 조사에 직접 참여한 사람으로 구성하였다. 이는 설문 조사에 직접 응한 사람의 경우 본 연구의 목적과 의도에 대한 이해 정도가 높을 것이라고 판단하

〈표 1-6〉 심층면접 대상자 개요

번호	시설명	소재지	설립 년도	입소 정원	피면접자	성별	연령대	비고
1	○○요양원	부산	2008	113명	시설장	남	30대 후반	사회복지전공 (박사 과정)
2	○○노인요양센터	서울	2003	45명	시설장	여	40대 후반	사회복지전공 (석사)
3	○○요양원	인천	2009	30명	시설장	남	30대 후반	사회복지전공 (석사 과정)
4	○○노인요양센터	서울	2003	45명	거주 노인	여	82세	입소 기간 2년 4개월
5	○○노인요양센터	서울	2003	45명	거주 노인	여	84세	입소 기간 약 4년
6	○○요양원	인천	2009	30명	거주 노인	여	78세	입소기간 약 3년
7	국민건강보험공단	서울	-	-	중간 직급	남	50대 초반	사회복지학박사

였기 때문이다. 심층면접 조사는 연구진이 사전에 방문 약속을 정한 뒤 직접 방문하여 이루어졌으며 약 1시간 30분에서 3시간 정도에 걸쳐 진행되었다. 또한 방문 전에 개략적인 거주자중심케어에 대한 설명 자료와 구조화된 질문지를 이메일로 발송하여 심층 면접의 목적과 내용을 사전에 숙지할 수 있도록 하였다. 거주 노인에 대한 심층 면접은 비교적 인지 능력이 양호하고 대화에 문제가 없는 노인으로 선별하였으며 다양하고 풍부한 논의를 이끌어 내기 위해 입소 기간이 3년 이상인 사람들로 구성하였다. 심층면접 대상자의 개요는 〈표 1-6〉과 같다.

3) 조사 응답 노인요양시설 및 응답자의 일반적 특성

(1) 조사 응답 노인요양시설의 일반적 특성

조사 응답 시설의 일반적 특성은 〈표 1-7〉과 같다. 소재 지역으로는

〈표 1-7〉 조사 응답 노인요양시설의 일반적 특성 (N=223)

구분		빈도(개소)	비율(%)
소재 지역	대도시	49	23.1
	중소도시	59	27.8
	농어촌	104	49.1
운영 주체	사회복지법인	104	47.5
	사회복지법인 외 비영리법인	22	10.0
	개인	90	41.1
	기타	3	1.4
복합시설 여부	복합시설	92	41.2
	단일시설	131	58.8
복합시설 수	단기보호서비스	12	13.0
	방문간호서비스	8	8.7
	방문목욕서비스	20	21.7
	방문요양서비스	42	45.7
	주(야)간보호서비스	45	48.9
	기타	18	19.6
입소자 정원	30인 미만	69	32.4
	30-60인 미만	61	28.6
	60인 이상	83	39.0
입소자 현원	30인 미만	75	36.8
	30-60인 미만	71	34.8
	60인 이상	58	28.4

자료: 임진섭(2010); 임진섭 · 최재성 · 이민홍(2012). 상황이론에 기반을 둔 노인요양시설의 거주자 중심케어(Resident-Centered Care) 발생 경로에 관한 연구. p.36. 재구성.

농어촌이 104개소(49.1%)로 가장 많았으며, 중소도시 59개소(27.8%), 대도시 49개소(23.1%)로 나타났다. 운영 주체로는 법인시설 중 사회복지법인이 104개소(47.5%)로 가장 많았고, 사회복지법인 외 비영리법인이 22개소(10.0%), 개인 90개소(41.1%), 기타 3개소(1.4%) 등으로 나타났다. 노인요양시설 외에 장기요양서비스를 제공하는 기관을 복합적으로 운영하고 있는가를 묻는 복합시설 여부에는 복합시설인 경우가 92개소(41.2%), 단일시설인 경우가 131개소(58.8%)로 응답되었다. 복합시설로는 주야간보호서비스가 48.9%(45개소)로 가장 많았고, 방문요양서비스 45.7%(42개소), 방문목욕서비스 21.7%(20개소), 단기보호서비스 13.0%(12개소)의 순으로 확인되었다. 시설 규모로는 입소자 정원 60인 이상인 비교적 큰 규모의 시설이 83개소(39.0%)로 가장 많았으며, 30인 미만인 시설이 69개소(32.4%), 30인 이상 60인 미만인 시설이 61개소(28.6%)로 나타났다. 입소자 현원은 30인 미만인 시설이 75개소(36.8%), 30인 이상 60인 미만인 시설이 71개소(34.8%), 60인 이상인 시설이 58개소(28.4%)로 입소자 정원과는 다소 차이를 보였다.

(2) 조사 응답자의 일반적 특성

〈표 1-8〉은 설문 조사에 응답한 분석 대상 노인요양시설 실무자의 일반적 특성이다.

먼저, 성별은 여자가 134명(60.1%)으로 남자 응답자 89명(39.9%)에 비하여 많은 편으로 나타났다. 연령대는 30대 응답자가 79명(35.4%)으로 가장 많았고, 40대가 68명(30.5%), 50대 36명(16.1%), 30대 미만이 29명(13.0%), 60대 이상이 9명(4.0%) 순으로 나타났다. 평균 나이는 40.0세로 본 조사에 응답한 기관의 실무자가 전반적으로 젊은 편임을 알 수 있었다. 기관 실무자의 학력은 대학교 재학 및 졸업자가 101명(45.3%)으로 가장 많았으며, 대학원 재학 및 졸업자가 65명(29.1%), 전문대 재학 및 졸업자가 49명(22.0%), 고등학교 졸업 이하가 6명(2.7%)인 것으로 나타났다.

〈표 1-8〉 조사 응답자의 일반적 특성 (N=223)

구분		빈도	비율(%)	평균
성별	남자	89	39.9	
	여자	134	60.1	
연령	30세 미만	29	13.0	40.0(세)
	30~39세	79	35.4	
	40~49세	68	30.5	
	50~59세	36	16.1	
	60세 이상	9	4.0	
학력	고등학교 졸업 이하	6	2.7	
	전문대재학·졸업	49	22.0	
	대학교 재학·졸업	101	45.3	
	대학원 재학·졸업 이상	65	29.1	
전공	비해당	8	2.80	
	사회복지	192	67.40	
	의학, 간호학	18	6.30	
	인문사회 계열	26	9.10	
	신학 등 종교 관련	15	5.30	
	이공 계열	14	4.90	
	예체능 계열	4	1.40	
	기타	8	2.80	
자격증	비해당	6	1.90	
	사회복지1급	86	26.70	
	사회복지2급	109	33.90	
	사회복지3급	3	0.90	
	간호(조무)사	32	9.90	
	영양사	2	0.60	
	각종치료사	14	4.30	
	요양보호사	49	15.20	
	기타	21	6.50	
현재 기관 근무 경력	6개월~1년 미만	12	5.4	3년 4개월
	1~3년 미만	113	50.7	
	3~5년 미만	50	22.4	
	5~10년 미만	37	16.6	
	10년 이상	11	4.9	
직위	시설장	46	20.6	
	사무국장	70	31.4	
	팀장 및 실장	11	4.9	
	과장	16	7.2	
	총무	6	2.7	
	사회복지사	8	3.6	
	기타[4]	66	29.6	

자료: 임진섭(2010); 최재성·임진섭·이민홍(2011). 노인요양시설의 문화 변화 패러다임에 대한 탐색적 연구. p.67~68에서 재구성.

본 조사에 응답한 기관 실무자의 전공은 사회복지가 192명(67.4%)으로 가장 많았으며, 인문・사회 계열 26명(9.1%), 의학, 간호학 18명(6.3%), 신학 등 종교 관련 전공자(15명, 5.30%) 등도 다수 있었다. 소지하고 있는 자격증으로는 사회복지사 자격증 2급이 109명(33.9%), 1급이 86명(26.7%)으로 압도적으로 많음을 알 수 있었다. 그 외 간호조무사 32명(9.9%), 요양보호사 49명(15.2%) 등의 자격증을 보유한 것으로 나타났다. 현재 기관 근무 경력은 1~3년 미만이 113명(50.7%)이 가장 많았고, 3~5년 미만 50명(22.4%), 5~10년 미만 37명(16.6%) 등의 순으로 나타났다. 조사에 응답한 기관 실무자의 직위로는 사무국장이 70명(31.4%), 시설장이 46명(20.6%), 과장 16명(7.2%), 팀장 및 실장 11명(4.9%), 사회복지사 8명(3.6%) 등의 순으로 나타났다.

---

4) 기타 응답에는 팀장, 실장, 간호(조무)사, 사무원, 생활복지사 등이 있다.

제 2 장

노인장기요양시설의 문화 변화와 거주자중심케어

1. 노인장기요양시설의 문화 변화
2. 노인장기요양시설의 거주자중심케어

제2장 노인장기요양시설의 문화 변화와 거주자중심케어

1. 노인장기요양시설의 문화 변화

1) 미국 노인장기요양시설의 역사적 특성과 문화 변화의 등장 배경

문화 변화에 대한 구체적인 논의를 하기 전에 먼저 미국 노인요양시설과 관련한 정책의 역사적 흐름을 이해하는 것이 선행되어야 한다. 이를 통해 당시 미국 사회에서 문화 변화 운동이 등장하고 확산되게 된 상황적 맥락을 이해할 수 있기 때문이다. 우리가 일반적으로 알고 있는 것과는 다르게, 미국 노인요양시설은 다양한 사회 영역에서 배제된 빈곤한 사람들을 돌보던 빈민구호소와 병원에서 출발하였다. 이러한 빈민구호소는 11세기 영국에서 시작되었으며 훗날 미국 노인요양시설의 기본적인 모델로 자리 잡게 된 것이다. 연령에 관계없이 모든 사회적 취약 계층을 대상으로 하던 빈민구호소는 20세기 초에 들어서 주로 노인을 그 보호 대상으로 했다. 하지만 빈민구호소에서 돌봄서비스를 받던 노인들의 대다수가 노화로 인한 다양한 질병을 갖게 되면서 당시 많은 빈민구호소가 병원의 형태로 발전하게 된 것이다. 이어 2차 세계대전과 베이비붐 현상은 미국 전역에 병원의 병실 수 부족 현상을 초래하게 되었고, 이 과정에서 상대적 약자였던 많은 수의 노인들은 병원에서 내몰리게 되었다(Payne, 2006).

이처럼 시간이 거듭할수록 노인들의 보건의료서비스 수요가 증가하자 연방 정부는 이에 대응하기 위해 병원 시설의 확장을 위한 지원에 집중하게 되었고, 이 과정에서 노인요양시설 역시 증가하게 되었다. 이는 사실 연방 정부가 노인요양시설의 사회적 중요성에 대해 깨닫고 큰 관심을 보여서라기보다는 계속해서 증가하는 노인요양시설 입소자의 처치 곤란에 따른 불가피한 조치라고 볼 수 있다. 즉 병원에서 치료를 받지 못하는 노인들을 수용할 수 있는 또 다른 대안 시설이 필요했기 때문이다. 문제는 이 당시 설립된 대부분의 노인요양시설들이 요양시설로써의 기본적이고 고유한 이념이나 성격, 차별화된 특성을 지니지 못한 채 병원의 구조적인 특성과 조직적인 체계를 고스란히 수용하여 우후죽순처럼 생겨나게 되었다는 점이다. 사실 24시간 지속적인 케어와 보호를 필요로 하는 노인요양시설 거주 노인의 특성상 이러한 병원 시스템은 많은 부분에서 적합하지 않았다. 당시의 노인요양시설은 의학적 치료 모델에 치중하면서 동시에 의식주와 같이 주로 인간의 기본적 생존에 필요한 서비스에 중점을 두고 있었다. 이들의 관심사는 단순히 어떻게 하면 노인의 신체적 건강을 향상시키고 이들의 삶을 유지할 수 있는가였기 때문이다(Caspar, 2009; Roth, 2005).

사실 노인요양시설은 의료 및 치료서비스 뿐만 아니라 편리하고 윤택한 일상생활, 문화 및 여가 활동에의 참여 등과 같은 특성이 추가된다는 점에서 병원과는 분명히 다르다. 그럼에도 불구하고 노인요양시설에서는 의학적 측면만을 강조하여 노인의 신체적 결함을 보완하고 개선하는 것에만 초점을 두는 경향이 있었던 것이다.

병원은 환자의 생명을 치료하고 보호하는 의료시설이기 때문에 높은 수준의 권위를 지닌 전문가들로 구성된다. 따라서 병원 내에서의 권한은 환자보다는 의료진에게 집중되고, 이로 인해 병원의 클라이언트는 독립적인 참여자가 아닌 일방적인 치료를 받는 환자의 속성을 지닌다. 이 과정에서 클라이언트의 개별성은 무시되고 권한을 보장받기가 어려워지는 것이다(Bowker, 1982). 그렇다고 해서 치료 중심의 병원식 운영 모델이 노인들의 삶의 질이나 케어 질 향상에 긍정적인 영향을 미친다는 검증 결과가 있는 것도 아니었다. 그럼에도 불구하고 1950년대 미국의 전통적인 노인요양시설은 의학적 치료 중심 모델을 핵심 가치로 한 병원 세팅과 유사한 구조와 특성을 갖고 발전하기 시작한 것이다(Calkins, 2005; Ronch, 2004).

사실 전통적인 노인요양시설에서 이러한 의학적 치료 중심 모델이 강하게 뿌리내리게 된 것은 입소자들의 특성에 따른 자연스러운 현상으로 볼 수 있다는 견해도 있다. 즉 노인요양시설 입소자들 대다수가 늙고 병들었으며 다양한 기능상의 문제를 지닌 사람들로 구성되다보니 자연스럽게 의학적 치료 중심의 케어 방식이 핵심적인 케어 모델로 자리 잡게 되었다는 것이다(Ronch, 2004). 이러한 치료 중심 모델의 노인요양시설은 점차 거주 노인을 위한 인간주의적 노력을 경외하게 되었고 집과 같이 편안하고 안락한 환경을 제공하는 것과는 점점 거리가 멀어지게 되었다. 생존과 관련한 기본적인 서비스 제공에 초점을 맞춘 이러한 전통적인 시설 운영하에서는 거주 노인의 선택권이나 자율성 같은 삶의 중요한 가치들은 쉽게 박탈당할 수밖에 없었던 것이다. 보호수용시설에서 제공되는 기본적인 물리적 케어만으로는 거주 노인의 신체적, 정서적, 지적인 성장을 기대할 수 없음에도 불구하고(Spitz, 1946; Ronch, 2004, 재인용), 미국 사회의 전통적인 노인요양시설은 이러한 케어서비스에 집중해 왔다. 이로 인해 거주 노인의 고차원적 욕구를 충족하는 데 실패하고 직원들의 성장과 발전까지 저해하게 된 것이다(Ronch, 2004). 직원들은 거주 노인과 친밀한 관계를 형성하기보다는 주어진 과업 수행에 더 치중하게 되었다(Ronch, 2004). 이에 따라 거주 노인들은 인간으로서의 존엄성을 존중받지 못한 채 단순한 케어의 대상자로 전락하게 된 것이다(Pioneer Network, 2009; 임진섭, 2010, 재인용, 6쪽). 즉 이러한 시설들에서 노인들은 사회와는 분리된 채 사생활과 존엄성, 즐거움을 보장받지 못하고 맛있지도 않은 식사만을 제공받으며 다양한 약물을 투여받고 일상생활의 주된 부분을 TV 시청에 보내다 결국 죽음에 이르게 되는 것이 일반적이 노인요양시설에서의 삶이었던 것이다(Vladeck, 1980 p.3).

노인요양시설의 구조적 환경 역시 병원 시설과 유사한 특성을 갖게 되었다. 이는 한 방에 다수의 거주 노인을 수용하는 것, 딱딱하고 공허한 대형 식당, 단조롭고 색이 없는 긴 복도, 공동으로 이용할 수 있는 장소의 제한 등이다(Miller, Booth & Mor, 2008). 더하여서, 전통적 노인요양시설은 지나치게 수직적이고 경직된 조직문화를 갖고 있었다. 즉 직원의 욕구나 거주 노인이 좋아하는 관심사에 대해서 지나치게 규제하였고, 이는 요양보호서비스가 마치 공장의 생산 조립 라인처럼 기계적이고 비인간적이라는 비판을 야기하였다(Talerico, O'Brien & Swafford, 2003; 임진섭, 2010, 재인용, 6쪽). 예를 들어 목욕과 식사 같은 요양서비스는 거주 노인의 의사나 선호가 반영될 수 있는 개인적 영역에 해당한다. 그러나 기존 노인요양시설에서는 시설의 일방적인 의사 결정과 거주 노인의 개성을 고려하지 않은 획일적인 계획에 의해 이루어졌다. 언제, 어디서, 어떻게, 누구와 함께 할 것인지와 같은 아주 기초적인 수준의 자치권조차 보장받지 못한 것이다.

이러한 문제는 거주 노인 각각의 개별성보다 시설 운영의 전체성을 강조하는 전통적 노인요양시설의 특성 때문이라 볼 수 있다(Bennett, 1963; Nicholson, 1979). 즉 노인요양시설이라는 하나의 총체적 수용시설에서 노인들은 자신의 의사와는 상관없이 동일한 시간에 일어나 식사하고, 잠자리에 들고, 똑같은 활동을 해야 했다(최재성 외, 2011). 그리고 이러한 모든 활동에서 거주 노인의 욕구는 배제되었다(Ronch, 2004). 이로 인해 거주 노인의 개성과 자율성, 하고 싶은 것에 대한 표현은 불필요하고 쓸데없는 행동으로 치부되기 쉬웠다(임진섭, 2010). 다시 말해 인간으로서 보장받아야 할 선택권, 자율성과 같은 기본적 권리를 주장하는 것은 관리자의 시설 운영을 방해하는 문제 행동으로 낙인찍히는 것이다. 이러한 폐단으로 결국 노인요양시설은 아무런 선택권이 없는 노인들이 삶을 마감하는 종착지이자 마지막 주거지(last resort)라는 비판에 직면하였다(Vladeck, 2003; 임진섭, 2010, 재인용, 7쪽).

전통적인 노인요양시설이 의학적 치료 중심 모델을 적용할 수밖에 없었던 또 다른 이유에 대해 Rosenberg(1995)는 노인요양시설에 거주하는 노인들은 다양한 질병과 전염병에 걸려 있는 사람들이 대다수이기 때문에 이들로부터 다른 사람들을 보호하기 위해서라도 시설 차원에서 엄격한 통제와 관리가 요구될 수밖에 없었다고 설명한다. 결국 이러한 상황 속에서 시설 거주 노인들의 자율성과 인간성은 자신들의 의사와 상관없이 무시될 수밖에 없었던 것이다. 시설에서 거주 노인들은 개별적인 가치를 지닌 인간이자 적극적인 참여자가 아닌 일종의 임상적 문제와 환자(patients)로 간주된 것이다. 따라서 기존의 전통적인 노인요양시설은 인간으로서의 개별성이나 자치권(선택)이 전혀 인정받을 수 없는 구조적 한계로 인해 거주 노인의 삶의 질에도 부정적인 영향을 미칠 수밖에 없었다. 이는 결국 일상생활을 독립적으로 수행하기 어려워 시설에서 보호를 받기 위해 입소한 노인의 삶이 오히려 비인간화되는 문제를 낳았다(Booker, 1982).

미국 사회는 의료 및 치료 중심의 전통적인 노인요양시설이 갖는 부정적 측면과 폐단을 극복하기 위해서 다양한 노력을 시도하였다(White et al., 2003). 이러한 상황에서 많은 노인요양시설에서 인간 정신에 대한 관심이 대두되기 시작하였다. 노인요양시설은 치매나 와상 등과 같은 질환 노인을 수용하여 이들의 신체적 건강을 치료하는 곳이며 동시에 그들의 생활을 영위해 나가는 또 다른 삶의 장소이다. 그러므로 기본적인 케어의 질뿐만 아니라 삶의 질 역시 중요하며 이를 위한 기본적이고 다양한 권리가 체계적으로 보호될 필요가 있다는 주장이 설득력을 얻기 시작한 것이다(Vladeck, 2003).

그렇다면 지금부터는 미국에서 전통적 노인요양시설이 갖고 있던 문제점과 폐단을 해결하기 위한 문화 변화의 흐름을 살펴보도록 하겠다. 이는 1983년 전국너싱홈개혁시민연합회(The National Citizen's Coalition for Nursing Home Reform 이하 NCCNHR)로부터 찾아볼 수 있다. 이들은 노인요양시설이 기준 이하의 케어를 제공하는 것에 대해 문제를 제기하였다(임진섭, 2010, 재인용, 17쪽). 그리고 거주 노인에 대한 평가와 권리의 중요성을 주장하는 너싱홈규제체계(Nursing Home Regulatory System)에 관한 성명서를 발표하였다(Holder, 1983). 이후 이 성명서는 미국 보건복지부(Department of Health and Human Service)와 연방의회(Congressional Offices)에도 제출되면서 노인요양시설의 혁신과 변화의 필요성을 공식적으로 알렸다. 이를 계기로 NCCNHR은 미국 보건재무행정국(Health Care Financing Administration)[1]과 미국은퇴자협회(Ameri-

---

1) 현재는 의료보장국(Medicare and Medicaid Service: CMS)이란 명칭으로 조직이 개편되었다.

can Association of Retired Persons) 등의 지지를 확보하였다(임진섭, 2010, 재인용, 17쪽). 이어서 거주 노인의 관점으로 노인요양시설을 변화시키려는 시도를 지속적으로 수행했다. 1985년에는 실제로 시설에 거주하는 노인이 원하는 돌봄의 질을 파악하기 위한 포커스그룹 인터뷰를 통해 '소비자 관점에서 바라본 케어의 질(A Consumer Perspective on Quality Care: The Resident's Point View)'이라는 보고서가 출간되었다(Holder & Frank, 1985; 임진섭, 2010, 재인용, 18쪽). 이 보고서에서는 시설 내 거주 노인들이 스스로 자신의 삶을 결정하는 것을 가장 바라는 것으로 나타났다(Nancy, Hooyman & Kiyak, 2007). 이 보고서는 노인요양시설에 대한 전반적인 규제와 감독을 실시하는 미국의학원(Institute of Medicine: IOM)의 중요한 정책 근거로 사용되기도 하였다.

이후 미국 연방 정부는 1987년에 노인요양시설개혁법(Nursing Home Reform Act)을 공표하였다. 이는 포괄예산조정법(Omnibus Budget Reconciliation Act: OBRA)의 일환으로써 거주 노인의 삶의 질 향상을 위해 필요한 시설의 운영과 환경 구축을 주된 내용으로 하고 있다. 이 법에서는 거주 노인의 자기결정권, 선택권과 존엄성에 대한 권리 보장을 명시하고 있다. 또한 거주 노인에게 제공될 수 있는 가장 높은 수준의 신체적·심리적·정신적 행복(well-being)의 최소 운영 기준(National Minimum Set of Standards)을 규정하고 있다. 이러한 문화 변화의 법적·제도적 명시화는 거주자 중심의 서비스 제공, 시설 환경의 조성, 개별 거주 노인의 개성과 특성 고려, 거주자의 관계 형성 지원 등과 같은 거주자중심케어의 법률적 토대를 마련한 것이다. 미국 내 노인요양시설의 문화 변화 운동은 이 법안을 중심으로 크게 확산되었다고 할 수 있다.

노인요양시설 돌봄서비스의 질과 노인의 삶의 질 향상을 위한 노력은 거주 노인들이 생활하는 실천 현장을 중심으로 발전해 왔다(Center for Excellence in Assisted Living, 2010; Colorado Foundation for Medical Care, 2006). 실제로 워싱턴과 위스콘신, 캘리포니아, 뉴욕, 미네소타 등의 많은 주에서 기존의 전통적 의료 및 치료 중심의 요양시설 문화로부터 거주자중심케어의 문화로 변신하려는 움직임이 나타나기 시작하였다(Koren, 2010; 임진섭, 2010, 재인용, 19쪽).

구체적인 변화 내용은 다음과 같다. 첫째, 기존에 치매 또는 인지 장애가 있는 거주 노인의 치료를 위해 사용하던 약물이나 신체적 억압 등과 같은 비인간적인 방법을 규제하였다. 둘째, 전문적 교육을 통해 노인요양시설에 근무하는 직원들이 거주 노인과 비언어적 의사소통이 가능하게 함으로써 거주 노인의 다양한 문제 행동을 효과적으로 해결하도록 하였다. 셋째, 거주 노인과 더욱 밀접하고 친밀한 돌봄서비스를 제공하기 위해 대규모 시설보다는 소규모시설 운영을 장려함으로써 거주 노인의 학습된 무기력이나 지루함 등의 문제들을 제거하기 시작하였다(Koren, 2010; Pioneer Network, 2009).

이러한 발전 과정을 통해 1997년에 마침내 Pioneer Network 조직이 구축되어 노인요양시설의 '문화 변화 운동'이라는 용어가 캠페인 등을 통해 공식적으로 사용되기 시작하였다(Rahman et al., 2008; 임진섭, 2010). Pioneer Network는 노인요양보호와 연관 있는 서비스 제공자, 이용자, 정부, 연구자 등으로 구성되어 있다. 이는 오늘날 미국 노인요양시설의 새롭고 혁신적인 문화 변화 모델을 개발하는 대표적 기구이다(Fagan, 2003; Lustbader, 2001). 그동안 Pioneer Network가 수행한 역할과 영향력을 요약하면 다음과 같다. 먼저 Pioneer Network는 노인요양시설 간 의사소통 및 네트워킹 구축의 기회와 시설 간 학습의 기회를 활성화시킴으로써 노인요양시설 간, 그리고 시설과 지역사회 간의 협력 관계 구축에 힘을 집중시켰다. 또한 전통적으로 노인요양시설의 문화 변화 운동을 방해하는 규제 장벽을 제거하고, 문화 변화의 실현을 위한 다양한 모델 개발 및 실천, 교육, 홍보, 연구 조사 활동, 리더십 및 지역사회 자원 개발 등의 과업을 수행하는 데 중점을 두어 왔다(Fagan, 2003; Koren, 2010; Lustbader, 2001).

이 같은 Pioneer Network의 활동과 노력은 노인장기요양서비스 실천 현장에 많은 영향을 미쳤다. 특히 기존의 의료·치료 중심적 요양시설 문화를 거주자 중심의 혁신적인 문화로 바꾸는 데 결정적인 역할을 수행하였다. 이들은 다수의 노인요양시설들로 하여금 문화 변화 운동이 추구하는 비전과 가치를 받아들일 수 있도록 하였던 것이다(Rader, 2000). 실제로 많은 주(state)의 노인요양시설에서 Pioneer Network의 문화 변화 운동의 가치가 반영된 운영 정책을 받아들여 시행하고 있다. 2008년 미국 노인요양시설 1,453개소를 대상으로 시행된 한 연구(Doty, Koren & Sturla, 2008; 임진섭, 2010, 재인용, 20쪽)에 따르면, 이 중 문화 변화의 가치와 이념을 적용하여 운영하고 있는 시설은 전체의 약 1/3인 것으로 나타났다. 또 전체의 1/4은 문화 변화를 적용하기 위한 초기 단계에 있는 것으로 나타났다. 비록 아직까지 문화 변화 패러다임이 미국 내 전체 노인요양시설에 보편적으로 적용되고 있지는 않지만, 문화 변화 운동의 등장 시기와 발전 과정에 비춰 봤을 때 그 파급력을 무시할 수 없다. 또한 문화 변화에 대한 기본적 개념과 가치, 기본 원칙, 적용 시 기대되는 파급효과에 대한 인식 수준이 높아 미국 전역으로 계속 확대되는 추세이다(Burger et al., 2009). 현재 미국에는 30개 주 이상에서 문화 변화 관련 협회(Culture Change Coalitions)가 조직되어 노인요양시설 공급자와 정부의 정책입안자, 이용자 등을 대상으로 문화 변화의 필요성 및 홍보 교육을 실시하고 있다(Burger et al., 2009; 임진섭, 2010; 최재성 외, 2011, 재인용).

2) 문화 변화의 개념

문화 변화(Culture Change)란 용어는 상황에 따라 Re-Structuring, Re-Engineering, Person-Centered Care, Resident-Directed Care, Resident-Centered Care 등으로 다양하게 불리지만 노인요양시설의 케어와 운영은 공급자 중심이 아닌 거주자 중심의 관점을 원칙으로 해야 한다는 측면에서도 사실 동일한 의미라고 볼 수 있다(Calkins, 2002). 이러한 노인요양시설에서의 문화 변화에 대한 연구는 앞서 언급한 바와 같이 전통적으로 노인요양시설 모델에서 추구해 온 수직적 전달 체계에 대한 문제점을 지적하는 것에서 출발하였다. 이 문제의 핵심은 일상생활을 독립적으로 수행하기 어려워 시설에서 거주하는 노인의 삶이 시설 안에서 비인간화되어 간다는 것이었다(Booker, 1982).

이러한 노인요양시설에서 거주하는 노인은 인간으로서의 개별성이나 자치권(선택권)을 전혀 인정받을 수 없어 결국 삶의 질이 저하되는 결과를 가져오게 된다. 이에 기존의 노인요양시설 모델에서 발생하는 문제점을 해결하고 거주 노인에 대한 케어의 질과 삶의 질 향상을 위한 문화 변화에 대한 논의가 활발하게 진행되었다(Davies, Neutley, & Mannion, 2000; Fagan, 2003; Kane, 2002; Lopez, 2006; Thomas & Stermer, 1999; Vladeck, 2003; White et al., 2008). 전통적인 노인요양시설 모델에서는 수직적 의사 결정, 동일한 생활 패턴, 일상생활을 위한 기본적 욕구 등을 강조하였다. 반면 새로운 문화 변화에서는 거주자 중심의 케어와 선택에 높은 가치를 두어 노인의 총체적(신체적, 정신적, 사회적, 문화적 등) 욕구를 충족시키고 시설이 노인의 자기 성장을 지속적으로 시도할 수 있는 공간이 되도록 지원한다(Koenig & Spano, 2006; Roth, 2005).

이는 전체성을 강조하던 기존 노인요양시설의 비인간화적 특성에서 개별성을 강조하는 시설의 인간화로의 변화이다(Ronch, 2004). 이러한 노인요양시설 문화 변화 운동이 갖는 구체적 특성은 다음과 같이 정리할 수 있다. 먼저 새로운 문화 변화 운동에서는 모든 요양서비스가 거주 노인의 더 나은 삶의 질 향상에 초점을 두고 제공된다. 즉 거주 노인이 최상의 신체적 기능을 유지할 수 있는 서비스 질, 거주 노인의 선택권 존중, 가정환경과 다르지 않은 생활환경 구축, 거주 노인의 복합 다양한 욕구 충족을 위한 다학제 간 팀 접근을 시행한다(Vourlekis et al., 2005; 임진섭, 2010).

다음으로 거주 노인을 중심으로 한 요양서비스의 제공을 위해서는 거주자뿐만 아니라 이들에게 서비스를 직접 제공하는 일선 직원들에게도 적절한 대우가 필요하다. 노인요양시설에 거주하는 노인들이 시설을 자신의 집과 같이 느끼고 편안한 느낌을 유지하기 위해서는 직원과의 상호작용이 매우 중요하기 때문이다. 따라서 노인요양시설의 문화 변화에서는 시설이 직원들을 존중하고 적절한 보상과 대우를 제공하는 조직문화를 매우 중요하게 생각한다(Weiner & Ronch, 2003). 마지막으로 새로운 문화 변화 운동에서는 시설의 돌봄 계획 및 의사 결정 과정에 거주 노인과 거주 노인의 가족 그리고 돌봄 서비스를 제공하는 일선 직원이 모두 참여한다는 특징을 갖는다(Lopez, 2006). 이러한 문화 변화의 개념과 특성을 종합해 봤을 때, 노인요양시설의 문화 변화는 시설 거주 노인의 개별성, 선택(의사 결정 참여), 사회적 참여 등이 케어서비스 전달 과정에서 적용되도록 하는 다양한 노력으로 정의할 수 있다(임진섭, 2010).

3) 문화 변화의 구성 요인

오랫동안 문화 변화와 관련하여 다양한 연구를 수행해 온 The Commonwealth Fund(2006)는 문화 변화의 구성 요소를 크게 거주자중심케어(Person-Centered Care)와 지속적인 질 개선 노력(Continuous Quality Improvement), 인력 향상 활동(Workforce Improvement)으로 설명하였다. 〈그림 2-1〉은 노인요양시설의 문화 변화 구성 요인 세 가지를 그림으로 나타낸 것이다. 이러한 구성 요인은 많은 연구자들도 동의하고 있다. 첫째로 거주자중심케어는 노인요양시설을 자기 집(home)과 같은 환경으로 조성하고 시설에서 이루어지는 케어와 지원이 거주 노인을 중심으로 이뤄져야 하는 것을 의미한다.

둘째로 인력 향상 활동은 거주 노인의 케어의 질과 삶의 질을 고취하기 위한 인력 관리 측면의 노력을 의미하는 것으로 여기에는 시설의 운영 교육, 멘토링 프로그램, 요양보호사의 의사 결정 기회 부여

자료: Commonwealth Fund(2006). Assessing State Investments in Culture Change.

〈그림 2-1〉 노인요양시설의 문화 변화 구성 요인

와 같은 기본적인 인력 관리 노력이 포함된다. 사실 기존에는 이러한 거주자 중심의 케어가 시설의 체계화된 시스템적인 노력을 통해 이루어지기보다는 주로 개별 직원이 가진 노력과 능력 또는 자세에 의해 좌우되었다(Rader & Semradek, 2003; Stone, Dawson, & Harahan, 2004). 결국 노인요양시설의 인력이 얼마나 안정적이며 전문화된 교육을 받았는가가 거주자 중심의 케어를 결정짓는 중요한 요소인 것이다. 따라서 인력 관리는 이러한 거주자 중심의 문화 변화를 구축하는 데 매우 중요한 요인으로 작용한다.

마지막으로 지속적인 질 관리 노력은 주로 조직 시스템과 관련된 것으로써 시설 안에서 이루어지는 다양한 서비스 실천 활동을 개선하기 위한 객관적인 자료의 사용을 촉진하는 것이다. 이러한 세 가지 구성 요인은 문화 변화의 개념적 구조의 핵심인 동시에 문화 변화 노력을 통해 지향하고자 하는 목표라고 볼 수 있다. 결국 문화 변화는 거주자중심케어는 물론 지속적인 질 개선 노력 그리고 인력 개선 활동이라는 세 가지 전략적인 목표를 상호 강화하는 활동이라고 볼 수 있다.

이러한 노인요양시설의 문화 변화 노력은 노인요양시설이 오랫동안 지향해 온 일종의 케어 방식 또는 케어문화에 대한 전반적인 개혁을 의미한다. 따라서 이를 수용하는 데에 상당한 어려움이 있을 수밖에 없다. 이는 문화 변화가 시설의 방향과 시설 운영의 전반에 영향을 주는 문화적인 속성을 지니고 있기 때문이다. 사실 아무리 혁신적이고 새로운 운영 문화라고 할지라도 실제 시설과 직원이 유용하다고 판단하지 않을 경우 시설은 기존의 운영 문화를 고수할 수밖에 없다. 노인요양시설의 문화 변화는 결국 조직 문화와 직결되기 때문이다.

일반적으로 노인요양시설들은 동일한 시설들과 서로 공통된 운영

문화를 지니기 마련이다. 동종 업계에서 서로 공유하는 운영문화는 시대의 트렌드를 반영하기 때문이다. 따라서 많은 시설들이 기존의 전통적인 노인요양시설에서 고착화된 의료 및 치료 중심적 운영 모델을 따른다면 이는 결국 노인요양시설의 일반적인 운영 모델이 될 수밖에 없을 것이다. 따라서 거주자중심케어 운영문화의 유용성에 대한 지식과 이해 없이 단지 다른 시설과의 차별화를 위해서 새로운 운영문화를 받아들이는 것은 상당히 어려운 일이다(Johnston, 2007).

또한 현재의 운영문화에 대한 시설 및 직원의 몰입 정도 역시 문화 변화를 시설이 적극적으로 수용하는 데 중요한 요인으로 작용한다. 기존의 운영문화에 대해 몰입하는 정도가 강력하고 긍정적일수록 거주자 중심 운영문화로의 이행은 사실 기대하기 어려울 수밖에 없다. 일반적으로 노인요양시설은 오랜 기간 동안 시설을 둘러싼 다양한 환경 변화의 위기와 난관을 극복하는 데 있어 적극적인 대처보다는 최소한의 변화를 통해 생존해 온 경향이 강하다. 즉 그동안의 노인요양시설은 서비스의 질이라든지 케어의 질 향상을 위해 임시방편적이고 분절적인 노력에 치중해 온 반면, 근본적인 해결 방안을 찾으려는 노력은 상당히 소홀했던 것이다. 이러한 특성상 새로운 운영문화를 적극적으로 수용하여 적용하기보다는 기존의 운영문화에 강한 몰입과 집착을 보이고, 이러한 틀 안에서 해결 방안을 모색하려는 선택을 할 가능성이 높은 것이다(Johnston, 2007).

환경 변화에 대한 조직의 대응 관점에서 비춰볼 때 조직은 변화지향적(change-oriented)인 조직과 안정 지향적(stability-oriented)인 조직으로 구분할 수 있다(Lundberg, 1985). 일반적으로 노인요양시설은 안정지향적인 성향이 강한 조직으로 볼 수 있다. 이는 정부(보건 및 복지 관련 부처)와의 복잡한 관계에 기인한다고 할 수 있다. 예를 들어 노인요양시설의 입장에서 정부는 고객(customer)이면서 동시에 정책 및 제도와 관련한 규제자(regulator)의 역할을 하기 때문에 운영문화에 대한 변혁이 제한적일 수밖에 없다. 따라서 거주자 중심의 문화 변화는 시설 차원의 노력은 물론 규제자이자 감독기관인 정부와의 상호 협력적인 관계에서만 가능할 수 있는 것이다. 즉 정부 차원에서 노인요양시설의 운영문화에 대한 전략이 구체화되고 이에 대한 적용이 장려될 때 시설의 운영문화에 대한 유연성은 높아질 수 있다는 것이다.

4) 문화 변화와 관련한 국내외 연구 동향 검토

지금까지 국내에서는 노인요양시설의 거주자 및 직원을 대상으로 문화 변화 운동에 대해 이뤄진 연구가 비교적 부족한 상황이다. 주로 시설에 거주하는 노인의 만족도나 서비스 질에 대한 평가, 신체적·정신적 건강 수준, 사회참여 수준 등을 평가한 연구(김은경·오희경, 2007; 김완희 외, 2003; 최선희·양혜원, 2004; 황인옥·윤경아·김은경, 2007), 시설 직원의 직무 만족, 이직, 스트레스, 소진 등에 대해 분석한 연구(김기태, 2004; 오진주, 2003; 이인수·임춘식, 2005; 최희경, 2008) 등이 이뤄져 왔다.

만일 문화 변화의 개념을 노인요양시설의 영역에 제한하지 않고 전체 사회복지의 영역으로 확대한다면 논의의 폭이 넓어질 수 있다. 특히 일반 사회복지 이용 시설과 관련하여서는 이용자 개별 특성에 맞는 맞춤 서비스, 자기결정권 존중, 이용자(고객) 중심의 서비스 등에 대한 논의들이 국내에서 이뤄져 왔기 때문이다(김용득·김미옥, 2007; 신섭중, 2004; 최재성, 1999; 최재성·장신재, 2001; 임진섭 외, 2012, 재인용). 이러한 연구들은 시설 내 거주자 또는 이용자의 관점에서 서비스를 제공하려 한다는 점에서 문화 변화 운동이 지향하는 가치와 관련성이 있다. 또한 성공적 노화를 위한 노인 사회 참여, 자기 개발 및 자기 성장을 위한 노력의 필요성에 대해 제시하고 있는 연구(강상경 · 전해숙, 2006; 강인, 2003; 박경란 · 이영숙, 2002; 정순돌, 2007)들에서도 노인 요양시설의 문화 변화가 추구하는 가치와의 연관성을 찾아볼 수 있다(임진섭 외, 2012).

그러나 기존 연구들에서는 아직까지 문화 변화 개념에 대한 직접적인 소개나 언급을 하지 않고, 단순히 문화 변화 운동의 한 특성으로 이해할 수 있는 요소들을 부분적으로 다루고 있을 뿐이다. 따라서 본 연구에서 다루는 문화 변화에 대한 논의는 현재까지 국내에서는 다소 생소하면서도 매우 새로운 주제라는 점에서 의미가 있다.

한편 외국에서는 1990년대 후반부터 미국을 중심으로 노인요양시설의 문화 변화에 대한 연구가 활발히 이뤄지고 있다. 문화 변화에 대한 외국의 연구 동향은 크게 네 가지로 구분할 수 있다(임진섭, 2010). 이는 첫째, 문화 변화의 모델 개발, 둘째, 문화 변화의 수행 전략, 셋째, 문화 변화의 측정도구 개발, 넷째, 문화 변화의 효과 및 성과로 정리할 수 있다. 여기에서는 네 가지 연구 동향에 대해 보다 구체적으로 검토하고자 한다.

먼저 문화 변화 운동의 가치와 철학을 기반으로 한 모델 개발 연구에 대해서 살펴보도록 하겠다. 현재까지 문화 변화의 대표적인 모델로 알려진 것에는 Pioneer Network, Eden Alternative, Green House, Live Oak Regenerative Community, Wellspring 등을 들 수 있다(Hooyman & Kiyak, 2008; White et al., 2008; 최재성 외, 2011, 재인용). 이 중에서 Eden Alternative 모델은 시설에 거주하는 노인이 수동적인 삶을 사는 것이 아니라, 아주 능동적이고 활발한 삶을 살 수 있는 자기 집과 같은 거주지(human habitat)를 창조하기 위해 개발된 모델이라 할 수 있다(Thomas, 1996; Thomas & Stermer, 1999). 이 모델은 노인요양시설에 거주하는 노인의 외로움, 무기력함, 무료함 등과 같은 문제들을 해소하기 위해 거주 노인을 의사 결정 과정에 참여시키고, 거주 노인과 직원 간의 인간적 상호작용을 강조한다(Bergman-Evans, 2004). 이는 거주 노인 스스로가 자신의 삶에 대한 선택권과 결정권을 가짐으로써 삶의 의미를 되찾을 수 있도록 지원하는 것이 노인요양시설의 진정한 책무라고 보기 때문이다(Dannefer & Stein, 1999).

두 번째는 어떻게 하면 노인요양시설의 문화 변화를 실제적으로 잘 적용할 수 있을지에 대한 전략의 연구이다. 이는 대상에 따라 거주 노인에 대한 전략과 시설 종사자에 대한 전략으로 구분할 수 있다(Koenig & Spano, 2006; Ronch, 2004). 즉 거주자 중심의 케어를 제공함으로써 거주 노인이 갖고 있는 강점을 강화하고, 이를 거주자들이 속한 공동체 내 문화의 일부가 되도록 노력할 것을 제언하고 있다. 반면 시설 종사자에 대해서는 특정 문제에 대한 부서별 또는 업무별 대응 방안 논의, 창의적 문제 해결을 위한 직원 또는 부서 간 협력, 전문 지식 및 기술의 활용 등이 필요하다고 지적한다. 이외에도 문화 변화의 수행 전략에 대한 연구에서 더 나아가 이를 어떻게 성공적으로 유지할 것인가에 대한 연구도 찾아볼 수 있다(Dixon, 2003).

세 번째는 문화 변화의 수준을 측정하기 위한 조사 도구 개발에 관한 연구 동향이다. 이는 개념적·추상적 수준에 머무를 수 있는 문화 변화에 대한 인식을 최대한 객관적으로 구체화할 수 있다는 점에서 반드시 필요한 연구이다. 이는 실천 현장에서 노인요양시설의 문화 변화 실태를 파악하고 그 수준을 판가름하는 데 매우 유용하게 사용될 수 있다. 문화 변화의 측정 도구 개발에 관한 연구는 다음과 같다. 치매 또는 장애를 가진 거주 노인이 자기 개발을 위해 의사 결정 과정에 참여하는 정도를 측정하는 조사 도구의 개발(Menne & Whitlatch, 2007), 문화 변화를 구성하는 핵심 가치인 거주자중심케어(Person-Directed Care)를 측정하는 조사도구의 개발(White et al., 2008), 그리고 요양시설의 문화 변화를 위해 거주자에 대한 심리 사회적 케어 수준을 측정하는 조사 도구의 개발(Vourlekis et al., 2005) 등이 시도되어 왔다.

마지막 네 번째는 문화 변화에 대한 연구 동향 중 가장 많은 관심을 받고 있는 문화 변화의 효과 및 성과에 대한 연구 영역이다. 오늘날 사회복지환경에서 사회복지적 개입의 효과와 성과에 대한 관심은 피할 수 없는 이슈이다. 문화 변화 운동 역시 그것이 갖는 의미와 가치가 실제적으로 어떠한 성과를 가져왔는지 평가하는 것은 필수적인 과정이라 할 수 있다. 실제 연구 결과에서 문화 변화는 거주 노인의 외로움과 무기력함 그리고 무료함을 감소시키고 삶의 질을 높이는 것으로 보고되었다(Angelelli, 2006; Day et al., 2000; Fagan, 2004). 또한 시설 직원의 측면에서는 문화 변화 운동을 통해 시설의 업무 환경이 개선됨으로써 직원의 업무 만족도와 돌봄서비스 질이 향상되었다. 더불어 직원의 이직률이 감소하는 효과를 가져 올 수 있었다(Davies et al., 2000; Lopez, 2006; Lustbader & Williams, 2006; Rabig et al., 2006; 임진섭, 2010, 재인용, 37-38쪽). 이 같은 연구 결과는 노인요양시설의 문화 변화가 거주 노인과 시설 종사자 모두에게 긍정적인 영향을 미치고 있음을 보여주는 결과라 할 수 있다.

노인요양시설의 문화 변화 운동은 최근 들어 미국을 중심으로 캐나다, 호주, 유럽, 일본 등 전 세계적으로 확산되고 있다. 이에 따라 여러 국가에서 문화 변화 모델의 적용 사례에 대한 연구(Gnaedinger, 2003; Weiner & Ronch, 2003)와 문화 변화의 성과를 보고하는 연구(Mac

Kenzie, 2003; Monkhouse, 2003)들이 발표되어 왔다. 이들 역시 미국에서 개발된 Eden Alternative 모델이 거주 노인과 시설 직원들에게 긍정적인 영향을 미치는 것을 확인하였다.

일본에서도 분권화의 추진과 지역 복지의 활성화 등으로 인해 복지시설의 문화 변화가 이루어지고 있는 것으로 볼 수 있다. 일본에는 미국의 문화 변화(Culture Change)와 정확히 일치하는 용어는 없지만 최근 들어 지역 내 새로운 복지 모델로써 유닛 케어(unit care)에 대한 필요성과 보급이 주장되고 있다(千葉喜久也・中里仁, 2007:198-204; 嶺學, 2008). 유닛 케어는 앞에서 언급한 바와 같이 고령자복지시설에서 식사, 입욕, 배설 케어 등으로 대표되는 신체적 돌봄을 업무 시간 동안 효율적으로 제공하는 '일관 작업적 케어'를 비판한다. 반면 '생활을 기본으로 하는 케어'라는 사고방식을 중심으로 이용자(생활자)가 희망하는 생활을 존중하는 것을 강조한다. 즉 보다 개별적으로 거주 노인의 존엄성을 유지하는 것에 주안점을 둔 케어 방식의 한 가지이다.

이러한 유닛 케어는 시설에서 일하는 직원의 '종래형의 시설 케어에 대한 의문과 실망'으로부터 생겨난 것이다. 보다 구체적으로 표현한다면, 직원 스스로가 근무하는 시설에 대하여 '자신과 자신의 부모에게는 이용하게 하고 싶지 않은', '이용하고 싶다고는 생각할 수 없는' 등의 몰개성, 관리 중심의 고령자 시설에 대해 '과연 이대로 좋은 것인가?'라는 생각으로부터 시작된 것이다.

이용자를 '한 사람의 생활자'로서 인정하고, 시설과 직원의 사정에 이용자를 맞춘 종래의 '일관 작업적 케어'로부터 '생활이란 어떻게 되어야만 하는가?', '보통의 삶이란 어떻게 하는 것인가?' 등의 케어의 기본으로 돌아와서, 이용자와 직원이 생활을 함께 하면서 문제점을 개선해 나가는 것이 유닛 케어라고 불리는 것이다. 유닛 케어의 이념과 실천의 커다란 특징은 제도가 선행하여 현장에 보급한 것이 아니라, 실천자가 쌓아 올린 '실천자 발견'의 케어이다. 또한 유닛 케어의 목표로 '케어가 필요한 상태에 있어서도 인간으로서의 존엄을 유지하면서 사람답게 살아갈 수 있도록' 하기 위한 케어이다.

이상과 같은 유닛 케어가 실천 현장에서 활용되고 있는 사례를 보면, unit type 특별 양호노인홈을 들 수 있다.2) 가령 시설 정원이 50인이나 100인인 시설을 몇 개의 집단으로 나누어서 생활과 케어가 가능하도록 설계된 특별양호노인홈을 생각할 수 있다. 일본에서는 2004년 이래로 이러한 새로운 유형의 특별양호노인홈이 표준 설계로 보급되고 있다. 예를 들어 입소 정원이 60명인 시설의 경우, 지금까지 60명을 하나의 집단으로 해서 생활과 케어를 하는 것이 일반적이었다. 반면 특별양호노인홈에서는 60명을 15인씩의 4개의 집단으로 나누어 보다 개별적인 서비스 제공을 가능하게 한다. 또한 시설의 크기도 주택 크기에 가깝게 만든다. 유닛 케어의 조성을 보면 공동으로 사용하는 거실을 둘러싸고 개인이 사용하는 방을 배치하여 하나의 집합인 유닛을 구성하고, 이러한 유닛이 모여서 홈을 구성하게 된다. 하나의 유닛은 10명 정도인 경우가 대부분이다.

최근 들어 국내에서도 노인요양시설의 문화 변화와 거주자중심케

---

2) 일본의 노인복지법에 규정된 노인보건시설은 노인 day service center, 노인단기입소시설, 양호노인홈, 특별양호노인홈, 경비노인홈, 노인복지센터 및 노인개호지원센터 등이 있다. 그리고 기타 복지시설서비스로써, 고령자생활복지센터, 노인쉼터, 노인휴양홈 등이 있다. 이 중에서 특별양호노인홈이란 65세 이상의 신체상 또는 정신상 현저하게 장애가 있기 때문에 상시 개호(간병 또는 돌봄)를 필요로 하며, 거택에 있어서 적절한 개호를 받는 것이 곤란한 자를 입소시켜, 양호하는 것을 목적으로 하는 시설이다. 이러한 특별양호노인홈에서는 가능한 가정생활로의 복귀를 염두에 두고, 입욕, 배설, 식사 등 다양한 개호와 기능 훈련, 건강관리, 요양상의 돌봄을 행하는 것에 의하여, 입소자의 능력에 대응한 자립적 일상생활을 영위할 수 있도록 하는 것을 목표로 한다.

어 도입의 필요성을 논의하는 연구들이 활발히 이뤄지고 있는 추세이다(Lee et al., 2013; 임진섭 외, 2011; 최재성 외, 2011). 이들은 국내 노인요양시설 환경에 대한 문화 변화의 수준 및 도입 가능성, 거주자중심케어의 영향 요인 및 발생 경로, 거주자중심케어의 적용을 통해 나타난 성과 등에 대해서 논의하고 있다. 이는 외국과 마찬가지로 국내에서도 노인요양시설의 문화 변화 및 거주자중심케어에 대한 학계와 실천 현장의 관심 및 공감대가 증가하고 있음을 보여 주는 것이다.

종합적으로 국내외 연구 동향을 요약한다면, 노인요양시설 거주 노인 중심의 케어, 의사 결정 과정 참여, 의미 있는 활동 수행 등을 강조하는 새로운 패러다임의 필요성, 적용 가능한 모델 개발, 적용 수준을 파악할 수 있는 척도 개발, 효과성 분석 등이 미흡하지만 외국을 중심으로 다양하게 시도되어 왔다. 특히 이러한 변화는 노인요양시설에 거주하는 노인의 케어 질과 삶의 질을 향상시킬 수 있는 효과적인 방안으로 제시되었으며, 전 세계적으로 노인요양시설의 문화 변화를 위한 패러다임의 전환이 진행되고 있음을 의미한다. 따라서 본 연구를 통한 국내 노인요양시설의 문화 변화 패러다임에 대한 이론적 및 실증적 탐색 과정은 장기요양보험제도의 도입과 함께 요양시설 입소 노인이 급격하게 증가하고 있는 현 단계에서 중요한 작업이 될 수 있다.

5) 문화 변화의 구체적 실천 모델

(1) Eden Alternative 모델

미국의 경우 노인요양시설에서 케어의 질을 개선하기 위해 그동안 많은 노력들이 시도되었다. 하지만 케어의 개념과 방향을 근본적으로 전환한다는 측면에서는 거의 효과가 없었던 것이 사실이다. 그런데 1990년대 초반 뉴욕 주의 한 노인요양시설에서 시설 안에서의 삶을 변화시키기 위한 작은 노력이 시작되었다. 이것이 바로 거주자중심케어의 모델 중 하나로써 오늘날 많은 노인요양시설의 전반적인 구조와 실천 활동의 개혁 기준으로 일컫는 Eden Alternative 모델이다. 1992년 시작된 Eden Alternative 모델은 현재까지 규모, 범위 등에서 괄목할 만한 성장을 해 왔지만 그 출발은 하나의 작은 노인요양시설의 노력이었다. 이러한 Eden Alternative 모델의 주목할 만한 특징은 애완견과 같은 반려동물과 다른 생물에게까지 케어 과정에서 의미를 부여한다는 점이다.

즉 일반적으로 시설 노인들의 대부분에게 발견되는 공통적인 문제점은 외로움(loneliness)과 무기력(helplessness), 지루함(boredom)이다. 이러한 세 가지 고통을 해소하기 위해 노인들에게 식물이나 애완동물을

자료: http://www.bentcountyhealthcare.com/eden_certified.htm.

〈그림 2-2〉 Eden Alternative 모델을 적용한 시설의 거주 노인 사례

기르는 등의 건강한 취미와 습관을 부여하여 자발적인 일상생활을 활성화하자는 것이다. 이는 거주 노인들이 시설의 일방적인 서비스를 통해 수동적으로 살아가는 것이 아닌 스스로가 삶을 윤택하게 만들어 가도록 하는 것이다(Thomas, 1996). 거주 노인들은 자신의 능력에 상관없이 작은 무엇이라도 기여를 하고 싶어 하며 이를 해냈을 경우 이들의 만족과 행복은 높아지게 된다(Roth, 2005 p. 242). 이러한 노력은 Eden Alternative 모델이 강조하는 여러 변화 시도의 하나이다.

(2) Pioneer Network 모델

Pioneer Network는 현재 미국 노인복지 실천 현장의 창의적인 변화와 변혁을 시도하는 대표적인 상위 조직(umbrella organization)이며 노인요양시설의 문화 변화 모델을 개발하고 실행하는 역할을 한다(Fagan, 2003; Lustbader, 2001; 임진섭, 2010, 재인용, 19쪽). Pioneer Network는 노인복지 실천 현장에서 종사하는 다양한 관계자들이 참여한다. 이 조직은 혁신적이고 진보적인 가치와 원칙을 통해 노인요양시설의 체계적인 문화 변화를 선도하는 범국가적 거대 네트워크 단체이기도 하다. Pioneer Network는 노인요양시설뿐만 아니라 지역사회의 사회복지 실천 현장과 정부, 학계, 관련 단체 등의 이해 관계자들로 구성되며, 노인복지 실천 현장의 새로운 문화 변화를 모색하고 구축하는 것을 목적으로 한다.

이러한 변화를 위해 Pioneer Network는 주로 회원 시설들 간의 의사소통과 교류 기회, 학습 기회를 촉진하고 회원 시설 상호 간의 관계와 지역사회의 협력을 구축하는 데 중점을 둔다. 또한 요양서비스와 정부 정책, 관련 연구 활동에 대한 창의적인 변화를 촉진하고 구체화하기도 한다. 그 밖에도 지역사회 자원에 대한 접근성과 리더십을 개발하는 등의 다양한 노력을 펼친다. 이러한 Pioneer Network의 노력은 노인요양시설로 하여금 시설의 문화 변화를 위한 비전과 가치를 수용케 하고 혁신적인 방법을 사용하여 인간 중심적 요양시설 문화로 탈바꿈하는 데 큰 역할을 하고 있다(Rader, 2000).

실제로 이러한 Pioneer Network의 가치와 이념을 반영한 문화 변화 노력은 많은 주(state)에서 노인요양시설의 운영 정책으로 받아들이고 있고 정부 차원에서도 문화 변화 운동을 적극적으로 홍보하고 있다(임진섭, 2010). 뿐만 아니라 노인요양시설 현장 실무자의 질적 수준도 향상되는 등의 긍정적인 효과가 있는 것으로 보고되고 있다. 이에 대해 Meyers(2001)는 다음과 같이 주장한 바 있다. 문화 변화의 가치와 이념을 받아들인 요양시설 직원들은 비록 노인들이 질병과 노화로 인해 신체적 손상이 있더라도 성장과 발전을 통해 의미 있는 삶을 영위할 가능성이 있음을 인지하고 있다. 또한 이들 요양시설 직원들은 노인들과의 인간적인 관계 형성을 통해 노인들의 성장과 발전이 가능하도록 해야 한다는 의식이 형성되어 있다는 것이다.

이러한 Pioneer Network가 노인복지 실천 현장의 문화 변화를 이끌어 내는 데 초점을 두었던 대상은 바로 노인요양시설이었다. 이는 노인요양시설이야말로 노인 관련 시설의 문화를 설명할 수 있는 가장 핵심적인 축소판이면서 동시에 사회경제적 측면에서도 가장 많은 문제가 발생하는 장소이기 때문이다. Pioneer Network는 노인요양시설이 가진 '시설화(institutionalization)'의 폐단을 해소하기 위한 핵심적인 접근 전략으로 크게 세 가지를 강조하였다.

첫째는 노인요양시설에 대한 지역사회 인식의 변화이다. 대다수의 노인들은 노인요양시설에서 외부와의 고립과 단절을 경험하며 의미

없는 삶을 살아간다. 하지만 지역사회가 노인요양시설과 시설 거주 노인에 대한 개혁적인 정책과 사고방식을 취할 경우, 노인요양시설은 입소 노인의 욕구를 대변하고 성장과 발전을 꾀할 수 있는 장소로 변화가 가능하다. 따라서 중요한 것은 노인요양시설에 대한 지역사회의 근본적인 인식의 변화인 것이다(Barkan, 1995).

둘째는 거주자 중심의 케어로써 이는 시설에서 노인들이 편안한 안식을 취할 수 있도록 거주 노인의 집과 같은 환경과 분위기를 조성하는 것이다(Boyd, 1994). 이러한 거주자 중심의 케어는 문화 변화의 가장 핵심적인 가치이자 노력으로 받아들여진다.

셋째는 개별화된 케어로써 모든 노인들은 서로 다른 특성을 지니기 때문에 시설은 노인의 개별성을 인정하고 저마다의 익숙한 일상을 유지토록 해야 함을 강조하는 것이다.

이러한 Pioneer Network는 '노년의 문화(culture of aging)'란 노인

〈표 2-1〉 Pioneer Network의 주요 가치와 원칙

가치와 원칙(Value and Principles)
–개별 노인을 이해할 것(know each person) –노인마다 다르다는 것을 인정할 것 –가장 중요한 노년문화의 구성 요소(building block)는 노인과의 관계 형성(relationship)임 –노인의 정신(spirit)과 마음(mind) 신체에 민감하게 반응할 것 –노인을 대함에 있어 그들의 위험을 감수(risk-taking)하는 것은 일상적인 삶의 한 부분임 –일보다는 사람에게 가치를 우선할 것(put person before task) –노인 스스로 자기결정권(self-determination)을 갖도록 할 것 –시설 보호가 아닌 지역사회 보호 중심을 지향할 것 –다른 사람들이 당신을 위해 하는 것처럼 당신도 거주 노인을 대할 것 (Do unto others as you would have them do unto you) –노인의 성장(growth)과 발전(development)에 중점을 둘 것 –노인이 처한 물리적, 조직적, 심리적, 사회적 측면의 잠재력을 이용할 것 –보다 좋은 서비스 실천을 위해 항상 연구하고 항상 스스로를 성찰(self examination)할 것 –문화 변화란 지속적인 노력을 통해 성취해 나가는 끊임없는 여정이라는 것을 염두 할 것

자료: Fagan(2003). Pioneer Network: Changing the Culture of Ageing in America. Journal of Social Work in Long-Term Care, 2(1-2), p.131.

스스로가 살아 있음을 확인하고 만족하며 인간적이고 의미 있는 삶을 영위해 나가는 것이라는 비전 아래 노년문화의 근본적이고 체계적인 변화를 옹호하며 촉진한다는 사명을 가지고 있다(Fagan, 2003). 이러한 Pioneer Network의 주요 가치와 원칙은 〈표 2-1〉과 같다.

2. 노인장기요양시설의 거주자중심케어

1) 거주자중심케어의 개념과 특성

거주자중심케어는 앞에서 살펴본 문화 변화 운동의 핵심적인 개념으로써 미래에 노인요양시설이 지향해야 할 가치와 철학이 담긴 혁신적 케어 모델이라 할 수 있다(Nolan, 2001; 임진섭 외, 2012). 즉 앞서 살펴본 문화 변화를 기존 노인요양시설이 지향하는 추상적·이념적인 개념으로 이해한다면, 거주자중심케어는 노인요양시설의 문화 변화를 실현시킬 수 있는 하나의 구체적·실천적 모델이자 방법으로 볼 수 있다. 거주자 중심(Person-Centeredness) 또는 거주자중심케어 개념에 대한 관심과 논의는 노인요양서비스 환경뿐만 아니라 대인서비스를 제공하는 모든 케어 서비스 분야에서 진행되어 왔다. 즉 돌봄서비스를 제공하는 많은 분야에서는 이미 시설 이용자에게 초점을 두고 실천 활동을 수행하는 것을 올바른 가치이자 원칙으로 수용해 온 것이다. 따라서 거주자중심케어는 미국을 비롯한 다수의 선진국에서 노인요양시설을 포함한 헬스 케어 영역의 혁신적인 돌봄서비스 제공 방식으로 자리 잡아 왔다(Binnie & Titchen, 1999; Carr & Higginson, 2001;

McConkey, 2000; McCormack, 2001; Mead & Bower 2000; Nestel & Betson, 1999; Wystanski, 2000).

이는 Rogers(1961)의 인간 중심 이론(Person-Centered Theory)을 통해 이후 다양한 돌봄서비스 분야에 적용되어 왔다. 특히 Kitwood(1997)는 『Dementia Reconsidered: Person Comes First』라는 책에서 치매 증상이 있는 거주 노인을 위한 돌봄 영역에서 '거주자 중심' 또는 '인간 중심'의 개념을 도입하였다(임진섭, 2010). 이는 치매 노인에 대한 시설 돌봄 역시 기존의 전통적 노인요양시설과 마찬가지로 비인간적이고 기계적이라는 사회적 비판에 대응하기 위해서였다(Kitwood, 1997).

그렇다면 문화 변화 운동의 핵심적 실천 모델로써의 거주자중심케어에 대한 개념과 특성은 어떠한지 살펴보고자 한다. 이에 대해 지금까지 공식적으로 합의된 정의는 없고(Center for Excellence in Assisted Living, 2010), 학자에 따라 다양하게 정의되고 있다(Edvardsson, Koch & Nay, 2009; 임진섭 외, 2012). 여기에서는 거주자중심케어에 대해 기존 학자들이 밝힌 개념 및 특성을 살펴본 후, 종합적으로 본 연구에서 다루는 거주자중심케어의 정의를 규명하도록 하겠다.

우선 앞에서 살펴본 대로 치매 노인을 대상으로 한 시설 돌봄에 관심이 있었던 Kitwood(1997)는 거주자중심케어를 일종의 치료 방법으로 이해하였다. 이는 치매 노인의 인간성 존중, 치매 노인이 그동안 살아온 인생의 경험과 사회적 환경 등을 함께 고려한 돌봄 방식 등으로 나타난다고 설명하고 있다. 이에 반해 Brooker(2007)는 거주자중심케어를 V+I+P+S=PCC(Person-Centered Care)라는 일종의 방정식으로 독특하게 설명하였다. 여기에서 'V(valuing)'는 치매 노인 또는 인지장애를 겪는 거주 노인을 가치 있게 만드는 것을 말하고, 'I (individuals)'는 거주 노인이 가진 개별성에 대한 존중을 가리킨다. 또한 'P(person's perspective)'는 거주 노인의 시각으로 세상을 바라보는 것을 의미하고, 'S(social environment)'는 거주 노인에게 깨끗하고 쾌적한 사회환경을 조성해 주는 것을 의미한다. 이렇게 네 가지 구성 요인이 종합적으로 더해질 때 거주자중심케어(PCC)의 구축이 가능하다고 판단하는 것이다. 이와 유사한 맥락에서 White와 그의 동료들(2008)도 거주자중심케어를 개념화하였다. 그들 역시 개별 거주 노인의 가치와 독특성, 선호와 타인과는 구별되는 내력 등을 이해하고 존중해야 한다고 설명한다.

Crandall과 그의 동료들(2007) 역시 거주자중심케어를 거주 노인의 가치에 대한 존중과 인정으로 이해하고 있지만, 추가로 돌봄서비스 제공은 거주 노인이 직접적인 주체가 될 수 있도록 하는 것이 거주자중심케어라 설명한다. 즉 각 거주 노인의 특성을 이해하고 그들이 의사 결정에 있어서 선택권과 자율성을 갖도록 하는 것이다. 이외에도 시설에서 생활하는 거주 노인의 관계 형성 지원, 질 좋은 돌봄서비스의 제공, 집과 같은 시설 환경 구축을 위한 물리적·조직적 지지 환경의 조성 등이 거주자중심케어의 특성이라고 말하고 있다. 또한 Edvardsson과 그의 동료들(2008)은 거주자중심케어에 있어서 가장 중요한 우선순위는 돌봄 환경, 의사 결정의 공유, 업무 완수 등과 같은 것들보다 거주 노인과의 관계 형성에 있다고 주장한다.

한편 Koren(2010)은 문화 변화의 핵심적 실천 모델인 거주자중심케어를 도입한 노인요양시설의 특징을 다음의 여섯 가지로 설명하였다. 첫째, 거주 노인이 원래 살던 가정과 같은 분위기를 조성한다. 둘째, 거주 노인이 수행하는 모든 활동은 거주 노인의 선택권에 의해서 이뤄진다. 셋째, 거주 노인의 욕구와 바람을 충족할 수 있도록 시설을 조직화한다. 넷째, 모든 구성원 간의 협력을 기반으로 분권화된 의사 결정 시스템을 구축한다. 다섯째, 지속적인 요양서비스 질 개선을 위해 체계적인 시스템을 구축한다. 여섯째, 거주 노인과 그들의 가족, 직원 및 지역사회가 친밀한 관계를 형성하도록 지원한다. 이러한 특징들은 앞에서 설명한 기존 학자들의 거주자중심케어에 대한 설명을 모두 포괄적으로 나타내고 있음을 알 수 있다.

이 같은 특징을 갖는 노인요양시설의 거주자중심케어 실현은 사실 매우 어려운 내용이 아닐 수 있다(Malleta, 2009). 단순히 생각하면 거주자중심케어란 시설 내 거주 노인이 선호하는 것에 대해 존중함으로써 선택권과 자율성을 최대한 강화하고, 거주 노인의 삶의 질을 높일 수 있는 사람들과의 관계 형성을 지원하는 등 거주 노인의 입장에서 생각해 보면 이해가 쉬워진다. 이러한 활동은 결과적으로 거주 노인의 삶의 질을 높은 수준으로 향상시킬 수 있을 것이다(Malleta, 2009).

지금까지의 거주자중심케어를 설명하는 접근과는 다소 다른 시각 역시 존재한다. 앞의 학자들이 개념화한 거주자중심케어가 주로 노인요양시설의 돌봄 방식 중 하나로써 설명되었다면, Miller 외(2008)는 거주자중심케어를 시간의 흐름에 따라 변화하는 노인요양시설 이용자 및 고객의 욕구 충족을 위한 시장 지향적 전략으로 이해한다. 이는 갈수록 전 세계의 인구가 고령화되는 인구사회학적 외부 환경의 변화와 관련이 깊다. 이전에는 존재하지 않던 새로운 사회문제가 대두되면서 노인장기요양서비스라는 신서비스산업 분야가 발전하였고, 그중에서도 노인요양시설 운영은 노년층이라는 엄청난 규모의 잠재적 고객을 확보하고 있기 때문이다. 이에 따라 노인요양시설의 거주자중심케어는 고객 유치 및 이윤 창출을 위한 마케팅 전략으로 설명할 수도 있는 것이다. 〈표 2-2〉는 거주자중심케어의 개념과 특성에 대해 여러 연구자들이 연구한 결과를 나타낸 것이다.

〈표 2-2〉 관련 연구에서 나타나는 거주자중심케어의 개념과 특성

연구자	개념 및 특성
Kitwood(1997)	–치매 노인에 대한 일종의 치료 방법(therapeutic agent)으로써 치매 노인의 인간성, 인생 경험, 사회환경 등을 고려한 돌봄 방식
Brooker(2007)	–〈치매 노인 또는 거주 노인의 가치(v)+거주 노인의 개별성 존중(i)+거주 노인의 시각(p)+쾌적한 사회환경 조성(s)=거주자 중심케어〉라는 방정식으로 설명
White 외(2008)	–거주 노인의 가치와 독특성, 선호, 타인과 구별되는 내력 등을 이해하고 존중하는 것
Crandall 외(2007)	–거주 노인의 가치에 대한 존중과 동시에 각 거주 노인의 선택권과 자율성 보장 –거주 노인의 관계 형성 지원 –질 좋은 돌봄서비스 제공 –물리적 · 조직적 지지 환경의 조성
Edvardsson 외(2008)	–거주 노인과의 친밀한 관계 형성
Koren(2010)	–집과 같은 분위기조성 –거주 노인의 선택권 보장 –거주 노인의 욕구 충족을 위한 시설의 조직화 –구성원 간 수평적 의사 결정 시스템 구축 –요양서비스 질 개선을 위한 체계적인 시스템 구축 –거주 노인과 가족 및 직원, 지역사회 간의 친밀한 관계 형성
Miller 외(2008)	–시간의 흐름에 따라 변화하는 이용자의 욕구를 충족하고 고객 유치 및 이윤 창출을 위한 시장 지향적 마케팅 전략

지금까지 학자들의 거주자중심케어에 대한 다양한 개념 정의와 특성에 대한 분석을 종합해 볼 때, 거주자중심케어에 대한 공통적인 속성을 찾아볼 수 있다. 먼저 거주자중심케어는 노인요양시설의 거주 노인이 인간으로서 갖는 존엄성을 존중하는 시설 운영 방식이다. 즉 전통적 노인요양시설에서 심각한 문제로 비판받아 온 거주 노인의 비인간화 문제를 해결하는 것을 핵심으로 한다. 둘째, 이를 위해 거주 노인의 개별적 특성과 선택권 및 자치권의 인정, 집과 같은 분위기 조성, 사람들과의 관계 형성 등을 지원하는 시설 운영 방식을 채택한다. 거주자중심케어에서는 이러한 시설 운영이 궁극적으로는 거주 노

인의 삶의 질과 만족도를 향상시킬 수 있다고 기대하기 때문이다. 셋째, 거주자중심케어는 거주 노인에게만 해당되는 것이 아니라, 시설 및 시설 종사자 모두에게 적용된다. 이는 노인요양시설 내 모든 종사자가 함께 협력하는 수평적인 의사 결정 시스템의 구축 등으로 나타난다. 따라서 거주자중심케어를 실천하는 노인요양시설의 운영 전략에서는 시설 직원들의 조직에 대한 헌신과 업무 만족도 향상, 이직률 감소 등과 같은 관리적 측면의 효과 역시 기대되는 것이다.

이러한 특성들을 바탕으로 본 연구에서는 거주자중심케어를 거주 노인에 대한 존중을 바탕으로 거주 노인의 개별성과 선택권(자치권) 보장, 집과 같은 환경 조성 및 관계 형성 지원, 시설 종사자 간 협력적이고 수평적인 의사 결정 시스템 구축 등의 활동을 수행함으로써 거주 노인과 시설 종사자 모두의 삶의 질을 보장하는 총체적 운영 방식으로 요약하고자 한다.

이와 관련하여 McCormack 외(2006)는 거주자중심케어의 핵심적인 구성 체계로 크게 네 가지 요인을 강조하였다. 〈그림 2-3〉은 거주자중심케어의 구성 체계를 나타낸 것이다. 첫 번째는 '전제 조건'인 거주자중심케어를 위한 시설 직원들의 속성이다. 여기에는 케어와 관련한 직원들의 전문적인 능력, 숙달된 대인 관계 기술의 함양, 직무에 대한 몰입, 명확한 신념과 가치, 자아 이해가 기본적으로 바탕을 이루어야 함을 의미한다.

구체적으로 전문적인 능력은 케어서비스를 제공하거나 의사 결정을 할 때 필요한 전문적인 지식과 기술에 초점을 맞추는 것을 의미하며 숙달된 대인 관계 기술은 거주 노인과의 관계 형성은 물론 다양한 이해 관계자 및 동료 직원과의 관계 향상을 위한 의사소통 능력의 강조를 의미한다. 직무에 대한 몰입은 자신의 업무에 대한 헌신과 거주

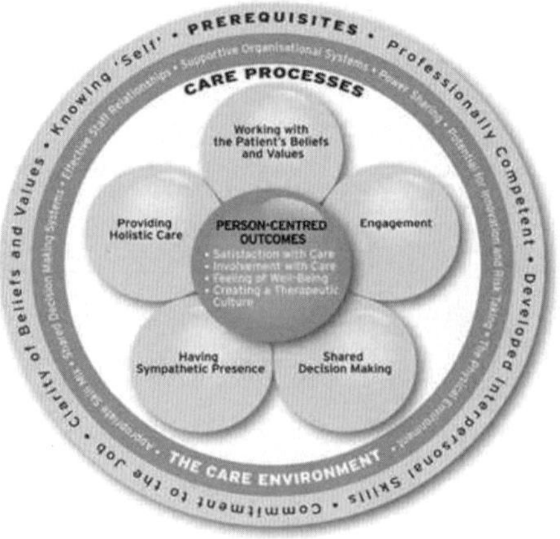

자료: McCormack & McCance(2006). Development of a framework for person-centred nursing, Journal of Advanced Nursing, 56(5). p. 476.

〈그림 2-3〉 거주자중심케어의 구성 체계(framework)

노인에게 최선의 케어를 제공할 수 있는 자세 및 태도를 의미한다. 또한 명확한 신념과 가치(clarity of beliefs and values)는 케어에 대한 자신의 관점과 견해를 명확히 이해하고 이것이 거주 노인의 의사 결정에 어떠한 영향을 미칠 수 있는지를 이해하는 것을 의미한다(Warfield & Manley 1990).

두 번째 구성 체계 요인은 케어환경이다. 케어환경은 거주자중심케어를 위한 시설의 환경 특성을 의미하는 것으로써, 여기에는 적절한 케어 기술의 혼합, 의사 결정의 공유를 장려하는 조직 시스템, 효과적인 직원 관계, 지지적인 조직 시스템, 권한 공유, 혁신을 위한 잠재성, 위기 관리 등이 포함된다. 이러한 케어 환경은 시설이 거주자 중심의 케어를 조직화하고 거주자 중심의 프로세스를 촉진하거나 또는 제한할 수 있는 강력한 잠재적 요인으로 작용한다는 점에서 중요한 요인으로 작용한다.

세 번째로 거주자 중심의 프로세스란 구체적으로 다양한 활동을 통해 거주자중심케어 전달 체계를 강조하는 것으로써, 여기에는 거주 노인의 신념과 가치관을 이해하려는 노력, 참여, 교감적인 존재로의 인식, 의사 결정의 공유, 물리적인 욕구 해결을 위한 제공을 포함한다. 이러한 거주자 중심의 프로세스에서 가장 중요한 주체는 바로 거주 노인이다. 거주 노인의 신념과 가치관을 이해하려는 노력은 거주자중심케어의 가장 중요한 요인으로써 거주 노인의 삶에서 중요한 가치가 무엇인지를 명확하게 파악하고, 이러한 가치들이 시설에서 어떻게 나타나게 되는지를 이해하는 것에 중점을 두는 것이다. 이러한 거주 노인의 신념과 가치관을 이해하려는 노력은 반드시 거주 노인의 가치관을 존중하는 것은 물론 긍정적인 의사소통 과정을 통해서 이해를 시도할 필요가 있다. 또한 참여란 직원 및 거주 노인 간의 관계의 질을 반영하는 것으로 완벽한 참여와 부분적인 참여로 설명할 수 있다. 여기에서 완벽한 참여란 거주 노인과 직원 사이가 상당히 긍정적인 관계일 때 이루어 질 수 있지만, 부분적인 참여는 거주 노인과 직원이 함께 케어를 수행하는 과정에서 다소 갈등이 발생하는 경우에 생겨난다. 완벽한 불참여는 거주 노인과 직원이 서로의 상황을 견제하면서 상호 간의 갈등과 문제를 양산하는 과정에서 발생한다. 다음으로 교감적인 존재로의 인식이란 개별 거주 노인의 독특한 특성과 가치를 이해하고 존중하는 것을 의미한다. 마지막으로 물리적 케어 욕구의 제공이란 거주 노인의 가치에 기반을 두고 전문적인 능력을 가진 직원에 의해서 제공되는 물리적 케어가 다른 어떤 것보다도 하향 평가되어서는 안 된다는 것을 의미한다. 전문적인 지식과 기술을 검증 받은 직원이 제공하는 물리적 케어는 거주자중심케어와 거주자중심케어의 성과 측면에서 상당히 중요한 요인으로 작용한다. 뒤에서 다시 구체적으로 살펴보겠지만, 거주자중심케어를 통해 나타날 수 있는 성과란 케어 만족을 비롯하여 케어 참여, 안녕감 등이 있을 수 있다. 또한 거주 노인과 직원 간에 의사 결정을 공유하고 협력적인 관계를 유지하면서 탄력적인 리더십과 혁신적인 실천 활동이 보장받는 치료 환경의 조성 역시 주요한 성과가 될 수 있다.

이와 같은 거주자중심케어의 구성 체계는 거주자중심케어가 시설의 운영자 및 직원, 거주 노인 모두가 조직적이고 총체적으로 접근할 때 가능하다는 것을 보여 준다. Fagan(2003)에 따르면, 구체적인 거주자중심케어의 실천 내용에는 '거주 노인과 시설 직원 간의 친밀하고 애정적인 관계 형성 지원하기', '거주 노인 스스로 옷 입기, 목욕, 취침, 여가 활동, 식사 등과 같은 일상적 활동을 선택하고 결정할 수 있도록 하기' 등이 해당된다. 또한 목욕하는 것을 좋아하지 않는 치매 노인에게 편안함과 행복함을 줄 수 있는 목욕 서비스를 개발하여 제공하는 것도 거주자중심케어의 내용이라고 말한다. 원치 않는 목욕을 강제적으로 할 경우 거주 노인은 거부감과 모욕감을 느끼게 되고, 이는 거주 노인과 요양보호사 모두에게 매우 큰 스트레스 요인으로 작용할 수 있기 때문이다(Barrick, Rader, Hoeffer & Sloane, 2002).

따라서 거주자중심케어에 따른 노인요양시설의 돌봄서비스 계획은 거주 노인이 요양보호사에게 자신에 대한 돌봄 내용을 직접 설명하듯이 '거주 노인(I)'의 관점에서 이뤄져야 한다(Fagan, 2008). 즉 거주 노인 스스로가 자신에 대한 돌봄 계획을 수립함으로써 요양보호사를 비롯한 시설 종사자들은 각 거주 노인이 갖고 있는 문제와 건강 상태, 원하는 서비스, 목표 등에 대해 확실히 이해할 수 있게 된다(Tschop, 2003).

단적으로 거주 노인의 식사와 관련된 예를 들 수 있다. 전통적인 노인요양시설에서는 모든 거주자에게 물리적으로 동일한 시간에 맞추어 대규모 공간의 식당 내에서 일괄적인 식사 메뉴를 제공하였다. 이러한 시스템에서는 거주 노인이 자신이 식사하고 싶은 시간과 공간에, 함께 식사하고 싶은 사람들과 먹고 싶은 음식을 선택할 수 있는 권리가 주어지지 않는다. 그러나 만일 거주자중심케어의 적용에 따라 식사 서비스를 거주 노인의 관점에서 계획한다면, 시설이 아닌 집에서 식사하는 것과 같은 분위기를 조성하고 함께 어울려 식사하고 싶은 사람들 간의 관계 형성을 도와주며, 먹고 싶은 메뉴를 골라 먹을 수 있도록 뷔페식 방식을 채택할 수 있을 것이다. 이러한 접근은 거주 노인의 부실한 영양 상태로 인한 체중 감소를 예방하고, 동시에 음식물 낭비를 줄이면서 거주 노인의 선택권을 높일 수 있을 것이다(Ronch & Weiner, 2003). 자신이 좋아하는 음식을 선택할 때 충분한 양의 식사를 할 수 있고 낭비하는 음식량 역시 줄어들 것이기 때문이다. 실제로 관련 연구들에서 거주 노인에게 간식이나 음식을 자유롭게 섭취하고 선택할 수 있도록 보장할 때 오히려 거주 노인의 체중 감소를 막을 수 있는 것으로 보고하였다(Rantz & Flesner, 2004, p. 25).

한편 이외에도 거주자중심케어의 구체적인 실천 내용에는 다양한 방법이 있다. 한 명의 거주 노인을 지속적으로 맡아 온 요양보호사가 돌봄서비스 계획의 수립 과정에 함께 참여하는 것, 거주 노인이 좋아하는 애완동물이나 식물을 기르게 하는 것, 개별 노인에 대한 정보를 종사자 간 또는 부서 간에 서로 공유하고 피드백하여 새로운 아이디어를 창출할 수 있는 정기적 회의를 하는 것, 어둡고 딱딱한 시설 분위기를 탈피하여 집처럼 따뜻하고 안락한 느낌의 설계를 하는 것, 죽음을 추모하고 기리는 긍정적인 인식의 형성 등이 있다(Fagan, 2008; Haleigh's Almanac, 2002; 임진섭, 2010). 이 중에서도 특히 애완동물을

〈표 2-3〉 거주자중심케어의 구체적인 실천 내용들

거주자중심케어의 구체적인 실천 내용들
-거주 노인에 초점을 둔 시설 목적(Goal)과 케어
-직원의 책임성(responsibility)과 책무성(accountability)에 기반을 둔 권한 부여와 직무 개편
-거주 노인의 선택권 보장(예: 기상, 취침, 낮잠, 식사, 산책 시간, 여가 활동, 목욕 방법과 시간, 식사 종류와 장소 및 시간 등에 관한 자율적인 선택)
-거주 노인과 직원 간의 애정적인 관계 형성
-한 명의 돌봄 제공자를 지정하여 거주 노인과의 친밀한 관계 형성 기회 제공
-개별 거주 노인에 대한 정보 공유, 팀 구축(team building), 다양한 의견 교환을 위한 정기 미팅
-직원의 시간과 스케줄에 대한 자율성 부여
-돌봄 계획 및 수립 시 가족 참여
-거주 노인의 대소변 주기(bowel and bladder patterns)를 고려한 화장실 이용
-직원의 의사소통 기술 향상(예: 노인의 말을 잘 이해하고 귀담아 들을 수 있는 능력)
-거주 노인의 일상생활에 함께 할 수 있는 어린 아동의 참여
-애완동물을 통한 밀접한 우정(companionship)형성과 의미 부여(meaning), 행복감 고취
-시설 내 다양한 식물의 재배와 자연과 접촉할 수 있는 기회 제공
-거주 노인의 삶의 질 향상을 위한 직원, 거주 노인, 가족의 참신한 아이디어 수용과 개발
-직원을 대상으로 지속적인 거주자중심케어(문화 변화) 교육
-요양보호사(resident assistant)에 대한 지속적인 슈퍼비전
-경력 사다리(career ladder)방식을 통한 직원의 성장과 발전을 도모
-거주자중심케어를 위한 직무 교육(in-service training)
-거주 노인의 가족자치위원회(family councils) 구성
-시설 내 어린이 집 설치

자료: NCCNHR(2009). Culture Change in Nursing Homes.
http://theconsumervoice.org/uploads/files/advocate/Culture-Change-in-Nursing-Homes.pdf.

기르는 것은 거주 노인의 우울감과 외로움, 신체 질환 등을 감소시키고 더욱 활발하고 사회성 있는 행동을 하는 데 긍정적인 영향을 미치는 것으로 알려져 있다.

또한 거주자중심케어를 적용한 노인요양시설은 기존 시설에 비해 더 적은 수의 이용자를 대상으로 케어를 제공한다. 즉 대형 규모의 시설보다는 소규모 시설을 지향하는 것이다. 이에 따라 거주자중심케어 시설에서는 소수의 거주자들이 마치 집과 같이 주방과 거실을 함께 사용하는 소규모 거주환경 디자인을 선호한다(Calkins, 2002). 또한 거주 노인의 인원에 따른 부담을 줄임으로써 적은 수의 노인들이 쾌적하게 이용할 수 있는 정원과 카페, 스낵바, 도서관, 이·미용실, 거주 노인별 개인 공간의 제공, 직원 전용 공간 등이 제공되기도 한다(Calkins, 2003; Cutler, Kane, Degenholtz, Miller & Grant, 2006). 〈표 2-3〉은 지금까지 살펴본 거주자중심케어의 구체적인 실천 내용들을 정리하여 제시한 것이다.

2) 거주자중심케어의 성과

앞서 언급하였듯이 1987년 로널드 레이건 정부에 의해 승인된 포괄조정법(Omnibus Reconciliation Act of 1987_이하 OBRA'87)의 일환인 노인요양시설개혁법안(Nursing Home Reform Act)은 노인요양시설의 케어 및 거주 노인의 권리와 관련한 최소한의 기준안을 담고 있다. 이는 하나의 큰 개혁이자 변혁의 시작이었다. 이러한 연방 법안의 공표는 노인요양시설의 문화 변화로 일컬어지는 노인요양시설 개혁 운동이 전국적으로 확산되는 결정적 계기로 작용하였던 것이다. 이로 인해 노인요양시설의 케어문화를 바꾸기 위한 다양하고 구체적인 실천적 모델과 접근 전략, 실천 활동들이 새롭게 등장하고 적용되기 시작하였다. 하지만 실제로 이러한 문화 변화가 거주 노인의 삶의 질에 어떠한 영향을 미치며 어떻게 성과를 측정할 수 있는가에 대해서는 합의된 바가 없었다. 단순히 노인요양시설이 변화해야 된다는 사회적 요구로는 문화 변화 운동의 정당성을 확보하기란 사실 어려웠기 때문이다. 따라서 문화 변화가 갖는 성과 내지 효과성은 문화 변화 운동에 대한 연방 정부의 정책 방향을 결정하는 것은 물론 실제 실천 현장의 참여와 지지 기반을 확보하는 데 더할 나위 없는 중요한 근거가 될 수 있었다.

특히 거주자중심케어는 문화 변화의 핵심적인 가치이자 구체적인 실천 활동이라는 점에서 실제 노인요양시설 현장에서 문화 변화의 수준을 가늠하는 척도로 널리 사용되고 있다. 따라서 이러한 거주자중심케어가 갖는 성과 또는 효과성을 파악하는 것은 거주자중심케어 도입·적용의 타당성 있는 근거를 제공할 수 있고, 동시에 문화 변화의 성과를 진단하는 적절한 지표가 될 수 있다는 점에서 중요하다.

일반적으로 거주자중심케어의 성과에 대한 연구는 크게 거주 노인을 대상으로 한 연구와 시설 및 시설 종사자를 대상으로 한 연구의 두 가지로 구분할 수 있다. 이 같은 연구들은 주로 거주자중심케어를 적용한 실험집단과 그렇지 않은 통제집단을 비교함으로써 거주자중심케어의 실증적 효과를 검증하는 방식으로 이뤄지고 있다. 먼저 거주자중심케어가 시설의 거주 노인에게 미칠 수 있는 긍정적 효과에 대해서 살펴보도록 하겠다. 일반적으로 거주자중심케어는 거주 노인의 신체적·정서적 측면에 상당히 긍정적인 영향을 미치는 것으로 알려졌다(Binnie et al, 1999). 구체적으로는 첫째, 거주 노인의 삶의 질과 만족감이 높아졌다(Kane et al., 2007). Kane과 그의 동료들(2007)은 거주자중심케어를 실천하는 시설과 그렇지 않은 집단을 설정하여 2년간 거주 노인의 삶의 질과 행복감, 만족감, 신체 기능 상태 등의 차이를 비교하였다. 그 결과 거주자중심케어를 실천하는 집단의 거주 노인의 삶의 질과 만족감이 다른 집단에 비해 더 높음을 알 수 있었다. 둘째, 거주 노인이 느끼는 불안감과 불쾌감, 공격성 등이 감소하였다는 보고도 있다(Chenoweth et al., 2009; Sloane, 2004). 이러한 효과는 특히 치매 노인에게서 많이 나타났는데, 거주자중심케어를 적용한 집단의 노인에게서 불안감이 크게 감소하는 것으로 보고하였다. 이는 기존의 일상적인 돌봄 방식을 적용한 집단에서는 아무런 변화가 나타나지 않았다는 것과 비교했을 때 거주자중심케어의 효과가 매우 크다는 것을 확인할 수 있는 결과이다. 또한 치매 노인들의 경우 목욕서비스에 대한 반감이 매우 크다. 기존에 노인의 의사와는 관계없이 강압적으로 이뤄져 온 목욕서비스는 거주 노인에게 스트레스와 모욕감을 줄 수 있었다. 그러나 치매 노인에게 거주자중심케어를 통해 목욕서비스를 제공했을 경우 노인이 느끼는 불쾌감과 불안감, 공격성이 감소되는 것을 발견하였다. 셋째, 거주자중심케어는 거주 노인의 외로움과 우울증, 무기력함, 무료함을 해소할 뿐만 아니라 거주 노인의 가족이 느끼는 만족도에서도 긍정적인 효과를 보여주었다(Kruschke, 2006; Parnell, 2005; Parsons, 2004; Robinson et al, 2006; Rosher & Robinson, 2005).

이처럼 거주자중심케어는 무엇보다 거주 노인에게 긍정적인 효과를 가져올 수 있는 운영 방식으로 여러 연구들에 의해 입증되었다. 이러한 성과는 거주 노인에게 나타나는 효과로 그치지 않고 시설과 시설 종사자들에게서도 발견된다. 이는 거주자중심케어를 적용한 노인요양시설과 시설 종사자들이 얻을 수 있는 성과들을 검증한 연구들을 통해 입증되고 있다. 그 구체적인 내용으로는 첫째, 거주자중심케어 운영 방식을 도입 및 적용한 시설의 직원들은 노인에 대한 인식이 긍정적으로 변화하였다고 보고된 바 있다(Meyers, 2001; Hoeffer et al., 2006). 즉 질병이나 노화로 인해 신체적 · 정신적으로 거동이 어려운 노인이라도 지속적인 돌봄을 통해 자기 개발이 가능한 존재로 인식하게 된다는 것이다. 뿐만 아니라 거주 노인에 대한 신뢰감과 온화함의 향상, 언어적 지지와 같은 긍정적인 결과들도 보고되었다. 둘째, 거주자중심케어는 시설 직원들의 서비스 질 수준과 업무 만족도를 향상시켰다는 연구 결과도 있다(Elliot, 2007; Grant, 2008). 거주자중심케어를 적용한 시설의 직원들은 거주 노인의 개별성 인정, 선택권과 자율성 존중, 친밀한 관계 형성 지원 등과 같은 가치와 신념에 따라 서비스를 수행한다. 즉 자연스럽게 거주 노인에 대한 서비스의 질은 향상되고 이에 대한 만족 수준은 증가하게 되는 것이다. 이러한 효과성은 단순히 횡단적 연구에서만 증명된 것이 아니라 종단적 연구 결과에서도 입증되었다. 셋째, 거주자중심케어를 통해 시설의 수익이 향상되었다(Elliot, 2007; Grant, 2008). 거주자중심케어를 적용한 시설이 그렇지 않은 시설에 비해 시설의 재무적 성과가 더 높게 나타난 것이다. 이러한 결과는 최근 시설 간 경쟁이 심화되고 있는 현실적 상황에서 노인요양시설 관리자들에게 실제적으로 매우 유용한 운영 전략이 될 수 있음을 시사한다. 재무적 성과는 시설의 장기적 생존에 직결되는 문제이기 때문이다.

한편 지금까지 살펴본 거주자중심케어의 성과는 거주자중심케어의 다양한 실천 모델별로도 접근해 볼 수 있다. 이는 그동안 거주자중심케어를 실현하기 위해 발전해 온 각 실천 모델별 성과가 어떻게 나타나는지에 대해 파악해 볼 수 있다는 점에서 의미 있는 과정이라 할 수 있다. 먼저 Stone과 그의 동료들(2002)은 Wellspring Model을 적용한 노인요양시설과 일반 시설의 성과를 비교하였다. 이때 Wellspring Model을 적용한 시설의 경우 거주 노인이 느끼는 돌봄서비스의 질 수준이 높아졌고, 노인과 시설 종사자 간의 상호작용 또한 상승한 것으로 분석되었다. 뿐만 아니라 직원의 이직률, 재무성과, 비용 감소 측면에서도 긍정적인 성과를 갖는 것으로 나타났다. 이는 앞서 살펴본 거주자중심케어의 성과들과도 상당 부분 일치하는 결과이다.

또한 시설에 거주하는 노인의 고질적인 3가지 문제점(외로움, 무기력함, 지루함)에 대한 문제의식으로부터 거주자중심케어에 접근하는 Eden

Alternative Model의 성과 연구도 시도되었다(Bergman-Evans, 2004). 이 역시 모델을 적용한 시설과 전통적 시설 간 비교를 통해 Eden Alternative Model이 거주 노인의 외로움과 무기력함, 지루함과 같은 문제를 해소하여 삶의 질을 보다 높일 수 있다는 의미 있는 성과를 도출하였다.

마지막으로 거주자중심케어의 주요 모델 중 하나인 Green House Model의 긍정적 성과 역시 Rabig(2007)와 Kane 외(2007)를 통해 검증되었다. Rabig(2007)는 Green House Model의 성과 검증을 위해 기존 연구들이 주로 실험 설계 또는 유사 실험 설계 방법을 사용한 것과 다르게 사례연구(case study)를 실시하였다. 그는 우선 동일한 사례의 집단을 대상으로 일반 시설에 거주하는 동안의 삶의 질에 대한 심층 인터뷰 조사를 실시했다. 그리고 동일한 대상을 Green House Model로 이주시켜 3개월간 거주자중심케어를 통한 케어를 제공한 후에 다시 심층 인터뷰 조사를 수행하였다. 인터뷰 결과 동일한 집단에 대한 거주자중심케어의 적용이 노인의 삶의 질 수준을 높이는 것을 발견하였다. 이는 거주자중심케어의 긍정적 성과가 질적 연구 조사 방법을 통해서도 증명되었음을 보여 주는 중요한 결과라 할 수 있다. 마찬가지로 Kane과 그의 동료들(2007) 역시 종단적 유사 실험 설계(longitudinal quasi-experimental design)를 통해 Green House에 거주하는 노인들의 삶의 질 수준과 안녕감 및 만족감 등이 통제 집단에 비해 크게 개선된다는 사실을 보고한 바 있다.

한편 국내 연구 동향을 살펴보면, 지금까지 국내 노인요양시설을 대상으로 거주자중심케어의 개념과 성과 등에 대해 연구한 논문은 아직 그리 많지 않음을 알 수 있다. 거주자중심케어의 도입과 적용을 통해 향후 한국 노인요양시설이 나아가야 할 적절한 운영 방향에 대해 제시하고 있는 연구(최재성 · 임진섭 · 이민홍, 2011), 거주자중심케어의 수준이 조직 운영 관점에서의 노인요양시설 성과에 미치는 영향에 관한 연구(Lee, Choi, Lim & Kim, 2012) 등이 이뤄져 왔다. 이들 논문에 대해서는 제5장에서 보다 세부적으로 살펴볼 것이다. 또한 윤주영 외(2012)는 외국의 거주자중심케어와 관련된 대표적인 세 가지 모델인 Eden Alternative Model, Green House Model, Wellspring Model 사례를 중심으로 각 모델이 거주 노인 및 조직의 성과에 미치는 영향에 대해 통합적 문헌 고찰 연구를 수행하였다. 이들은 거주자중심케어에 대해 분석한 외국의 연구 논문 38편을 선정하여 분석하였다. 연구 결과, 거주자중심케어 모델을 적용한 사례에서 공통적으로 거주 노인의 우울, 무기력, 지루함, 만족감 등의 측면에서 긍정적 효과가 나타나는 것으로 보고하였다. 또한 거주자중심케어 모델이 지향하는 직원의 임파워먼트, 수평적 팀 운영 및 팀워크, 참여적이고 협력적인

〈표 2-4〉 거주자중심케어의 다양한 성과

거주자중심케어의 다양한 성과
–지역 내 노인요양시설의 이미지 향상 –치매 노인을 비롯한 대다수 거주 노인의 활동성(activity) 증가 –거주 노인과의 지속적인 관계 형성을 통한 거주 노인 삶의 질 향상 –특정 질환의 노인을 위한 규정식(special diet)의 감소 효과 –항정신성 약물 사용의 감소 –시설 운영비의 감소 –입소율 및 시설 입소 대기자(waiting list)의 증가 –낙상, 골절, 찰과상 등의 사고 발생률 감소 –우울감 저하 –일상생활 수행 능력 및 건강상의 안정성(stability) 증가 –거주 노인의 자발적 의지를 통한 활동성 증가 –사망률 감소 –간병인의 직무 만족 향상 –거주 노인 및 가족, 직원의 만족감 증가 –시설의 어린이의 방문 프로그램 통한 긍정적 세대 간 인식 및 교류 증가

자료: Fagan(2003). Pioneer Network Changing the Culture of Aging in America. Journal of Social Work in Long-Term Care, 2(1-2), p.136.

관리자 스타일 등은 직원들의 업무 수행 능력, 이직, 근무 만족 등에 긍정적 효과를 나타내는 것으로 보고하였다.

지금까지 살펴본 바와 같이 거주자중심케어는 거주 노인과 거주 노인의 가족, 그리고 시설과 경영자 및 종사자 등 전 영역에 걸쳐서 매우 긍정적인 성과와 효과를 갖는 것을 확인할 수 있다. 이는 실천 현장뿐만 아니라 학계의 많은 연구자들에 의해 뒷받침되고 있다. 거주자중심케어는 기존의 케어 방식과 다르게 위험적인 요소가 적고 인간적인 케어를 지향한다는 점에서 실천 현장을 중심으로 윤리적이고 책임성 있는 케어 모델로 인정받고 있는 것이다(Edvardsson, Winblad & Sandman, 2008). 〈표 2-4〉는 거주자중심케어의 다양한 성과들을 정리하여 나타낸 것이다.

3) 거주자중심케어의 측정 방법

앞서 언급하였듯이 거주자중심케어에 대해 일반적으로 합의된 정의나 개념은 존재하지 않지만 거주자중심케어가 갖는 속성과 구성 요인은 많은 연구에서 일관되게 발견된다(Edvardsson et al, 2009). 〈표 2-5〉는 기존 연구들에서 사용한 거주자중심케어의 구성 요인을 정리한 것이다. 〈표 2-5〉에 제시된 바와 같이 거주자중심케어를 적용한 측정 환경에 따라 치매 및 노인요양시설과 병원 그리고 가정 세팅으로 구분할 수 있다. 이 같은 거주자중심케어의 구성 요인에 대한 분석은 거주자중심케어의 개념에 대해 이해하는 데 도움을 줄 수 있을 것이다. 여기에서는 관련 연구들에서 제시하는 대부분의 구성 요인들을 포괄하는 White 외(2008)의 연구를 중심으로 거주자중심케어의 구성 요인을 살펴보도록 하겠다.

〈표 2-5〉 거주자중심케어의 구성 요인(척도)에 대한 기존 연구

연구자	구성 요인	측정환경
White 외(2008)	–개인적 특성(personhood) –자율성(autonomy) / 선택권(choice) –개별 노인 이해(knowing the person) –편안한 케어(comfort care) –관계 형성(nurturing relationships) –물리적 · 조직적 환경 (physical and organizational environment)	치매 및 장기 요양 세팅
Edvardsson 외 (2010a)	–개별화(personlization) –조직적 지지(organizational support) –환경 접근성(environmental accessibility)	치매 및 장기 요양 세팅
Chappell 외(2007)	–개별 노인의 이해(knowing the person) –자율성(autonomy) –의사소통(communication)	치매 및 장기 요양 세팅
Edvardsson 외 (2009)	–직원 역량(competency of staff) –개별적인 케어(personalizing care) –개별적인 환경(personalizating the environment) –선택권(having choice)	병원 세팅
Edvardsson 외 (2010b)	–직원 역량(competency of staff) –개별적인 케어(personalizing care) –개별적인 환경(personalizating the environment) –선택권(having choice) –주요 외부인의 케어 참여 (involvement of significant others)	병원 세팅
Coyle 외(2001)	–개별화(personlization) –임파워먼트(empowrment) –경의감(respectfulness) –직원 가용성(staff availability)	가정 세팅
De Witte 외 (2006)	–개인적 특성의 이해(recognizing personhood) –자율성의 존중(respecting autonomy) –개인적 특성의 존중(respecting personhood)	가정 세팅

출처: 임진섭(2010, 25쪽), 재구성.

첫 번째로 많은 연구들에서 공통적으로 제시하는 거주자중심케어의 핵심적인 구성 요인은 바로 개인적 특성(personhood)이다(Brooker, 2003; Coyle & Williams, 2001; Epp, 2003; Fazio, 2001; Harr & Kasayka, 2000; Kitwood, 1997; Parley, 2001; Stewart et al., 1995; Sloane et al., 2004). 이는

거주 노인 개개인이 갖고 있는 독특한 개성 혹은 인간성으로 다시 말할 수 있다. 거주 노인 역시 하나의 인간으로서 자신만의 고유한 가치(inherent value)를 갖고 있으며(Booker, 2004; Coyle et al., 2001; Fazio, 2001; Harr et al., 2000; Kitwood, 1997; Parley, 2001; Stewart et al., 1995), 자아실현을 위해 노력할 권리가 있기 때문이다. 따라서 노인요양시설은 몸과 정신이 불편한 거주 노인에게 적절한 돌봄서비스를 제공해주는 것에서 더 나아가, 그들이 삶의 가치를 되찾아 사회에 적극 참여할 수 있는 가능성과 강점을 꾸준히 개발할 수 있도록 지원해야 한다(Coker, 1998; Epp, 2003; Fazio, 2001; Happ et al., 1996; Holburn et al., 2004). 이를 위해 시설은 거주 노인의 관심사와 좋아하는 것을 이해하고 자아실현의 새로운 도구를 지속적으로 개발하여야 한다(Coker, 1998; Ford & McCormack, 2000; Nolan, 2001; Perry & O'Connor, 2002).

두 번째는 자율성(autonomy)과 선택권(choice)이다. 이 역시 거주자중심케어의 구성에서 가장 핵심적인 가치 중 하나라 할 수 있다(Johnston, 2007). 자율성과 선택권이란 시설이 거주 노인으로 하여금 자신에게 제공되는 돌봄서비스와 일상적인 삶의 방식을 스스로 결정할 수 있도록 권한을 보장해 주는 것을 가리킨다(Matthews, Farrell & Blackmore, 1996; Grant & Norton, 2003; Happ et al., 1996; Holburn et al., 2004; Kane, 2002; Kane, 2003; Kane et al., 2003; Nolan, 2001; Parley, 2001). 하지만 전통적 노인요양시설의 경우 거주자가 직접 자율성을 갖고 음식이나 옷, 여가 생활 등을 선택하는 것은 어려웠던 것이 사실이다. 현재 한국에서도 거주 노인에게 주어지는 자율성과 선택권의 정도는 취약한 상황이다. 이는 거동이 불편하고 치매가 있는 노인들에게 자율성을 보장할 경우 나타날 수 있는 안전사고나 통제의 어려움 등과 같은 문제들 때문일 것으로 짐작할 수 있다. 이에 반해 거주자중심케어에서는 병약한 노인이나 치매를 가진 노인이 돌봄서비스를 받거나 일상생활을 수행함에 있어서 거주 노인에게 최대한의 자기결정권과 권한을 부여하는 것이 바람직하다는 믿음을 갖고 있다(Beck et al., 2002; Eales, Keating & Damsma, 2001). 거주 노인 스스로가 잠잘 시간을 결정하고, 옷은 어떤 옷을 입으며, 누구와 무슨 메뉴를 어디서 먹을지를 결정하는 것 등과 같은 독립성을 보장해 줄 때 그들이 가진 잠재적이고 다양한 능력들이 개발 될 수 있기 때문이다(Koren, 2010). 이때 시설에서는 거주 노인의 자율성과 선택권을 보장하였을 때 나타날 수 있는 부정적 결과 등에 대해서도 인지하고 있어야 할 것이다. 즉 치매 또는 인지장애로 인해 미처 예상하지 못하거나 통제하지 못한 사고가 발생했을 때, 거주 노인의 선택에 따른 위험과 잘못된 의사결정 등에 대한 책임의 문제까지도 고려해야 한다(Coyle & Williams, 2001; Rader, 1995).

또한 노인요양시설은 거주 노인의 자율성과 선택권을 강화하고 보장하기 위해서 거주 노인에 대한 케어, 일생생활 영위의 지지자 역할을 수행해야 한다. 시설 주도의 지나치게 일방적인 돌봄 계획은 거주 노인의 자율성을 박탈할 수 있기 때문이다. 특히 자율성과 선택권의 보장을 위해서는 일선 돌봄 제공자, 즉 요양보호사의 역할이 중요하다(Chappell et al., 2007). 이들은 거주 노인과 가장 가까이에서 서비스를 제공하며 거주 노인의 관심사와 선호, 지향하는 가치와 생각 등을 알 수 있다. 따라서 심각한 인지장애를 가진 노인일 경우 요양보호사가 거주 노인의 선택권을 대신 행사할 수 있도록 하는 것도 효과적 방법이 될 수 있다(Burger et al., 2009). 거주 노인을 가장 잘 파악하고 있는 사람만이 그들의 자율성 및 선택권을 최대한으로 보장하면서 안전하게 발휘할 수 있을 것이기 때문이다. 이를 위해서는 거주 노인에게 한 명의 요양보호사를 지정하여 연결시키는 방법이나, 인지능력이 감퇴한 노인이나 치매 노인과 비언어적 의사소통(extralinguistic communication)을 통한 의사소통(Sabat & Cagigas, 1997) 등이 고려될 필요가 있다. 무엇보다 기존 시설의 전체적 차원에서 이뤄져 온 획일적 방식의 식사와 목욕, 여가 생활, 돌봄서비스 등은 멀리하고 거주 노인의 자율성 및 선택권을 강화할 수 있는 원칙의 우선순위에 따라 노력해야 할 것이다(Cohen-Mansfield & Bester, 2006; Rabig et al., 2006).

세 번째 거주자중심케어의 구성 요인은 개별 노인에 대한 이해(knowing the person)이다(Boise & White, 2004; Evans, 1996; Happ et al., 1996; Morton, 2000; Talerico et al., 2003). 첫 번째 구성 요인인 개인적 특성이 한 거주 노인이 가진 인간으로서의 존엄과 개성에 대한 존중에 초점을 두고 있다면, 개별 노인에 대한 이해란 모든 노인이 가진 저마다의 독특한 욕구와 개인적 성향 또는 선호를 이해하고 반영하는 것을 말한다(Rader, 1995; Talerico et al., 2003; Teresi et al., 1992). 이러한 접근은 치매나 인지장애를 겪고 있는 거주 노인을 대상으로 돌봄서비스를 제공함에 있어서 유용하다. 심각한 인지적 장애로 인해 자신의 의견이나 선호를 밝히고 적절한 의사 결정을 하기 어려운 노인을 대상으로 그들이 과거부터 가져온 문화적·종교적 특징 등을 통해 필요한 서비스를 제공할 수 있기 때문이다(Abdullah, 1995). 모든 사람들이 살아온 인생과 경험이 다르기 때문에 각자가 선호하는 삶의 스타일은 다를 수밖에 없다(Williams, 1990; Wolverson, 2003). 그러므로 거주 노인별 특성을 이해하고 반영하여 그들이 각자 살아온 삶의 방식을 지속적으로 유지할 수 있도록 돌봄서비스를 제공하는 것은 매우 중요할 수밖에 없다(Rader, 1995; Sanborn, 1988).

다음 네 번째 거주자중심케어의 구성 요인은 편안한 케어(comfort

care)이다. 앞에서 살펴본 거주자중심케어의 구성 요인들이 거주 노인을 대하는 가치와 태도에 대한 것들이었다면, 편안한 케어는 보다 실제적이고 직접적으로 노인들에게 제공되는 돌봄에 대한 것이라 할 수 있다. 다시 말해 편안한 케어란 거주 노인의 욕구에 대하여 돌봄 제공자들이 높은 수준의 실천 기술을 제공함으로써 거주 노인의 신체적·정서적 욕구를 충족시키는 것을 말한다(Beck et al., 2002; Bowers, Fibich & Jacobson, 2001; Kayser-Jones, 1996; Morse & Field, 1995; Parley, 2001; Rader, 1995; Rader et al., 1996; Stewart et al., 1995; Talerico et al., 2003; Werner et al., 1994; Williams, 1990). 편안한 케어는 치매 노인과 같이 신체적·정신적으로 매우 심각한 어려움을 겪는 거주 노인에게 필요한 구성 요인이라 할 수 있다. 치매 노인의 경우 일상생활에서 불안함과 공포를 자주 경험하며 약물 부작용이나 통제하기 어려운 고통 등의 보살피기 어려운 증상을 보이기 때문이다(White et al., 2008). 일반 거주 노인과 다르게 치매 노인에게는 보다 고차원적이고 수준 높은 실천 기술이 필요하므로 편안한 케어에 대한 필요성이 크다. 이를 위해서는 거주 노인에게 일관된 돌봄 제공자를 지정하는 것이 효과적일 수 있다. 치매 노인의 경우 통제가 어렵고 언제 어디서 무슨 일이 벌어질지 모르는 것이 사실이다. 따라서 한 명의 거주 노인에게 지속적인 돌봄서비스를 제공해 오던 사람은 자신이 담당해 온 거주 노인의 신체·정서적 변화에 대하여 보다 신속하고 적절한 대처를 취할 수 있을 것이다(Teresi et al., 1992).

다섯 번째 거주자중심케어의 구성 요인은 관계 형성(nurturing relationships)이다(Brooker, 2003; Epp, 2003; Happ, et al., 1996; Swafford, 2003; Williams et al., 1999). 기존의 전통적 노인요양시설에서 거주 노인이 맺을 수 있는 관계에는 시설 직원과의 관계, 거주 노인 간 관계

등으로 제한되어 이전에 알고 있던 친지와 친구, 지역사회와의 관계는 지속하기 어려웠던 것이 사실이다. 하지만 노인요양시설에 거주하는 노인 역시 각자의 인간관계 안에서 기능하며 살아간다는 점에서 거주 노인이 다양한 사람들과 관계를 맺을 수 있도록 지원하는 것은 노인의 삶의 질에 매우 긍정적인 역할을 할 수 있다(Holburn et al., 2004; Parley, 2001).

거주 노인의 관계 형성 지원은 시설 내 거주 노인 간의 관계뿐만 아니라 거주 노인과 시설 종사자, 가족 그리고 지역사회까지 포함하고 있다(Koren, 2010). 거주 노인을 둘러싸고 있는 모든 이해 관계자와의 친밀하고 돈독한 관계 형성은 돌봄서비스 제공에서 나타날 수 있는 어려움이나 갈등, 분쟁 등을 감소시킬 수 있다. 이는 앞서 살펴본 바와 같이 한 거주 노인에게 일관된 돌봄 제공자를 지정하는 것이 효과적인 해결책이 될 수 있다(Koren, 2010; Teresi et al., 1992). 여러 명의 직원들이 돌아가며 돌봄 서비스를 제공하는 것보다는 지정된 한 사람의 직원이 한 거주 노인과 관계를 맺을 때 상호 간의 친밀감과 애정이 깊고 빠르게 형성될 수 있기 때문이다. 시설 종사자와 거주 노인 간의 친밀한 관계 형성을 위해서는 식사, 여가 활동 참여 등과

〈표 2-6〉 일관된 돌봄서비스 제공자 지정 방식의 장점

일관된 돌봄서비스 제공자 지정의 장점
–지속적인 케어로 거주 노인의 낙상 예방 –거주 노인과 요양보호사 간의 가족과 같은 친숙한 관계 형성 –요양보호사의 직무 만족 향상 –안정적인 케어서비스와 친숙함을 바탕으로 한 케어의 질 향상 –요양보호사의 임파워먼트 강화 –거주 노인의 욕구에 민감하게 대처 –파업 및 이직률의 감소

자료: Cohen-Mansfield et al.(2006); Rabig et al.(2006)의 연구에서 정리.

같이 시설 내에서 이뤄지는 다양한 프로그램 및 활동을 함께 수행하는 것이 바람직한 예가 될 수 있을 것이다(Cohen-Mansfield et al., 2006; Rabig et al., 2006). 〈표 2-6〉은 선행 연구에서 거주 노인에게 일관된 돌봄서비스 제공자를 지정하였을 때 발생할 수 있는 장점들로 밝혀진 내용들을 정리하여 제시한 것이다.

또한 거주 노인의 관계 형성 지원은 지역사회와의 관계와 같은 광범위한 차원 역시 고려해야 한다(White et al., 2008). 대다수 노인의 경우 시설에 입소할 때 기존의 지역사회 내에서 맺고 있던 인간관계가 단절되기 쉽기 때문에 거주자중심케어에서는 거주 노인과 지역사회와의 관계 역시 형성하고 지원해야 할 것을 강조한다. 여기에는 다양한 차원의 노력들이 제시될 수 있는데, 예를 들면 지역사회에서 벌어지는 다양한 공연 및 예술 축제의 참여, 아동·청소년 등에 대한 교육 자원봉사 등과 같이 지역사회에 지속적으로 참여함으로써 다양한 지역사회 자원과 관계를 맺을 수 있게 하는 방법들이 있다(White et al, 2008).

이처럼 노인요양시설이 거주 노인을 중심으로 한 돌봄서비스 환경을 구축하고 노인의 삶의 질을 향상시키기 위해서는 거주 노인의 교우 관계와 가족 및 친지와의 관계, 그리고 더 나아가 시설 직원 및 지역사회와의 친밀한 관계 형성이 필수적이다(Rader, 1995; Kane, 2002; Kane et al, 2003).

마지막 거주자중심케어의 구성 요인은 시설의 물리적·조직적 환경을 지지적인 환경(supportive environment)으로 조성하는 것이다(Osborn, 2001; Rader & Semradek, 2003; Tickle & Hull, 1995; White et al., 2008). 이는 눈에 보이는 노인요양시설의 물리적 환경과 시설의 직원 관리 등과 같은 조직적 환경에 대한 내용이라 할 수 있다. 다시 말해 이는 시설의 시스템 특성에 따라 거주자중심케어의 수행 유무가 달라질 수 있는 것과 같다(White et al, 2008). 특히 오늘날 노인 세대는 경제적 · 사회적 · 문화적으로 과거에 비해 윤택한 삶을 누리고 있으므로 지나치게 낡고 비위생적인 물리적 환경은 거주 노인에게 불쾌감을 줄 수 있다. 실제로 Culter와 그의 동료들(2006)의 연구에서는 시설 내부의 가구나 장비, 내부 시설의 배치, 식당, 목욕 공간, 개인별 생활공간, 정원 또는 마당 등이 노인의 삶의 질에 많은 영향을 미치는 것으로 보고하였다.

또한 직원의 이직률이 낮고 직원 유지가 잘 되는 시설, 직원들에 대한 전문적 교육 제공, 상황에 따른 적절한 슈퍼비전 및 리더십 제공 등과 같은 조직 관리 특성이 거주자중심케어의 구축에 영향을 줄 수 있다(Barry, Brannon & Mor, 2005; Castle & Engberg, 2006; Dellefield, 2006; Rantz et al., 2004). 이는 거주자중심케어가 기존의 치료 중심적 모델에 따른 경직적이고 위계적인 조직 특성보다는 유연하고 수평적인 조직 환경을 지향하고 있기 때문이다(Cutler et al., 2006; Rabig et al., 2006).

한편 거주자중심케어의 측정과 관련하여, 최근 한국의 노인요양시설을 대상으로 한국형 거주자중심케어 척도와 관련한 연구가 발표되기도 하였다(Choi & Lee, 2014). 이들은 본래 White 외(2008)가 개발한 거주자중심케어 척도(persone-directed care scale) 50문항을 사용하여 한국에 있는 노인요양시설을 대상으로 2010년(최종 응답 기관 223개소)과 2012년(최종 응답 기관 239개소) 두 차례 설문조사를 실시하였다. 설문지는 영어와 한국어에 능통한 전문가 다섯 명의 번역 작업을 통해 영어로 된 원척도를 한국어로 전환하였고, 설문은 각 노인요양시설을 대표할 수 있는 중간 관리자급 이상의 시설 종사자가 응답하였다. 연구자들은 한국적 상황에 적합한 거주자중심케어 척도의 타당도와 신뢰도를 검증하기 위해 문항 분석(item analysis), 설명적 요인 분석(exploratory factor analysis), 확인적 요인 분석(confirmatory factor analysis) 등의 분석을 실시하였다. 이를 통해 최종적으로 30개 문항으로 구성된 한국형 거주자중심케어 척도를 제시하였다. 지금까지 국내에서 거주자중심케어 척도를 사용하여 이뤄진 주요 연구들은 미국 및 서구에서 개발된 척도를 한국어로 번역하여 수행되었다는 한계가 있다. 즉 노인요양시설에 대한 인식과 문화가 다른 상태에서 외국의 척도를 가지고 한국의 시설을 측정하는 것은 타당도 및 신뢰도의 측면에서 무리가 따른다. 따라서 이 연구는 외국의 거주자중심케어 척도를 한국적 상황에 맞추어 제시함으로써 향후 한국 노인요양시설의 거주자중심케어 수준을 측정하고자 하는 후속 연구자들에게 이론적, 경험적 근거를 제공해 줄 수 있다는 의의를 갖는다.

제 3 장

외국 노인장기요양시설의 거주자중심케어 사례

제3장 외국 노인장기요양시설의 거주자중심케어 사례

본 장에서는 노인장기요양시설의 거주자중심케어로의 문화 변화를 위한 공공과 민간의 사례를 검토한다. 먼저 공공의 대표적 사례로써 미국 캔자스 주의 주 정부 차원의 노력을 통해 현실적 적용 가능성을 모색하려는 것이다. 주 정부의 홈페이지 검색과 각종 온라인 및 오프라인 자료에 대한 검토를 통해 캔자스 주 정부의 사례를 이해하고자 시도했다. 그 다음으로는 민간의 사례로써 호주에서 Eden Alternative model이 확산된 경험을 검토한다. 구체적 실례로써 호주 브리즈번 소재의 Anam Cara 노인요양원을 살펴볼 것이다. 저자가 이곳을 직접 방문하여 관찰한 내용과 실무 책임자에 대한 인터뷰 내용이 중요한 자료가 되었다. 미국의 Eden Alternative model이 어떻게 적용되어 호주의 거주자중심케어로의 노인요양시설 문화 변화에 성공했는가에 초점을 맞출 것이다.

1. 미국의 경험: 캔자스 주의 사례를 중심으로

1) 노인장기요양시설의 문화 변화

앞서 살펴 본 대로 미국의 노인요양시설의 문화 변화는 1987년 통과된 연방법, Omnibus Budget Reconciliation Act of 1987(OBRA'87)의 일부인 노인요양시설 개혁법(The Nursing Home Reform Act)에 기반을 두고 노인요양시설 거주자의 권리와 서비스 질 향상, 나아가 삶의 질 향상을 목적으로 시도되어 왔다. 거주자중심케어(resident-centered care)와 유사한 개념으로 사용되기도 하는 문화 변화는 전통적인 서비스 제공 또는 시설 중심 케어를 거주자와 직원의 역량 강화, 케어와 관련된 선택권, 자기결정권 존중, 내 집과 같은 노인요양시설로의 물리적 환경 변화 등으로의 전환을 의미한다(Bott et al., 2007).

Rosher & Robinson(2005)은 의사 결정에 있어서 효율성, 일관성, 위계 구조를 강조하는 기존의 의료적 모델로부터 사회적 모델로의 변화 필요성을 주장하였다. 즉 거주자의 선택, 존엄, 존중, 자기 결정, 목적이 있는 삶을 중심으로 하는 인간 중심 가치를 바탕으로 하여 생활의 전 부문에서 거주자와 직원 모두가 자기결정권 및 선택권을 존중받는 방향으로 지역사회 환경과 장·단기 생활환경을 변화시킬 것을 제안하였다.

Pioneer Network(2008)은 수십 년 전부터 간헐적·지엽적으로 이루어져 온 노인요양시설의 서비스 질 개선을 위한 노력들을 문화 변화의 시작으로 볼 수 있다고 주장하였다. 이렇게 시작된 문화 변화 운동은 현재 전 미국에 걸쳐 장기요양서비스 분야에서 활발하게 이루어지고 있으며, Eden Alternative Model[1)], Person-Centered Care Model[2)], Regenerative Care Model[3)], Wellspring Model[4)] 등 다양한 문화 변화 모델이 개발되어 실제로 적용되고 있다. 다양한 문화 변화 모델들이 초점을 두는 영역은 조금씩 상이하기는 하나, 거주자중심케어를 기본 가치로 시설 환경 개선, 거주자 선택권 및 자기결정권(예: 취미 생활 존중, 식사 시간, 메뉴 등 식사와 관련된 선택권, 보다 탄력적 시간 운용 등) 존중을 주 내용으로 한다는 공통점을 갖는다. 이와 함께 일부 모델은 직원 교육과 리더 참여 필요성을 제안하기도 하였다. 문화 변화 모델은 십여 년에 걸쳐 발전하면서 거주자중심케어와 직원 역량 강화에서 나아가 리더십, 거주자–직원 관계 형성, 물리적 환경 변화를 포함하는 포괄적 모델이 주류가 되고 있다.

Myers & Bott(2009)는 Commonwealth Fund(Doty, Koren, & Sturla, 2008)가 문화 변화의 이론적 틀로 제안한 거주자중심케어, 내 집과 같은 환경, 직원–거주자 관계, 직원 역량 강화, 리더십, 서비스 질 향상의 여섯 개 영역에 비전 공유라는 한 차원을 추가하여 〈그림 3-1〉과 같이 일곱 개 영역으로 이루어진 모델을 제안하였다. 이 모델

---

1) 2002년 Midwest 150개 병상을 가진 노인요양시설을 배경으로 Bill & Jude Thomas에 의해 제안한 모델로서 "식물, 애완동물, 어린이들을 요양원 환경에 포함시킴으로써 요양원 거주자들의 무기력함, 지루함, 외로움을 줄이는 것"을 목적으로, 거주자중심케어와 거주자의 선택권, 자기결정권을 기본 철학으로 함(Rosher & Robinson, 2005, Robinson & Rosher, 2006).

2) 거주자 역량 강화와 거주자중심케어를 핵심으로 하는 모델로, 1990년 Eric Haider에 의해 처음으로 제안됨(Haider, n.d.).

3) 거주자에게 보다 많은 선택권과 자기결정권을 주는 것을 핵심으로 하는 모델로, Pennsylvania에 위치한 Live Oak Institute 요양원의 설립자인 Barry & Debora Barkan에 의해 1977년 처음 제안되어 실시되어 옴(http://www.liveoakinstitute.org).

4) 거주자 케어의 질을 향상하는 것을 목적으로 Wellspring alliance 산하 11개 노인요양시설을 중심으로 1994년 시작된 모델임(Reinhard & Stone, 2001).

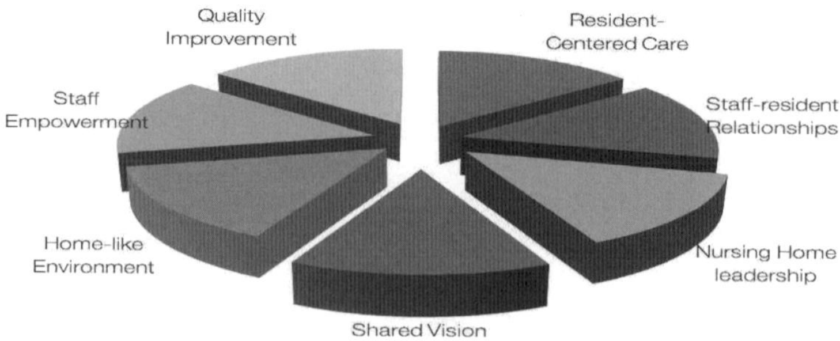

자료: Myers & Bott(2009). Culture change in nursing homes: The perception of leaders versus staff. p.82.

〈그림 3-1〉 노인요양시설 문화 변화의 이론적 틀

은 성공적 관-학-민(시설) 협력 사례로 평가받고 있는 캔자스 주 PEAK 프로그램의 이론적 틀로도 사용되고 있다. 이는 다음 절에서 상세하게 소개할 것이다.

2) 미국 문화 변화 운동의 등장과 역사: 연방 정부·주 정부의 변화와 지원을 중심으로

1960년대 이래 요양서비스의 질에 대한 관심은 지속적으로 대두되었으나, 전국적으로 가장 큰 영향을 준 사건은 앞서 언급했듯이 "노인요양시설 개별 거주자의 신체적, 정서적, 심리적 복지(well-being)를 획득·유지"가 목적인 연방법 OBRA'87 제정이다. 이 법의 통과로 노인요양시설 서비스 질 개선을 위한 기준과 법률이 확대·시행되면서, 많은 노인요양시설들은 '품질 보증(quality assurance)' 중심 서비스를 받아들이기 시작하였다.

더불어 노인요양시설의 성공적 혁신을 촉진하기 위해서는 정부와 노인요양시설의 관계가 규제·제지보다는 협력·협동 모델로 패러다임의 변화가 필요하다는 주장이 지속적으로 제기되었다(Kapp, 2000; Walshe, 2001; Wiener, 2003). 전통적·규제적 접근을 통한 요양원 운영은 법률제일주의적 특성 때문에 행정가와 운영자들이 새로운 변화와 혁신 노력을 수행하는 것을 저해하였다. 또한 일부 법령들은 실제로 문화 변화를 위해 필요한 물리적 환경, 직원 관리 방식, 필수적 직원 교육에 대한 변화를 막아 왔다고 지적되었다(Stone et al., 2009). 또한 Stone 외(2009) 역시 문화 변화의 촉진을 위해서는 연방·주 정부가 전통적 규제자 역할에서 보완적·기술적 지원과 파트너십 역할로의 변화가 필요하다고 주장하였다. 이처럼 기존 정부 역할의 문제점이 지속적으로 대두되면서 연방 정부 및 주 정부상에서의 변화도 시작되었다.

연방 정부 차원에서는 노인 의료보험·저소득 의료보장서비스 센터(Centers for Medicare and Medicaid Services: CMS)가 노인요양시설과의 협력적·반응적 관계의 형성을 위해 움직이기 시작하였다. 2002년 CMS는 노인요양시설의 거주자중심케어로의 문화 변화를 위한 비영리 단체인 Pioneer Network의 '삶의 질에 있어서의 혁신(innovation in quality of life)' 프로젝트를 지원하기 시작하였다. 이 프로젝트는 주 정부 요양 업무 담당자들에게 '어떻게 하면 노인요양시설과 정부가 보다 협력적인 관계를 구축·유지할 수 있는지', '문화 변화를 어떻게 시작하고 수행할지', '어떻게 평가할지'에 대한 교육과 측정도구의 개발을 주 내용으로 하고 있다.

위와 같은 연방 정부의 변화와 더불어, 주 정부 차원에서도 노인요양시설의 문화 변화를 위해 주 정부와 요양원의 협력적·파트너십 관계 구축의 노력이 시작되었다. 연방 정부와 마찬가지로 주 정부 역시 일부 법령 및 주 정부와 노인요양시설의 통제적·비협력적 관계가 요양원의 문화 변화를 저해해 왔음을 인지하기 시작했다(Bryant et al., 2008)[5]. 몇몇 주 정부는 기존의 통제적 주 정부–노인요양시설 관계의 문제점을 심각하게 인식하고 보다 효과적인 노인요양시설 관리를 위해 요양원과 협력적·파트너십 관계를 구축하기 위한 노력을 수행해 왔으며, 캔자스 주와 오리건 주 등이 가장 성공적 사례로 꼽힌다(Bryant et al., 2008). 이에 따라 여기에서는 캔자스 주의 사례를 중심으로 노인요양시설의 문화 변화 혹은 거주자중심케어를 논의하고자 한다. 이는 공공 부문과 민간 부문이 어떤 노력을 보여 주었는가를 확인할 수 있는 실제적 사례가 될 것이다.

3) 캔자스 주의 노인요양시설 문화 변화 사례

앞서 언급했듯이 캔자스 주는 가장 성공적으로 노인요양시설의 문화 변화를 수행해 온 주로 평가되며 이 중심에는 주 정부가 있다. 캔자스 주는 주 정부 산하 노인 업무 담당 부서(Kansas Department on Aging: KDOA)가 주도하여 노인요양시설과의 관계 변화와 문화 변화의 촉진 및 확산을 위한 재정적·법률적 지원을 제공해 왔다. KDOA는 노인법 관련 기금(Older Americans Act Funds), 요양원 관련 저소득층 의료 보조금 지불(Medicaid Reimbursement), 장기요양서비스 등 노인요양시설을 포함한 노인 관련 업무를 총괄하는 기관이다. 2003년

5) Bryant et al.(2008)은 노인요양시설 직원을 대상으로 한 인터뷰를 통해, 주 정부의 일부 법령이 노인요양시설들의 문화 변화 수행에 장애가 되고 있으며, 일부 노인요양시설은 주 정부의 평가 대상이 되는 것이 두려워 문화 변화를 위해 주 정부와 협력하는 것을 꺼리고 있음을 보고함.

조직 구조 개편을 통해 조사와 평가를 담당하는 부서를 KDOA 산하에 갖추고 노인요양시설서비스의 질과 효율성을 향상시키는 것을 내용으로 하는 법률이 주 정부에서 통과되면서, 캔자스 주 정부의 노인요양시설 문화 변화를 위한 노력이 급물살을 타게 되었다. 노인 업무 담당 부서와 조사 평가 업무를 담당하는 부서와의 통합은 법령 개정 등을 통해 문화 변화를 효과적으로 지원해 온 것으로 평가된다(Stone et al., 2008).

더하여 KDOA는 산하에 노인요양시설 혁신을 위한 정보와 기술적 지원을 제공하는 장기요양부(Kansas Long-Term Care Division)를 갖추고 있다. 장기요양부는 영양사, 간호사, 환경 전문가 네 명으로 구성되며, 캔자스 주 내 개별 노인요양시설들의 문화 변화 수행을 기술적으로 지원하고 있다. 이처럼 KDOA는 장기요양부 신설을 통해 노인요양시설들에게 문화 변화를 강제하기보다는 조언과 정보를 제공하는 파트너십 관계를 구축하여 보다 통합적이고 효과적인 접근을 가능하게 하고 있다.

(1) 문화 변화를 장려하는 캔자스 주 정부의 통합적 조직 구조

캔자스 주는 전 미국에서 유일하게 노인서비스(aging services)와 관련된 규제(regulatory), 프로그램(programmatic) 및 재정(financial) 관련 업무를 동일한 부서(KDOA)가 담당하는 조직 행정 구조를 갖고 있다. KDOA는 노인 관련 법령, 노인요양시설·재가·지역사회서비스를 위한 메디케이드, 장기요양서비스 규제 및 관리 업무를 통합적으로 담당함으로써 노인요양시설을 포함한 장기요양서비스를 관리·지원하는 데 일관성을 가지며, 나아가 문화 변화를 통합적으로 지원할 수 있다.

또한 KDOA는 조사연구기관(survey agency)과 메디케이드 담당 부서를 함께 가지고 있는 유일한 주 정부 부서이다. 이는 노인요양시설의 변화에 크게 두 가지 측면에서 영향을 미친다. 첫 번째로 두 부서 간의 협력을 통해 문화 변화를 방해하는 장애물을 제거한다. 두 번째로는 문화 변화 패러다임의 장려를 위한 재정적·법적 지원을 동시에 제공하고 있다.

(2) 캔자스 주 정부 산하 장기요양부(Kansas Long-Term Care Division: Culture Change Assistance for Nursing Homes) 설립

KDOA는 문화 변화의 촉진을 위해 노인요양시설들에게 정보와 기술 지원을 제공하기 위한 부서가 있다. 특히 장기요양부(Long-Term Care Division)는 처음에는 조사연구팀 산하에서 문화 변화 관련 법령 및 규제에 대한 교육과 상담 업무를 수행하는 한 명의 직원에서 시작하였다. 그러던 중 차츰 중요성이 커지면서 영양사, 간호사, 환경 전문가로 구성되는 하나의 부서로 확대되었다. 장기요양부는 캔자스 주 내 노인요양시설의 문화 변화를 활성화하기 위해 자문과 기술 지원을 제공하는 부서로, 노인요양시설 등 장기요양서비스 제공자에게 연방·주 정부 법령 및 규제, 관련 서비스, 거주자의 권리, 거주자 사정도구, 거주자 음식 섭취 기준, 리모델링 및 환경 변화 등에 대한 정보를 제공한다.

또한 거주자중심서비스로의 문화 변화를 원하는 노인요양시설들에게 개별적 자문과 기술적 지원을 제공함과 동시에, 문화 변화 관련 컨퍼런스와 같은 교육, 관련 법령 및 규제상의 변화에 대한 최신 정보를 제공하는 역할을 한다.

(3) PEAK 프로그램[6)]

2002년 이래 캔자스 주 노인복지부(The Kansas Department of Aging: KDOA)[7)]와 캔자스 주립 대학과 연계하여 실시하고 있는 Promote Excellent Alternatives in Kansas nursing homes(PEAK)는 성공적인 주 정부–시설 연합 프로그램으로 평가받고 있다.

PEAK 프로그램은 주 정부 주도의 노인요양시설 문화 변화 프로그램으로써 노인요양시설 서비스 및 환경의 변화를 통한 거주자와 근무자의 삶의 질 향상을 목적으로 한다. 또한 시상제도를 통한 인정과 교육의 두 가지 접근법을 사용하며, 두 가지 접근법의 세부 내용은 다음과 같다.

○ 인정과 보상 프로그램: PEAK Award

a) 프로그램 내용

거주자 케어에 있어서 성공적이고 혁신적인 문화 변화를 수행해 온 노인요양시설을 선정하여 상금을 지급하는 프로그램으로, PEAK Award 프로그램은 매년 거주자 관리(resident control), 직원 역량 강화(staff empowerment), 요양원 환경(home environment), 지역사회 참여(community involvement)의 네 개 기준에 근거하여 노인요양시설을 평가하고 있다(Doll, 2004).

---

6) PEAK nursing Homes Initiatives, http://www.kdads.ks.gov/LongTermCare/PEAK/peak.html.

7) 캔자스 주 노인복지부(the Kansas Department of Aging: KDOA)는 캔자스 주 사회복지 · 재활부(the Kansas Department of Social and Rehabilitation Services: SRS), 캔자스 주 보건환경부(the Kansas Health and Evironment: KDHE)의 일부 프로그램과 합병되어 2012년 7월 1일부로 캔자스 노인장애복지부(the Kansas Department for Aging and Disability Services: KDADS)로 개명됨.

b) 프로그램 절차

PEAK Award의 심사를 받고자 하는 캔자스 주 노인요양시설들은 매년 KDOA가 제공하는 양식에 근거하여 문화 변화 수행 보고서를 제출한다. 이는 노인요양 전문가, 노인 옹호자, 노년 학자와 노인으로 구성된 위원회에 의해 평가된다. 우선 보고서에 근거하여 일차적으로 노인요양시설을 선택하고, PEAK 현장 방문팀이 이들을 직접 방문을 통한 재평가를 실시하여 최종적으로 수상 기관을 선정한다. 수상 기관은 소정의 현금과 세금 면제의 혜택을 받게 된다. 2011년의 경우 세 개의 최초 상금 수상 기관과 세 개 재선정 기관을 포함하여 총 여섯 개 기관이 PEAK Award를 수상하였으며, 2002년 이래 2012년에 이르기까지 51개 기관이 PEAK Award를 받았다.

c) 평가 기준 및 지표

PEAK Award의 평가 기준 및 지표는 〈표 3-1〉과 같다. 먼저 상위 4개 가치인 '거주자중심케어', '직원 역량 강화', '서비스 질 향상', '집과 같은 노인요양시설 환경 조성' 아래에 7개 하위 차원으로 '거주자중심케어', '직원-거주자 관계', '직원 역량 강화', '리더십', '리더-직원 간 가치 공유', '서비스 질 향상', '요양원 환경'이 있으며, 7개 척도는 총 68개 문항으로 구성되어 있다. 개별 척도별로 최소 7개 문항에서 최대 12개 문항으로 이루어져 있다.

○ PEAK 교육 프로그램

노인요양시설 교육 프로그램은 2002년 KDOA와 캔자스 주립 대학(Kansas State University: KSU)의 Galichia 센터(Galichia Center on Aging)와의 계약을 통해 시작되었다. Galichia 센터는 문화 변화를 원

〈표 3-1〉 PEAK의 캔자스 주 정부 문화 변화 평가도구 구성

핵심 가치	척도	문항(4점 척도)
거주자중심 케어 (resident control/ residents-based care)	거주자 중심 케어	1. 거주자는 식사 시간을 스스로 결정함 2. 거주자는 식사 메뉴와 양을 스스로 결정함 3. 거주자는 목욕 시간을 스스로 결정함 4. 거주자는 목욕 방법(샤워, 욕조 이용, 침대 목욕 등)을 스스로 결정함 5. 케어(care)는 거주자의 요구에 근거하여 계획됨 6. 늦잠을 잔 경우 늦은 시간에도 아침 식사가 제공됨 7. 거주자는 취침 시간을 스스로 결정함 8. 거주자의 기억력 문제와 관련된 활동을 제공함 9. 거주자는 가능하다면 오래 걸리더라도 혼자 옷을 입음
	직원–거주자 관계	1. 직원은 정해진 거주자와 지속적으로 일함 2. 거주자 가족은 누가 자신의 가족을 보살피는지 알고 있음 3. 지역사회는 요양원 활동에 참여함 4. 직원은 거주자 가족의 역할에 대해 거주자 가족에게 설명함 5. 거주자 가족들은 요양원에 방문함 6. 노인요양시설은 지역사회 자원봉사자를 활용함 7. 지역사회 어린이들이 참여하는 요양원 프로그램이 있음 8. 노인요양시설은 고인이 된 전 거주자를 회고하는 시간을 가짐 9. 다른 거주자가 죽은 경우, 거주자와 직원은 이에 대해 이야기를 나눔 10. 거주자들이 누구와 함께 시간을 보낼지를 스스로 결정할 수 있음
직원 역량 강화 (staff empowerment)	직원 역량 강화	1. 일선 서비스 직원들의 의견이 케어 계획(care plan)에 반영됨 2. 간호조무사들의 의견이 케어 계획에 포함됨 3. 일선 서비스 직원들은 언제 케어 계획이 바뀌었는지 인지하고 있음 4. 직원들은 근무 스케줄을 스스로 짬 5. 직원들은 근무 스케줄 변화 시 상호 도움 6. 직원들은 할당된 업무 수행을 위해 상호 교육 및 훈련을 실시함. 7. 노인요양시설은 직원들의 교육 및 훈련을 지원함 8. 일선 서비스 직원들은 서비스 질 향상 팀에 참여하고 있음 9. 거주자의 개인적 요구에 대해 직원들은 거주자 가족과 상의함 10. 직원들은 개인적으로 성장하고 있음
	리더십	1. 리더는 모든 부서의 직원들에게 가치를 부여함 2. 노인요양시설의 의사 결정에 일선서비스 제공 직원들의 의견 반영 3. 리더는 진정으로 케어할 준비가 되어있는 직원을 채용함 4. 리더는 근무 환경 개선을 위해 노력함 5. 리더는 직원의 아이디어를 무시함 6. 리더는 직원들의 아이디어에 개방적(open-minded)임 7. 직원이 원할 경우, 리더는 직원을 만나서 이야기할 준비가 되어있음 8. 슈퍼바이저는 간호조무사(aides)를 존중함 9. 직원의 이직 시, 이직 인터뷰를 실시함 10. 이직 인터뷰의 결과가 요양원 운영에 반영됨
서비스 질 향상 (improving quality of care)	리더–직원 간 가치공유	리더–직원 간에 다음의 가치가 공유되어 있는 정도 1. 집과 같은 환경 2. 거주자 선택 3. 거주자에 대한 존중 4. 함께 일하는 직원에 대한 존중 5. 의사 결정 6. 거주자의 삶의 질 7. 직원의 근무 환경(work life)의 질
	서비스 질 향상	1. 낮은 이직률 2. 서비스 질 향상을 위해 기관 내에서 자기 평가 실시함. 3. 수집된 자료는 기관 내 서비스 관련 문제를 확인하는 데 도움이 됨. 4. 직원의 이직률을 낮추기 위한 계획을 가지고 있음. 5. 직원의 이직을 막기 위해 적극적으로 노력함. 6. 직원은 예산 및 비용 변화 관련 정보를 지속적으로 제공받음. 7. 일선 서비스 직원, 간호조무사의 의견이 거주자 예산 책정에 반영됨. 8. 직원의 생각이 시간과 노력을 아끼기 위해 사용됨. 9. 리더십 팀은 직원의 이직을 회의 주제로 논의함. 10. 직원의 이직 방지(retention)를 위한 계획을 가지고 있음. 11. 리더십 팀은 서비스 질 향상을 위해 MDS 보고서를 사용함. 12. 일선 서비스 직원들은 질 향상 회의에 참여함.
집과 같은 요양원 환경 조성 (home-like setting/ environment)	노인요양 시설 환경	1. 거주자는 스스로 방을 꾸밈. 2. 거주자는 자신의 방문자를 다른 거주자와 공유하는 공간(거실, 식당 등)에서 만날 수 있음. 3. 식당은 적은 수의 그룹이 공유함. 4. 실내에 꽃과 식물을 키울 수 있음. 5. 실내에 애완동물을 키울 수 있음. 6. 지역사회 아이들이 거주자를 방문함. 7. 노인요양시설은 집처럼 보이고 느껴짐. 8. 순간적인 기분에 따라 행동할 수 있음. 9. 노인요양시설 내・외부에 가족사진 등 거주자 개인 물건을 놓아둘 수 있음. 10. 거주자가 원할 때마다 정원에 있을 수 있음.

자료: 캔자스 주 정부 홈페이지(http://www.kdads.ks.gov/LongTermCare/PEAK/KCCI_leader.pdf).

하는 노인요양시설들에게 '어떻게 문화 변화를 시작하는지', '어떻게 성공적 변화를 증명하는지'와 관련한 자원 및 교육 프로그램을 제공한다. 노인요양시설 문화 변화를 위한 초기 PEAK-ED 프로젝트명은 'Pioneering Change'로써 KDOA와 KSU의 Galichia 센터와의 계약으로 시작되었다. Pioneering Change의 교육 자료와 연구물들은 캔자스 주를 넘어서 문화 변화를 원하는 미국 전역의 노인요양시설에게 기본 개념과 원칙, 측정 방법 등에 대한 기본 자료로 제공되어 왔다.[8] 노인요양시설의 문화 변화를 위한 교육은 크게, 책자와 교육용 모듈을 통한 교육, 콘퍼런스와 컨설팅서비스, 웹 사이트를 통한 자료 제공, 자문단을 통한 조언을 통해 이루어진다. 각 교육 프로그램의 세부적인 내용은 다음과 같다.

a) 책자와 교육용 모듈을 통한 교육

PEAK의 교육 목적을 달성하기 위해 일차적으로 KDOA는 KSU와 함께 『Pioneering Change in Kansas Nursing Homes』 책자를 만들어 캔자스 주 모든 노인요양시설에게 배포하였다. Pioneering Change를 포함한 PEAK의 문화 변화 관련 자료는 웹 사이트(www.k-state.edu/peak/)에서 다운로드 가능하다. KSU는 교육용 자료를 개발함과 동시에, 위에서 소개된 PEAK Award 프로그램의 수상 기관을 성공 사례로 소개함으로써 다른 기관들의 변화를 장려하고 있다. 또한 교육용 모듈인 PEAK-ED를 개발하여 캔자스 주 모든 노인요양시설에게 배포함과 동시에 웹 사이트에서 각 영역별로 다운로드를 가능토록 하고 있다(http://www.kdads.ks.gov/LongTermCare/PEAK/peak.html).

---

8) www.pioneernetwork.net

〈표 3-2〉 PEAK 교육 프로그램의 구성 내용

구성 내용
-culture change 창조(creating culture change) -culture change 측정(measuring culture change) -거주자에게 권한 돌려주기(returning control to residents) -지역사회 참여(community) -가족과 지역사회(family and community) -리더십(leadership) -직원 역량 강화(strengthening staff) -집과 같은 노인요양시설 환경 조성(creating home) -거주자의 영성적 욕구(resident spiritual needs) -거주자의 성생활(resident sexuality) -직원(staff) -삶의 끝(end of life) -활동(activities) -식사(dining) -치매(dementia) -다양성(diversity) -노인요양시설 거주자의 영성(spirituality of nursing home residents)

자료: 캔자스 주 정부 홈페이지(http://www.kdads.ks.gov/LongTermCare/PEAK/peak.html).

PEAK-ED의 구성은 〈표 3-2〉와 같다.

문화 변화에 대한 심도 깊은 이해를 돕기 위한 두 가지 핵심 교육용 모듈은 문화 변화의 창조(creating)와 측정(measuring)이다. 두 가지 모듈 모두 노인요양시설에서 문화 변화를 위한 실질적 활동을 촉진하는 것을 목적으로 사례와 함께 개별 및 집단 활동을 제안하고 있다. 세부적으로 문화 변화 창조 모듈은 직원의 문화 변화 비전화 과정, 전략적 계획 수립, 거주자 욕구 발견, 오리엔테이션, 직원 및 거주자 자료 관리 등과 관련된 내용을 포함하며, 문화 변화 측정 모듈은 변화를 평가하기 위해 자료를 어떻게 사용하는지에 대한 소개가 주요 내용이다.

b) 콘퍼런스 개최 및 컨설팅서비스 제공

KDOA와 KSU는 교육용 모듈의 개발·배포 외에도, 매년 문화 변화 콘퍼런스를 개최한다. 또한 원하는 기관에 대해 노인요양시설들의 현재 상태에 대한 사정(assessment), 필요한 활동, 성과 평가를 위한 기술적 지원 등과 같이 문화 변화를 위한 컨설팅서비스를 제공한다.

c) 웹 사이트

PEAK 프로그램은 캔자스 주를 포함하여 전국 노인요양시설의 문화 변화를 독려하기 위해 웹 사이트(http://www.he.k-state.edu/aging)를 통해 다음의 여덟 개 영역에 대한 자원을 제공한다. ① 문화 변화 ② 거주자와 가족 욕구 ③ 직원 역량 강화 ④ 자기중심서비스 제공 ⑤ 의사소통 기술 ⑥ 리더십 ⑦ 지역사회 포함 ⑧ 시설 환경 설계 또한 웹 사이트상에 문화 변화와 관련한 다양한 주제의 학술 논문을 매달 새로이 게시하며 이들 중 상당수는 노인요양시설에 실제 적용할 수 있는 실천 기술을 제안하고 있다. 예를 들어 "의사소통이 힘든 거주자(Residents who cannot communicate)"라는 주제의 학술지는 인지적·신체적 문제로 인해 의사소통이 힘든 거주자들의 삶의 질 측정을 위한 전략을 제안한다. 또 다른 학술 논문에서는 식당에 수족관을 비치한 이후로 치매 환자들의 체중 증가가 보고된 노인요양시설 사례를 소개함으로써, 노인요양시설의 인테리어가 거주자의 건강, 나아가 삶의 질에 미치는 영향을 고찰하였다.

d) 자문단 운영

KDOA와 KSU는 장기요양서비스 제공자, 노인 부서 공무원, 보건환경 부서 공무원, 영리와 비영리 노인요양시설 협회, 요양원 옹호

단체, 품질보증 단체 등이 참여하는 다양한 전문가로 구성된 자문단을 운영한다. 20명으로 구성된 자문단은 3개월에 한 번씩 정기적 만남을 통해 문화 변화 관련 최신 정보를 나눈다. 이 회의는 노인요양시설 직원을 포함하여 문화 변화 주제에 관심을 가지고 있는 모든 장기요양서비스 관련자 및 전문가에게 개방되어 있다.

○ 문화 변화 및 PEAK 프로그램 성과[9]

2002~2005년간 요양원 PEAK Award 수상 기관 24개소와 비수상 기관 313개소의 성과를 비교한 Kansas Case Study(KDOA, 2005)에 의하면, 전반적으로 수상 기관이 비수상 기관에 높은 성과를 보인 것으로 나타났다. 성과 평가는 노인요양시설의 서비스 질・효율성 성과 척도(Nursing Facility Quality and Efficiency Outcome Incentive Factor)를 사용하였다. 이 척도는 직접 서비스 제공 직원(direct care staffing ratio)의 비율, 운영비 지출, 직원 이직률, 직원 보유율, 침상 점유율(total occupancy) 등을 세부 지표로 하고 있다.

직접서비스 제공 직원 비율의 경우 PEAK 수상 요양원이 42%인데 비해, 비수상 기관 노인요양시설은 20%로 수상 노인요양시설의 직접서비스 직원 비율이 비수상 기관에 비해 2배 이상 높은 것으로 나타났다.

운영비 지출(operating expense)의 경우, 전체 노인요양시설 거주자별 일일 운영비는 평균 $20.23로 나타났으며, 운영비 지출이 평균 이하인 노인요양시설 비율은 PEAK 수상 기관의 경우 전체 24개 기관 중

9) KDOA, 2005. Kansas Case Study: culture change and the nursing facility quality and efficiency outcomes incentive factor. http://www.kdads.ks.gov/LongTermCare/PEAK/peakStudy.html.

11개 기관(약 46%)이었다. 반면 비수상 기관의 경우 전체 313개 기관 중 156개 기관(약 50%)으로 나타나 평균 이하의 운영비 지출을 보인 기관 비율은 비수상 기관이 수상 기관에 비해 다소 높게 나타났다.

다음으로 수간호사, 등록 간호사, 유면허 실무 간호사, 유면허 정신 보건사, 간호조무사 등 대인서비스 직원들의 평균 이직률(turnover rate)은 70%로 나타났다. PEAK Award 수상 요양원의 경우, 24개 기관 중 14개 기관(58%)이 대인서비스 직원 평균 이직률 70%보다 낮은 이직률을 보인 반면, 비수상 기관 중에는 평균 이하의 이직률을 보인 기관 비율은 42%에 불과한 것으로 나타났다.

또한 전체 직원의 유지 비율(retention rate)은 평균 64%로, 이보다 높은 유지 비율을 보인 기관은 PEAK 수상 기관 24개 기관 중 16개 기관(67%), 비수상 기관 313개소 중 166개소(53%)로써, 수상 기관의 경우에 평균 이상의 직원 유지율을 보인 기관의 비율이 더 높은 것으로 나타났다. 즉 수상 기관의 경우 간호사와 같은 대인서비스 직원들의 이직률은 비수상 기관에 비해 낮은 반면, 전체 직원 유지율은 더 높은 것으로 나타나 수상 기관이 비수상 기관에 비해 직원 이동이 더 적다는 것을 알 수 있다.

마지막으로 침상 점유율(total occupancy)은 노인요양시설의 질과 효율성에 대한 성과 척도로 볼 수 있는데, 전체 평균은 90%로 측정되었다. 이때 수상 기관 중 점유율이 90%를 넘는 기관은 50%, 비수상 기관 중에는 35%로, 수상 기관이 비수상 기관에 비해 높은 병상 점유율을 보이는 노인요양시설 비율이 더 높은 것으로 나타났다.

KDOA(2004)는 이러한 성과를 다섯 개 이하의 결점을 가진 노인요양시설의 비율을 계산하는 방식으로 종합한 결과, PEAK 수상 노인요양시설 중 38%, 비수상 노인요양시설 중 29%가 다섯 개 이하의 결점을 가지는 것으로 나타나 전반적으로 PEAK 수상 노인요양시설이 더 좋은 성과를 보인 것으로 보고하고 있다.

한편 PEAK 프로그램의 성과에서 더 나아가 Pioneer Network가 2005년에서 2010년까지 전국 노인요양시설을 대상으로 실시해 온 문화 변화 성과 연구(Pioneer Network, 2011)에 따르면, 문화 변화를 초기에 도입한 노인요양시설일수록 좋은 성과를 보인다고 보고하였다. 특히 침상 점유율에서 문화 변화를 도입한 지 9년 이상 된 노인요양시설과, 도입한 지 5년 미만의 시설과 전국 평균을 비교한 결과, 침상 점유율의 평균은 문화 변화 도입 9년 이상 된 경우, 도입한 지 5년 미만의 경우보다 지속적으로 높은 수치를 보여 주는 것을 알 수 있었다. 또한 도입한 지 5년 미만의 경우에도 문화 변화 도입 이후로 꾸준히 침상 점유율이 상승해 왔고 전국 평균보다도 월등히 높은 수준을 보였다〈그림 3-2〉.

다음으로 문화 변화를 도입한 지 최소 2년 이상 된 노인요양시설과 도입하지 않은 노인요양시설을 비교한 결과(Elliot, 2010), 문화 변

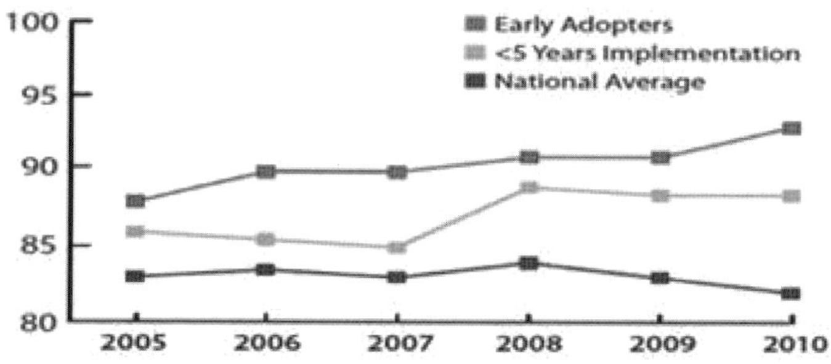

자료: Pioneer Network. 2011. Positive outcomes of culture change-the case for adoption. Tools for change, 1(2). http://www.pioneernetwork.net/Data/Documents/Tools%20for%20 Change-Adoption %20v3.pdf.

〈그림 3-2〉 문화 변화 도입 기간에 따른 침상 점유율 평균 비교

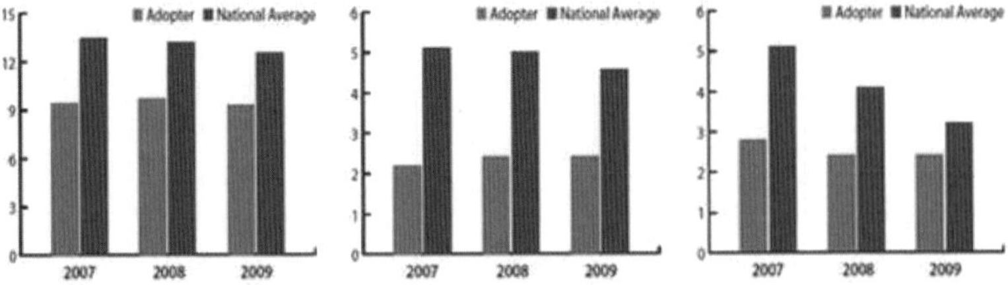

[욕창을 가진 거주자 비율] [침대나 의자에서 대부분의 시간을 보내는 거주자 비율] [물리적으로 제지를 당한 경험이 있는 거주자 비율]

자료: Pioneer Network. 2011. Positive outcomes of culture change-the case for adoption. Tools for change, 1(2). http://www.pioneernetwork.net/Data/Documents/Tools%20for%20Change-Adoption%20v3.pdf.

〈그림 3-3〉 의료적 성과: culture change 도입 노인요양시설과 전국 평균 비교

화 도입 노인요양시설의 경우 지난 4년 간 침상당 하루에(per bed per day) $11.43의 수익이 추가로 발생했다고 보고되었다. 이는 140개 병상을 가진 요양원의 경우 1년에 $584,073 만큼의 추가 수익이 발생했음을 의미한다. 즉 노인요양시설의 문화 변화 도입이 시설의 재무성과에도 긍정적인 영향을 미치고 있음을 확인할 수 있다.

거주자들의 의료적 성과(clinical outcomes) 또한 문화 변화를 도입한 노인요양시설에서 성과가 더 높은 것으로 나타났다. 욕창을 가진 거주자의 비율, 궤양을 가진 거주자의 비율, 침대나 의자에서 대부분의 시간을 보내는 거주자의 비율, 물리적으로 제지를 당하는 거주자의 비율 모두 문화 변화 도입 노인요양시설이 전국 평균에 비해 현격히 낮은 것으로 나타났다. 〈그림 3-3〉은 이를 잘 보여 주는 결과이다. 노인요양시설의 문화 변화가 거주자의 건강과 삶의 질에 기여하는 동시에, 다른 한편으로는 노인요양시설의 의료비용 지출 감소에도 기여함을 보여 준다.

○ PEAK 프로그램 향후 활동 및 전망

KDADS[10]는 Kansas State University(KSU)와 계약 연장을 통해 지속적으로 노인요양시설을 대상으로 한 문화 변화 교육 자료를 개발함과 동시에 거주자중심케어로의 변화를 위한 인적·기술적 지원을 제공할 계획이다. 그리고 매년 PEAK Award 수상 기관 사례를 업데이트하면서 다른 노인요양시설의 변화를 독려하고, 문화 변화 교육용 모듈과 뉴스레터를 지속적으로 개발할 것이다. 또한 지속적으로 심포지엄과 콘퍼런스를 개최하여 최근 자료와 사례를 공유할 계획이다. 또 현재보다 정확한 측정과 평가를 위해 캔자스 의과대학 연구 센터(Kansas University Medical Center: KUMC)와의 계약을 통해 문화 변화의 정도와 문화 변화가 서비스 질에 미치는 영향을 측정하기 위한 도구를 개발하는 과정에 있는 상태이다. KDADS는 지속적으로 PEAK 프로그램과 함께 노인요양시설 주도의 문화 변화 비영리단체인 캔자스 문화 변화 연합(Kansas Culture Change Coalition)을 지원할 구상을 가지고 있다.

4) 캔자스 주 소재의 성공적 노인요양시설 사례

여기에서는 문화 변화의 성공적인 실천 사례를 검토하고자 한다. 이를 위해 Windsor Place 노인요양시설과 Meadowlark Hills 노인요양시설의 사례를 소개한다.

---

10) 앞서 언급했듯이 KDOA(the Kansas Department on Aging)는 2012년 7월부로 행정 개편에 따라 KDADS(the Kansas Department of Aging and Disability Services)로 변경됨.

○ Windsor Place(http://www.windsorplace.net/)

Windsor Place는 캔자스 주 커피빌(Coffeyville)에 위치한 노인요양시설로 PEAK Award를 2회 수상하며 성공적인 문화 변화를 이룬 노인요양시설로 평가되었다(Doll, 2004). 이 노인요양시설은 1990년 문화 변화를 시작하였으며, 문화 변화를 수행하는 대부분의 다른 기관들이 거주자 중심 접근과 물리적 환경 변화에 초점을 둔 반면, "직원들이 잘 대우받을수록, 거주자가 잘 대우받는다(As the staff is treated, so shall the residents be treated)"를 기관의 기본 가치로 직원 관리와 리더십 훈련에 초점을 두었다.

Windsor Place의 사례는 강화된 직원의 역량이 기관의 비전 달성에 기여함으로써 문화 변화가 다른 영역 및 거주자와 거주자 가족에게 이어져 나타남을 보여 준다. 예를 들어 직원들은 거주자와 그 가족들의 욕구를 조사하고 조사 결과에 근거하여 문화 변화를 실천했다. 이는 구체적으로 온천식 목욕(spa bathing), 뷔페식 식사, 미용실 개·보수, 예배와 미사, 라디오 청취, 담당 케어 직원과 거주자의 지속적 관계 등과 같은 변화를 가져왔다. 즉 Windsor Place는 직원의 역량 강화로 시작된 변화가 점차 거주자중심케어와 요양서비스 질의 향상, 물리적 환경 변화 등으로 이어진 사례라 할 수 있다.

○ Meadowlark Hills(http://www.meadowlark.org/news/index.html)[11)]

Meadowlark Hills는 캔자스 주 맨해튼 시에 위치하고 문화 변화 운동을 일찍 시작한 선구자적 노인요양시설로 '병원 같은 시설에서 내

11) This isn't your grandma's nursing home-but it could be yours-builded by its residents, a kansas facility is reinvented(Herald tribune, 2006년 9월 17일자)에 근거하여 재구성(http://www.heraldtribune.com/article/20060917/NEWS/609170532).

집과 같은 시설로의 변화'를 기본 가치로 한다. 이를 바탕으로 60개의 병상을 가진 하나의 큰 시설에서 13명에서 22명이 거주하는 세 개의 분리된 개별 시설로 재구조화하였다. 개별 가구는 구조적으로 각기 다른 입구, 현관과 초인종을 가진 형태로 구분되어 있으며 케어 직원조차 출입 시 초인종을 누르고 들어가는 방식으로 최대한 일반 가정과 동일한 형태의 시설 구조를 갖추기 위해 노력하였다.

또한 위와 같은 물리적 환경의 변화와 함께 오랜 시간 내려오던 위계적 직급 구조를 철폐하고 각 가구별 팀제[12]를 도입하였다. 직원들은 담당 거주자들을 가족처럼 여기고 팀 내에서 문제를 해결하도록 독려받는다. 가구별 팀제의 도입 초기에 직원들은 자기결정이 요구되고 위로부터의 지시가 없어져 다소 동요하기도 하였으나, 이러한 변화는 장기적으로 보다 유연하고 효과적인 서비스를 가능하게 하였다.

거주자와 직원 간에도 전통적인 노인요양시설 환경에서 찾아보기 힘든 강한 유대, 원활한 의사소통과 상호 신뢰가 발견되며, 이는 정서적 · 신체적 욕구와 의견을 반영한 서비스를 가능하게 하고 있다.

직원들과 마찬가지로 Meadowlark Hills 거주자들은 자신들의 일과를 스스로 결정할 수 있으며 가능하다면 옷 입기, 식사하기, 정원 가꾸기, 목욕하기 등 하고 싶은 것들을 혼자서 할 수 있다. 그리고 각 활동을 언제할지와 어떻게 할지, 예를 들면 언제 목욕을 하며 어떤 방법으로 할지에 대해 스스로 결정할 수 있다.

Meadowlark Hills는 2002년 이래 PEAK Award를 4회 수상하였으며, Meadowlark Hills 사례로 만들어진 "Deep Culture Change Model" 프로그램이 다른 노인요양시설들에게 배포되고 있을 만큼[13]

12) 초기에는 3개 가구로 시작하여 2012년 현재는 6개 가구로 이루어짐.

13) 캔자스 주 정부와 비영리 재단인 the commonwealth fund는 다른 노인요양시설

캔자스 주를 넘어 전국적으로 성공적 노인요양시설 혁신 사례, 나아가 요양시설 혁신의 기준으로 평가받고 있다.

5) 캔자스 주 사례의 함의

오늘날 노인 수명의 증가, 출산율 감소로 인한 노인인구 비율이 증가하고 노인으로 지내는 기간이 증가하면서 노인요양시설 이용 인구의 증가는 불가피한 상황이다. 미국의 경우 1990년대 후반~2000년대 초반부터 노인요양시설을 둘러싼 재정적 압박, 인구학적·문화적 변화와 더불어 케어의 도덕성, 질에 대한 노인요양시설 내부의 인식 변화로 서비스/케어 질 향상을 위한 노력이 시작되었다. 이는 문화 변화 운동으로 확대되어 학계, 현장 모두에서 핵심 쟁점으로 다루어지고 있다. 즉 노인요양시설이 죽음을 수동적으로 기다리는 공간이 아니라 적극적 삶의 공간으로의 변화 필요성에 대한 인식이 확대되었으며, 그 변화의 중심에는 문화 변화가 있는 것이다.

문화 변화는 학자에 따라 초점이 조금씩 다르지만, 거주자중심케어(person/resident centered/directed care)와 직원 역량 강화(staff empowerment)를 핵심 가치로 거주자와 직원의 삶의 질 향상을 목적으로 한다는 점에서 공통점을 갖는다. 거주자중심케어는 장애인복지 분야의 핵심 쟁점인 탈시설화, 소비자 주권, 자기결정권을 주 내용으로 하는 자립생활 운동(independent living)과도 맥을 같이하는 시대적 흐름으로 기

들이 Meadowlark Hilss의 사례를 따르는 것을 돕기 위해 $1million의 예산을 책정하였으며, 이 프로젝트의 일환으로 2006년 Meadowlark Hills의 사례로 "Deep Culture Change Model" 프로그램을 개발함. 이는 현재 Leading Age Kansas와 Kansas Health Care Association(KHCA)에서 구입 가능함.

존의 의료적 모델에서 사회적 모델로의 변화를 의미하기도 한다.

미국의 경우 그동안 노인요양시설의 문화 변화를 정부가 인식하고 장려했다. 실제로 노인요양시설의 질적 변화를 위한 노력은 2002년 1987년 연방법 OBRA'87의 일부인 The Nursing Home Reform Act가 통과되면서 급물살을 탔다. 즉 법적 근거와 재정적 지원을 바탕으로 주 정부 및 노인요양시설들이 변화 필요성을 인식하고 변화하기 시작한 것이다. 노인요양시설의 변화 필요성이 법제화라는 사회적 합의를 이룬 이후 거주자 및 직원의 삶의 질이 향상되는 성공 사례들이 보고되고 있다. 앞에서 소개된 Windsor Place와 Meadowlark Hills 요양원 사례 외에도, Lyngblomsten Care Center(St. Paul, Minnesota), Wellspring Innovative Solutions(Green Bay, Wisconsin), Green House (tupelo, Mississippi), Presbyterian Villages(Redford, Michigan), Tabitha Health Care Services(Lincoln, Nebraska), Providence Mount St. Vincent (Seattle, Washington) 등 역시 성공적인 문화 변화 사례로 인용된다.

특히 PEAK 프로그램으로 대표되는 캔자스 주 노인요양시설 문화 변화 운동은 주 정부 주도의 주 정부, 학계, 시설의 성공적 연합과 협력의 성공적 사례이다. 캔자스 주 정부는 노인요양시설의 문화 변화를 효과적으로 지원하기 위해 주 정부 산하에 관련 자원 및 규제에 대한 정보 제공을 담당하는 부서를 둠과 동시에 캔자스 주립 대학과의 계약을 통해 교육 자료 및 지표 개발, 콘퍼런스 개최, 자문단 운영 등 관련 교육을 보다 체계적으로 제공할 수 있는 시스템을 구축하였다. 또한 PEAK Award 프로그램을 통해 성공적인 혁신 기관에 대해 시상함으로써 아직 변화를 시작하지 않은 기관의 변화를 장려하고 있다. 동시에 이미 성공적으로 문화 변화를 수행하고 있는 기관에게는 지속적인 혁신 노력을 독려하고 있다. 실제로 PEAK Award는 매년 최초

수상 기관과 반복 수상 기관이 비슷한 정도의 비율로 수상하였다.

캔자스 주 정부와 캔자스 주립 대학은 성공 사례를 교육 자원으로 적극적으로 개발하여 공개함으로써, 다른 기관들의 실천을 장려함과 동시에 실제로 어떻게 문화 변화를 시작하는지와 수행하는지에 대한 구체적 실천 방법을 제안하였다. 캔자스 주 노인요양시설들은 변화의 필요성에 대한 인식 개선, 비전 정립 및 공유에서부터 거주자중심케어, 직원 역량 강화, 리더십, 거주자-직원 관계, 물리적 환경 개선, 지역사회 참여, 거주자 가족과의 관계 형성 등 영역별로 개별/그룹별 실천 방안에 대한 교육 자료와 성공 사례를 제공받았다. 그리고 이는 각 노인요양시설이 문화 변화를 어떻게 수행해야 하는지에 대한 아이디어를 제공해 주는 역할을 수행하였다. 〈그림 3-4〉에 제시된 주 정부 주도의 캔자스 주 사례는 노인요양시설의 문화 변화를 장려·촉진하기 위해 주 정부, 학계, 요양원이 각기 어떤 역할을 수행할 수 있는지를 잘 보여 준다.

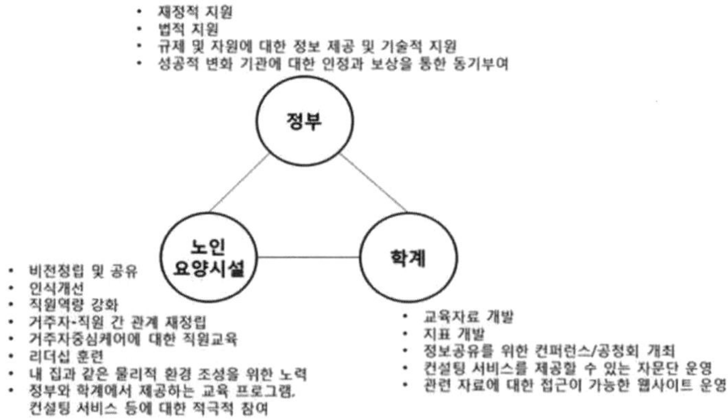

〈그림 3-4〉 캔자스 주 사례를 바탕으로 한
정부 주도 노인요양시설 혁신을 위한 관-민-학의 역할

2. 호주의 경험: Eden Alternative 모델의 도입 사례

노인장기요양시설에서 거주자중심케어가 구현되는 사례로써 앞서 미국의 캔자스 주 정부 차원의 노력을 소개하였다. 노인요양원의 거주자중심케어를 위해 공공 부문으로서의 주 정부 차원에서 적극적으로 추진하는 대표적인 사례인 것이다.

이제부터는 정부와는 다른 관점으로 민간 차원에서 노인장기요양시설의 거주자중심케어를 위한 노력을 소개하려고 한다. 호주의 사례인 것이다. 앞서 소개된 바와 같이 거주자중심케어를 위한 노인요양시설 문화 변화 모델에는 Eden Alternative, Person-centered Care, Regenerative Care, Wellspring Model 등 여러 가지가 있다. 이들 가운데 하나인 Eden Alternative 모델이 미국에서 개발되어 호주 사회에까지 확산된 사례를 검토한다. 또한 논의의 실제성을 높이기 위해 저자가 직접 방문하여 조사한 바 있는 호주 브리즈번 소재의 Anam Cara 노인요양원을 중심으로 논의 할 것이다. Anam Cara 노인요양원은 호주 퀸즐랜드 지역 최초로 Eden의 거주자중심케어 10원칙을 모두 충족하는 것으로 인증받은 노인요양원이다. 저자는 Anam Cara 노인요양원을 방문하여 시설장 및 서비스 품질 책임자와 인터뷰를 진행한 바 있다.

1) Eden Alternative의 발전 과정[14)]

호주는 노인요양시설의 서비스 질 향상을 위한 노력의 하나로써 미국에서 시작된 Eden Alternative 모델을 도입했다. Eden Alternative는 쇠약한 노인이 수용 시설에서 수동적으로 생활하는 것이 아니라, 의사 결정에 함께 참여하여 활기차고 건강한 생활을 할 수 있는 거주지를 창조하고자 하는 국제 비영리 조직이다. 이러한 Eden Alternative의 운영 철학은 노인요양시설 운영의 강력한 기본 가치로 활용된다. 즉 Eden Alternative는 장기요양시설에 거주하는 노인들의 삶을 괴롭히는 문제들을 해결하기 위한 혁신적 접근이라 할 수 있다.

Eden Alternative의 역사는 미국에서 시작되었다. 1991년 미국의 한 요양원을 방문한 Bill Thomas 박사는 시설에서 생활 중인 한 여성 노인과의 대화를 통해 요양시설 입소자들이 겪고 있는 어려움을 알고 큰 충격을 받는다. 특히 시설에 거주 중인 노인들의 외로움, 무기력함, 무료함 등의 문제를 그동안 자신이 Harvard Medical School에서 공부한 것으로는 해결할 수 없음을 깨닫는다. 기존의 치료 중심 모델이 이 같은 문제들을 해결할 수 없었기 때문에 새로운 접근 방식을 찾게 된 것이다. Thomas 박사는 최초의 인간이 살았던 에덴동산처럼 모든 노인들이 진정한 행복을 누리며 살 수 있는 공간을 만들고자 했다. 이를 위해 Thomas 박사와 그의 아내 Jude는 'Eden Alternative'라는 비영리기관을 세우고, 노인들에게 더 나은 삶과 환경을 만들어 주려는 꿈을 가진 사람들을 격려하고 지원하기 시작하였다. 이렇게 시작한 Eden Alternative는 현재까지 17,000명 이상의 회원들

---

14) Eden Alternative의 발전 과정은 Eden Alternative 홈페이지(www.edenalt.org)와 EiON 홈페이지(www.edeninoz.com.au)를 참조하였음(검색일: 2012년 12월 21일).

을 교육했다. 또한 미국, 캐나다, 유럽과 호주 및 뉴질랜드 등 세계 각지에 인증기관으로 등록된 300개 이상의 요양 시설을 확보하였다.

한편 1999년 Thomas 박사로부터 Eden Alternative에 대해 깊은 감동을 받은 하와이 노인요양시설 관계자들은 호주와 뉴질랜드에 Eden Alternative를 전파했다. 그들은 2000년 이후부터 호주 전역에 Eden Alternative의 다양한 교육과 멘토링 시스템을 개발하여 공급하고, Eden Alternative를 받아들인 요양원에서 함께 일했다. 이들은 특히 호주와 뉴질랜드 전역에 있는 Eden Alternative 회원들 간의 네트워크를 구축하는 데 전력을 다했다. 2005년에는 "Eden Alternative 노인 돌봄 실행(Implementing the Eden Alternative in Aged Care)" 코스가 정부로 부터 정식 인가를 받게 되었고, 이 3일간의 교육 코스는 노인요양시설의 문화 변화를 중심으로 한 거주자중심케어를 필요로 하는 개인 및 집단에게 전국적으로 제공되었다. 2010년 호주와 뉴질랜드의 Eden Alternative(이하 EiON)에서는 보다 차별화된 노인 돌봄 환경을 만들어 나가기 원하는 1,200명 이상의 헌신적인 참가자들에게 Eden Alternative의 교육 프로그램을 제공하게 되었다. 현재 호주와 뉴질랜드에서는 Eden의 국제적인 회원이 되어 다양한 회의에서 자신의 경험과 이야기를 발표할 수 있는 다양한 기회가 마련되고 있다.

2) 기존 노인요양시설의 '3가지 고질적 문제(plagues)'

Eden Alternative가 기존 요양 시설에 대해 가졌던 문제의식이 무엇이었는지에 대해 구체적으로 살펴보도록 하겠다. 이와 관련한 내용은 Eden Alternative 홈페이지(www.edenalt.org, 검색일: 2012년 12월 21일)의 내용을 참조하였다. 앞서 언급한 대로 Bill과 그의 아내는 1990년대 초 당시 요양 시설들에 만연해 있던 '세 가지 고질적 문제(plagues)'를 제거하여 요양 시설을 탈시설화하기 위해 노력했다. 여기에서 '문제'란 신체적인 것이라기보다는 사람의 정신과 관련된 것을 말한다. 이는 모든 인간들에게 영향을 미칠 수 있지만 그중에서도 특히 노인들에게 매우 큰 위험을 주는 것을 가리킨다. Eden Alternative가 강조하는 3대 문제는 첫 번째로 '외로움(loneliness)'이다. 외로움이란 노인이 다른 사람들과의 친구 관계를 형성하지 못함으로써 느끼게 되는 고통이다. 이는 개인이 스스로의 선택에 의해 즐거운 감정으로 즐길 수 있는 고독(solitude)과는 다른 것으로써 단순히 많은 사람들이 붐비는 장소에 있다고 해서 해결되는 것이 아니다. 거주 노인의 외로움은 다른 생명체와의 밀접하고 지속적인 접촉을 통해 애정 어린 친구 관계를 형성할 때 제거할 수 있다. 두 번째 문제는 '무기력함(helplessness)'이다. 무기력함이란 항상 누군가로부터 도움과 보호를 받기만 하고 그 무엇도 줄 수가 없는 거주 노인들에게서 발생하는 고통의 감정이다. 도움을 주는 것과 받는 것의 균형을 잡는 일은 더 많은 삶의 의미를 부여할 수 있다. 둘 사이의 불균형은 거주 노인뿐만 아니라 요양 시설의 직원들에게도 영향을 미칠 수 있으므로 매우 중요한 이슈이다. 이는 거주 노인들에게 돌봄서비스를 받을 뿐만 아니라, 때로는 도움을 줄 수 있는 기회를 제공함으로써 해결할 수 있다. 세 번째 문제는 '무료함(boredom)'이다. 이는 거주 노인의 삶에 있어서 다양하고 자발적인 활동의 부족으로 인해 발생한다. 기존 치료 중심 접근에서는 노인의 다양성과 자발성을 인정하는 것을 나쁜 것으로 인식해 왔다. 즉 노인의 질병을 치료하고 통제하는 과업 중심의 접근에서는 거주 노인이 즐겁게 할 수 있는 여가 활동을 비생산적인 것으로 여겨온 것이다. 하지만 거주 노인이 진정으로 바라는 목표와 기능을 실현하기 위한 활동은 매우 의미가 크다. 따라서 모든 직원들은 노인의 삶에서 이러한 의미를 발견하기 위해 함께 참여해야 한다.

3) Eden Alternative의 핵심 가치[15)]

Eden Alternative는 '외로움', '무기력함' 그리고 '무료함'이라는 세 가지 문제를 제거하기 위한 장기요양시설의 혁신적인 접근 방법으로써, 매일매일 노인들이 우정과 목적의식, 다양성 및 자발성을 향상시키는 삶을 살도록 하는 것을 핵심으로 한다. Eden Alternative의 미션은 다음과 같다.

"노인 돌봄(aged care)의 문화를 변화해 나간다."

이것은 노인과 그들을 돌보는 사람들이 생활하고 일하는 곳의 지역사회를 변화해 나감으로써 그들의 복지를 향상시키는 것을 말한다. 다음으로 Eden Alternative와 호주 및 뉴질랜드의 Eden Alternative인 EiON의 비전은 각각 다음과 같다.

"외로움과 무기력함 그리고 무료함을 제거한다."
"Eden Alternative의 철학에 기초한 지식과 교육을 통해 호주와 뉴질랜드 노인 돌봄 분야의 변화를 고무하고 촉진한다."

---

15) Eden Alternative의 핵심 가치인 미션과 비전, 10가지 원칙에 대한 내용은 웹 사이트를 참조하였음(검색일: 2012년 12월 21일).
Eden Alternative 홈페이지: www.edenalt.org.
호주, 뉴질랜드 Eden Alternative(EiON) 홈페이지: www.edeninoz.com.au.

이는 앞서 설명한 기존 요양 시설 내에 존재하던 세 가지 문제, 즉 외로움과 무기력함 그리고 무료함을 제거함으로써 새로운 노인 돌봄의 변화를 이끌어 내고자 하는 것이라 할 수 있겠다. 한편 Eden Alternative가 추구하는 가치는 "Eden Alternative 10원칙"이라는 운영 철학에 의해 추구된다. 열 가지 원칙 중 첫 번째 원칙은 외로움, 무기력함, 무료함의 세 가지 문제에 대한 것이고, 나머지 아홉 가지는 모든 거주 노인들을 위한 거주자중심케어(person-centered care) 환경을 제공함에 있어서의 과제와 해결책을 규명하고 있다. 10원칙의 세부적 내용은 다음과 같다.

[원칙 1] 외로움, 무기력함 그리고 무료함의 3가지 문제점은 모든 노인들이 겪고 있는 고통의 대부분을 차지하고 있다.

[원칙 2] 노인이 중심이 된 케어환경을 위해 식물과 동물 그리고 아이들이 친밀하고 지속적인 교제를 중심으로 생활할 수 있어야 하고, 이러한 인간적 거주환경을 만드는 데 최선을 다한다. 이는 젊은이와 노인 모두가 가치 있는 인생으로 가는 길을 제공한다.

[원칙 3] 애정 어린 우정 관계의 형성은 외로움에 대한 해결 수단이다. 노인들은 사람 그리고 동물들과의 우정 관계에 쉽게 접근할 수 있다.

[원칙 4] 노인이 중심인 케어환경에서는 노인이 보호를 받을 뿐만 아니라 도움을 줄 수 있는 기회 역시 만들어 내야 한다. 이것은 노인의 무기력함을 해결할 수 있는 방법이기도 하다.

[원칙 5] 노인이 중심인 케어환경에서는 일반적인 기대를 뛰어넘는 수준의 상호작용과 상황들이 나타나는 환경을 창조함으로써, 매일매일이 다양하고 능동적인 삶으로 가득 채워진다.

[원칙 6] 의미 없는 활동은 인간의 정신을 병들게 한다. 의미 있는 활

동을 찾는 것은 인간의 건강을 위해서 필수적이다.

[원칙 7] 의료적 치료는 진정한 돌봄의 수단일 뿐 목적이 되어서는 안 된다.

[원칙 8] 노인이 중심인 케어환경에서는 탑-다운 방식의 권위주의적인 관료제 방식으로부터 탈피하여야 한다. 대신 의사 결정 시 노인들 또는 그들에게 가장 가까운 사람들에게 최대한 많은 자율권을 부여하도록 한다.

[원칙 9] 노인 중심의 케어환경을 만드는 것은 결코 종착점이 존재하는 과정이 아니다. 인간의 성장은 인간의 인생과 결코 분리할 수 없다.

[원칙 10] 현명한 리더십은 노인의 고질적인 세 가지 문제에 대응하기 위한 필수적인 요소이다. 이것을 대신할 수 있는 것은 없다.

Eden Alternative의 10원칙은 현재 Eden Alternative에 등록되어 있는 요양 시설을 평가하는 10가지 기준으로 적용되고 있다. 각 요양 시설은 Eden Alternative가 규정하고 있는 10가지 기준에 맞춰 시설을 운영하고, Eden Alternative는 각 요양 시설이 이들 10가지 원칙을 어느 정도 충족하고 있는가에 대해 홈페이지에 공개하고 있다.

4) 호주와 뉴질랜드 Eden Alternative(EiON)의 운영[16)]

Eden Alternative는 직원의 권한을 강조하고 팀을 바탕으로 한 업무 시스템을 채택함으로써 돌봄의 질을 향상시키고 있다. 따라서 의사 결정의 권한은 팀 구성원에게 주어지고 이들은 서로를 믿고 함께

16) 호주와 뉴질랜드 Eden Alternative인 EiON의 운영에 대한 내용은 EiON 홈페이지(www.edeninoz.com.au)를 참조하였음.

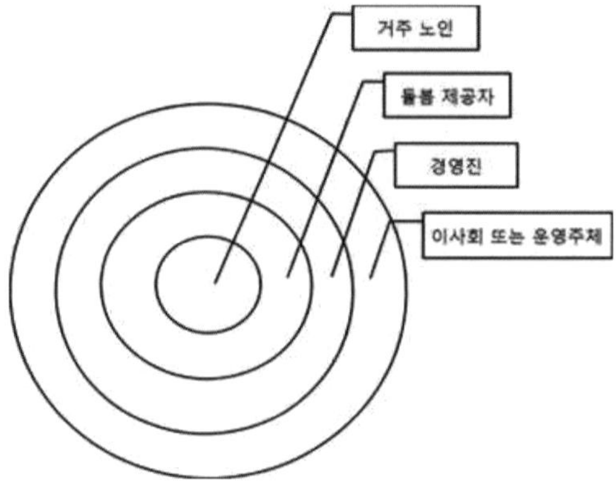

자료: Eden at Anam Cara(2012), Self-directed Learning Activity Package(내부 교육 자료) 재구성.

〈그림 3-5〉 Anam Cara 노인요양원의 의사 결정 원(Decision Rings)

성장해야 한다. 이러한 수평적 의사 결정 구조는 이사회 및 운영 주체에서 점점 거주 노인으로 이동하고 있다. 〈그림 3-5〉는 요양 시설에서 의사 결정 시 거주 노인의 비중을 보여 준다.

EiON은 호주와 뉴질랜드에서 "Eden Alternative 노인 돌봄 실행" 코스를 제공할 수 있는 자격이 주어진 유일한 기관이다. 이 코스의 자격 요건을 성공적으로 완수한 참가자들은 Eden의 공식적인 회원 자격을 얻게 된다. 3일간 진행되는 "Eden Alternative 노인 돌봄 실행" 코스는 개인과 조직이 거주자를 중심으로 돌봄 환경을 변화하기 위한 필수 과정이다. 코스에 참가한 직원들은 3일 동안 Eden Alternative의 열 가지 원칙을 집중적으로 교육받게 된다. 요양원 및 서비스에서의 문화 변화를 이루기 위해서 EiON은 조직 전반에 관한 모든 교육을 직위에 관계없이 제공한다. 여기에는 서비스 공급자와 경영진, 각 부서장, 요양보호사, 가족, 자원봉사자 등이 포함된다. 교육 코스는 한 조직의 집단을 대상으로 한 그룹 교육과, 관리직 지위에 있는 사람들을 대상으로 하는 공개 교육 코스로 구분된다. 이 교육 코스를 완수하면 Eden의 가치와 철학을 통해 기존의 노인 돌봄 환경이 달라질 수 있다는 더 나은 이해를 갖게 될 것이다. 모든 교육이 끝난 후에 참가자들은 Eden Alternative가 인정하는 공식 회원이 된다. 또한 Eden Alternative의 타 회원들과 관계를 형성하여 Eden Alternative가 추구하는 가치의 실현을 위해 힘쓰게 된다. 이를 통해 Eden의 회원들은 자신의 기관에 열 가지 Eden 원칙을 실제로 적용함으로써 Eden Alternative의 활동을 집중적으로 수행한다. 이 외에도 EiON에서는 리더십 트레이닝(2일), 마음 열기(반나절), 지역사회 교육(2일), 자원봉사 교육(반나절), 문화 변화의 소개(1일), 지역사회 방문자 교육(반나절) 등과 같은 교육 프로그램을 제공하고 있다.

한편 Eden의 등록 기관이 된다는 것은 거주 노인의 이익을 위해 Eden Alternative가 요구하는 원칙을 수행할 수 있다는 확신을 심어주는 계기가 된다. Eden Alternative에 등록하고자 하는 기관들은 시설의 규모에 따라서 Eden에 일정한 수 이상의 직원이 회원으로 등록되어야 한다. Eden의 등록 요양 기관이 되기 위해서는 일정 금액의 비용과 신청서를 제출해야 하고, EiON 이사회의 승인이 필요하다. 이후 등록이 끝난 기관들은 앞에서 살펴본 Eden의 10원칙을 적용하게 된다. 이는 다음의 4단계로 구분할 수 있다.

[1단계]: 초기에는 [원칙 2]와 [원칙 10]에 집중할 것을 추천한다.
[2단계]: [원칙 3]과 [원칙 4], [원칙 5]를 적용한다.
[3단계]: [원칙 6]과 [원칙 7], [원칙 8]을 적용한다.
[4단계]: 마지막으로 [원칙 9]와 [원칙 1]에 집중한다.

Eden에 등록 기관으로 선정되면 요양 기관에 대한 홍보물 및 책자에 Eden Alternative의 트레이드 마크를 사용할 수 있게 된다. 이는 Eden Alternative에 등록되어 있지 않은 타 기관과의 경쟁에서 신뢰와 우위를 얻는 데 유리하다. 또한 자신의 기관과 유사한 수준의 서비스를 제공하는 타 요양원을 발굴하여 네트워크를 구축하는 데 도움을 준다. Eden의 등록 기간은 3년간 유효하고, 이후에는 재등록이 필요하다. 그리고 Eden의 열 가지 원칙을 모두 완수할 때까지 12개월마다 Eden 원칙을 다시 신청하여 성공적으로 수행하여야 한다. 만일 열 가지 원칙을 모두 완수하게 되면, 이들을 더욱 잘 유지하고 발전시켜 나갈 책임이 주어진다. 이는 거주자를 중심으로 한 케어환경을 만들어가는 과정이란 끝없는 평생의 헌신이 요구되는 일이라는 것을 잘 보여 준다. 현재 EiON에 등록되어 있는 요양원은 호주에 26개소, 뉴질랜드에 18개소가 존재한다.

5) Eden Alternative의 적용 사례: 호주 'Anam Cara'[17)]

지금까지 Eden Alternative의 개념과 발전 과정, 최초의 문제의식, 이들이 추구하는 핵심 가치, 운영 방식 및 교육 내용 등에 대해 살펴보았다. 이번에는 미국에서 출발한 Eden Alternative 운동이 호주와 뉴질랜드에서 성공적으로 정착한 사례를 직접 찾아 소개하고자 한다.

사례로 선정한 호주의 Anam Cara는 호주 퀸즐랜드 지역에서 최

---

17) "Anam Cara" 사례에 대한 내용은 'Anam Cara'의 2012년 내부 교육 자료 "Self-directed Learning Activity Package"와 'Anam Cara'가 소속되어 있는 "Wesley Mission Brisbane"의 홈페이지(www.wmb.org.au, 검색일: 2012년 12월 21일)의 내용을 참조하였음.

2012. 5. 28. 저자 직접 방문 촬영.

〈그림 3-6〉 호주 브리즈번의 Anam Cara 노인요양시설의 상담실 모습

초로 Eden의 10원칙에 해당하는 모든 항목을 충족하는 것으로 인정받은 기관이다. 이 기관은 모든 구성원이 자기 스스로를 팀원의 일원이고, 동시에 요양 시설 운영상의 문제 해결 수단의 일부로 생각할 때 케어환경에서의 문화 변화를 성취할 수 있음을 보여 주는 훌륭한 사례로 평가되고 있다. Anam Cara는 호주 브리즈번 지역에서 혁신적인 노인 돌봄서비스와 지역사회서비스를 제공하고 있는 것으로 알려진 비영리 민간 운영 주체인 Wesley Mission Brisbane에 소속된 노인 돌봄 시설 중 하나이다.

이 시설은 신체가 약하고 지속적인 간호가 필요한 사람들에게 보다 높은 수준의 돌봄서비스를 제공하며 모든 거주자와 그들의 가족 및 직원의 개성을 존중하는 것에 자부심을 가지고 있다. 현재 Anam Cara에서는 거주자들에게 다음의 서비스를 제공하고 있다.

- 전문적인 안전보호 서비스 및 간호·돌봄 서비스
- 거주 노인의 삶의 질 극대화를 위한 헌신, 그리고 외로움, 무기력함, 무료함의 감소를 위한 노력
- 거주 노인의 독립적이고 자립적인 생활 능력 극대화를 위한 노력
- 거주 노인의 돌봄을 위한 지역사회 관계 형성
- 특성화된 치매 돌봄 서비스
- 노인의 건강과 복지를 향상시킬 수 있는 요양서비스

Anam Cara가 추구하는 비전과 미션 역시 넓게는 앞서 살펴본 Eden Alternative의 비전 내에서 이해할 수 있으며 비전은 다음과 같다.

"사람들이 살아가고 일할 수 있는 선택의 장소가 되도록 한다."

이러한 비전을 통해서 Anam Cara가 요양원에 거주하는 노인과 그들의 가족 그리고 돌봄서비스를 제공하는 직원에 이르기까지 모두를 변화의 대상에 포함하고 있음을 알 수 있다. 이는 Eden Alternative가 추구하는 변화의 대상이 단순히 거주 노인에게서 그치는 것이 아니라 이들과 관계를 맺고 있는 가족 및 직원 등의 모든 대상들까지 포괄하여 접근하고 있음을 잘 보여 준다. 즉 Anam Cara라는 요양원 내에서 생활하는 거주 노인과 이들을 위해 일하려는 사람들로부터 직접 선택을 받는 기관이 되는 것이 이들의 비전이다. 다음으로 Anam Cara의 미션 역시 Eden Alternative와 연결하여 생각해 볼 수 있다.

"Anam Cara에서 생활하는 구성원의 삶에서 긍정적인 변화를 만들어 낸다."

여기에서 긍정적인 변화란 기존의 치료 중심·시설 중심의 요양서비스 환경에서 탈피하여 거주자 중심의 케어환경을 창조해 내는 것을 말한다고 할 수 있다. 다시 말해 문화 변화 패러다임에 기초한 Eden Alternative의 가치가 노인 돌봄 서비스 분야에서 새로운 변화를 창조하는 것이다. 이러한 노력은 과거부터 시설 거주 노인들에게 고질적인 문제로 남아 있었던 '외로움', '무기력함', '무료함'의 문제들을 해결하는 데 긍정적인 변화를 가져올 수 있을 것으로 기대할 수 있다. 특히 Anam Cara는 그들의 비전과 미션을 실현하기 위해서 보다 구체적으로 돌봄의 세 가지 기본 원칙을 세우고 있다.

- 우리는 모든 사람들의 성장을 위한 잠재적 능력을 인식하고 인정하며 증진한다.
- 거주자의 욕구와 가능성은 우리의 돌봄 서비스의 방향을 가르쳐 준다.
- 돌봄을 통해 '외로움', '무기력함', '무료함'의 세 가지 문제를 제거한다.

정리하면 Anam Cara는 모든 인간이 가진 잠재적 능력을 수용하고, 특히 거주 노인을 중심으로 한 케어환경을 구축하여 그들이 겪는 여러 어려움을 해결하는 Eden Alternative의 대표적인 모범 사례라 할 수 있다.

Anam Cara는 노인 돌봄 분야에서 그들이 추구하는 Eden Alternative의 가치를 성공적으로 수행하고 있음을 확인할 수 있다. 특히

2012년 "Aged Care Standards and Accreditation Agency"[18]가 1년에 한 차례 수여하는 "The Better Practice Award"를 수상하였다. 이 상은 요양시설 직원들의 역량을 발전시키기 위해 새로운 혁신 활동을 수행하는 기관에게 주는 상이라 할 수 있다. Anama Cara의 원장인 Shawn Ringelstein은 이 상을 수상한 것이 Anam Cara가 그들의 비전처럼 사람들이 살아가고 일하고 싶은 장소로 만들어가고 있음을 보여 주는 결과라 설명하였다(저자와의 현지 직접인터뷰 중에서, 2012. 5. 28.). Anam Cara에서 이뤄지는 교육 및 훈련의 내용은 매우 다양하다. 거주 노인에 대한 치료와 안전한 보호 등과 같은 전통적 주제뿐만 아니라 팀워크와 같은 '사람'과 관련 있는 주제를 더욱 강조하고 있다. Anam Cara의 Quality Coordinator인 Liz Hilton는 그들은 모든 의사 결정 과정에서 거주자와 돌봄 제공자 모두를 참여시키고 있다고 이야기하였다(저자와의 현지 직접인터뷰 중에서, 2012. 5. 28.). 이는 Eden Alternative가 추구하는 가치 중 [원칙 8]을 실현시킴으로써, 거주자 중심의 수평적 의사 결정 구조를 실천 현장에서 수행하고 있는 대표적 사례인 것이다. 이는 궁극적으로 거주 노인의 삶의 질을 향상시킬 수 있는 하나의 요인이 될 수 있다.

또한 Anam Cara는 2011년 그들의 "Inside-Out Challenge"라는 혁신적인 프로그램을 통해 "The Better Practice Award" 수상의 영광을 경험했다. 이 프로그램은 거주 노인이 지역사회의 타인을 위한 돌봄 및 도움을 제공할 수 있도록 지원하는 것을 주요 내용으로 하고 있다. 다시 말해, 도움을 받기만 하던 거주 노인이 스스로 다른 이들을 도와줌으로써 자기 존재의 가치를 느끼고 스스로의 역량을 개발하

18) 노인 돌봄에 대한 기준 및 인증기관.

2012. 5. 28. 저자 직접 방문 촬영.

〈그림 3-7〉 Anam Cara의 Eden Alternative 10원칙 평가인증서 모습

는 것이다. 대다수의 노인들이 자신에게 눈을 돌리고 스스로를 성찰하는 시간을 보내면서도, 타인을 생각하고 돌보는 데 시간을 사용하는 것이 매우 가치 있다고 생각하게 된다. Anam Cara의 원장인 Shawn Ringelstein은 케어를 제공하는 것과 받는 것 사이의 균형을 맞추는 일은 삶에 의미를 부여하는 것과 같다고 말한다. 그는 이 프로그램을 통해 거주 노인이 다양한 방법으로 케어를 할 수 있다는 것을 발견했으며, 이러한 케어를 통해서 시설의 직원, 다른 거주 노인, 아이들 그리고 애완동물과 식물까지 도움을 받았다고 설명한다. "The Better Practice Awards"의 수상을 주관하는 호주의 "Aged Care Standards and Accreditation Agency" 역시 Anam Cara의 "Inside-Out Challenge" 프로그램은 다른 노인요양원들이 따라할 수 있는 매우 훌륭한 사례로 인정하고 있다. 이 프로그램은 거주 노인의 자존감

을 크게 높일 수 있는 기회를 만들어 낸다는 강점이 있다. 더불어 직원들은 거주 노인들도 지역사회의 누군가를 도와줄 수 있다는 것을 입증했다는 사실에 자부심을 가지게 된다. 즉 이 프로그램은 거주 노인의 무기력함을 해결하기 위한 [원칙 4]의 구체적 실천 사례라 할 수 있다.

6) 한국 노인요양시설에 주는 시사점

지금까지 노인요양시설 문화 변화를 위한 구체적 모델 중 하나로써 호주와 뉴질랜드에서 발견한 Eden Alternative(EiON)와 이의 대표적 성공 사례라 할 수 있는 호주 Wesley Mission Brisbane의 Anam Cara 요양원에 대해서 검토하였다. 이들 사례에서 발견되는 핵심적인 포인트는 기존 요양시설에서 해결할 수 없었던 노인의 외로움과 무기력함 그리고 무료함의 문제점을 해결하기 위한 거주자 중심의 케어환경 구축이라 할 수 있다.

미국과 유럽 그리고 호주와 뉴질랜드에까지 확장되어 발전해 온 Eden Alternative 모델이 한국의 노인요양시설 및 노인요양원에 주는 시사점은 매우 크다. 먼저 아직까지 노인장기요양시설이 전반적으로 거주 노인을 수용하는 데 중점을 두는 수용시설 수준에 머물러 있는 것으로 평가받는 현실에서는 서구의 사례가 부러울 수밖에 없을 것이다. 거주 노인을 수용하여 통제한다는 인식보다는 노인들이 마치 자기 집에서 일상적인 생활을 할 수 있게 지원한다는 인식으로의 전환이 요구된다. 특히 거주 노인이 요양시설을 죽음과 관련한 부정적이고 폐쇄적인 공간으로 이해하는 것이 아니라, 노년기라는 인간의 지속적인 성장 과정을 가능하게 하는 공간으로써 이해할 수 있도록 해야 하는 것이다. Eden Alternative는 이러한 철학을 실현하고 있는 사례가 된다.

호주와 뉴질랜드의 사례를 살펴본 결과, Eden Alternative라는 전국적 단위의 평가인증기관이 전국의 수많은 장기요양시설 및 종사자들 간의 유기적이고 협력적인 네트워크 형성에 큰 도움을 주고 있음을 알 수 있다. 이는 현재 고객 유치를 위한 장기요양기관 간 과도한 경쟁과 이로 인한 부당 편법의 남용 등의 문제가 심각한 한국 사회에 적절한 시사점을 제공한다. 누구나 신뢰할 수 있고 인정받는 평가인증기관이 중심이 되어 동일한 평가 기준을 개발하고 세부적인 교육과 훈련을 실시한다면 공정하고 발전적인 요양시설 간 경쟁이 나타날 것이다. 더불어 노인요양시설들이 성공과 실패 사례를 서로 공유하고 건강한 경쟁을 한다면 전반적인 서비스 질도 향상되고 거주 노인들의 행복도 증진될 것이다. 앞서 Anam Cara의 사례에서 살펴본 바와 같이, 그들의 혁신적인 "Inside-Out Challenge" 프로그램이 우수 사례로 선정됨으로써 다른 요양기관들이 벤치마킹할 수 있는 기회를 제공하는 것이다. 즉 자신의 기관에서 탄생한 창의적인 전략을 다른 요양기관과 함께 공유함으로써 궁극적으로는 전체 돌봄 서비스의 질을 높이게 되는 결과를 가져올 수 있다.

마지막으로 Eden Alternative가 초기에 가졌던 문제의식, 즉 기존의 노인요양시설이 해결하지 못한 세 가지 고질적 문제점(외로움, 무기력함, 무료함)은 한국의 상황과 매우 흡사하다. 현재 국내 장기요양기관에서 거주하는 노인 대다수가 단절되고 고립적인 인간관계에 머물고 있다. 또한 많은 거주 노인들이 요양보호사의 도움에 절대적으로 의존하고 있어 자존감도 매우 낮은 것이 사실이다. 문화 및 여가생활 역시 본인의 의지와 선택보다는 요양시설의 환경에 따라서 수동적으로 참여할 수밖에 없다. 기껏해야 앉아서 TV 보기가 일상의 무료함을 달랠 수 있는 유일한 수단인 경우도 드물지 않다. 이러한 현실은 거주 노인의 시설 보호가 점차 '비인간화'되어 개인의 기본적 인권과 존엄성을 훼손할 수 있다는 비판을 받기 충분하다. 이러한 상황에 비추어 봤을 때, 국내 장기요양기관들 스스로 Eden Alternative가 가졌던 문제의식에 동의하고, 거주자중심케어를 통한 새로운 노인요양시설 문화 변화를 시도해야 한다.

제 4 장

한국 노인장기요양시설의 현황 및 거주자중심케어 실태

1. 노인장기요양시설의 현황 및 과제
2. 노인장기요양시설의 '거주자중심케어' 실태
3. '거주자중심케어를 위한 노인요양시설의 환경 지원' 실태

제4장 한국 노인장기요양시설의 현황 및 거주자중심케어 실태

1. 노인장기요양시설의 현황 및 과제

한국의 노인요양시설은 2008년 노인장기요양보험제도의 도입으로 큰 변화를 맞았다. 한국은 유례를 찾아볼 수 없는 빠른 속도의 고령화 현상을 경험하면서, 노인에게 투입되는 사회적 지출의 증가와 부담을 국가적 차원에서 예방・해결하기 위하여 노인장기요양보험제도를 도입하였다(지은구, 2009). 도입 이후, 일각에서는 공식적인 사회적 돌봄을 통해 가족의 부양 부담을 경감하였다는 긍정적인 평가가 이루어진 반면(최혜지, 2009), 현재의 제도 설계가 수발 부담 경감에만 초점이 맞춰져 있어 정작 생애 마지막 시기의 노인의 삶의 질에 대한 고려가 부족하다는 우려가 제기되기도 하였다(김찬우, 2009).

1) 노인요양시설(노인요양공동생활가정 포함) 현황

노인장기요양보험제도 도입 이후 노인요양시설 및 노인요양공동생활 가정의 수는 지속적인 증가를 나타내고 있다. 〈표 4-1〉의 연도별 노인의료복지시설 현황을 보면, 노인장기요양보험제도가 도입 및 시행된 2008년 노인의료복지시설 수는 1,717개에서 2009년 2,627개, 2010년 3,751개, 2011년 4,061개, 2012년 4,352개로 증가하였다. 2012년 노인의료복지시설의 수는 2008년에 비해 약 2.5배 증가한 것을 알 수 있다. 또한 노인의료복지시설 수의 양적 증가와 함께 입소 정원 역시 증가하였다. 먼저 2008년 입소 정원은 68,581명에서 2009년 88,266명, 2010년 116,782명, 2011년 123,712명, 2012년 133,629명으로 증가하였다. 2012년 입소 정원의 경우 2008년에 비해 약 두 배 가까이 증가했다.

노인요양시설은 중증 이상의 노인들이 24시간 머무르는 시설이라는 특성에 따라 거주성을 확보하는 것이 중요하다. 현재 노인요양시설의 설치 기준을 보면, 일단 노인복지법 시행 규칙이 정하는 기준에 적합한 시설 및 인력을 갖추고 수행 사업의 성격 및 이용 대상자 등을 감안하여 적정한 규모와 시설을 갖추어야 한다. 건물은 입소자가 쾌적한 일상생활을 하는 데 적합한 규모 및 구조 설비를 갖추고 있어야 하며 일조 · 채광 · 환기 등 보건위생과 재해방지를 충분히 참작하

〈표 4-1〉 연도별 노인의료복지시설 현황

종류	시설	2008		2009		2010		2011		2012	
		시설 수	입소 정원	시설 수	입소 정원	시설 수	입소 정원	시설 수	입소 정원	시설 수	입소 정원
노인의료복지시설	소계	1,717	68,581	2,627	88,266	3,751	116,782	4,061	123,712	4,352	133,629
	노인요양시설	1,303	65,152	1,628	79,852	2,408	105,478	2,489	110,387	2,610	118,631
	노인요양공동생활가정	414	3,429	999	8,414	1,343	11,304	1,572	13,325	1,742	14,998

자료: 보건복지부(2013), 2013 보건복지통계연보.

여야 하는 것으로 되어 있다.

이러한 부분은 노인요양시설의 서비스 제공과 관련한 기본 원칙이 구비되어 있는 것으로 볼 수 있다. 즉 인권 보호, 자기결정, 자립생활, 재가 요양 우선, 사례 관리, 비밀 보장, 기록 및 공개, 사회통합, 전문 서비스와 효율성, 부당 청구 금지, 알선 행위 등 금지 등이 포함되어 있다.

2) 노인장기요양보험 전체 인정자 수 및 등급외자 현황

과거 장기요양보험제도가 도입되기 이전까지는 소득수준에 따라서 입소할 수 있는 시설이 다르게 운영되고 있었으나, 이제는 장기요양 대상자로 인정을 받은 경우 노인요양시설로 인정된 모든 시설에 입소가 가능하게 되었다. 다시 말하면, 과거에는 치매나 중풍과 같이 중증의 노인성 질환을 가진 경우에만 입소가 가능하였지만, 현재에는 우선적으로 장기 요양 상태인 자 중에서 인정 등급이 1~2등급에 해당하는 자와 비록 3등급인 경우라도 불가피한 사유나 치매 등으로 시설 보호가 필요하다고 인정받은 자로 규정하고 있다. 이는 지역사회에서의 재택 생활을 최대한 지원하여 과도한 시설 입소로 인한 보

〈표 4-2〉 2012년, 2013년 노인장기요양보험 전체 신청자 현황 (단위: 명)

구분	2012		2013	
신청자 수	643,409		685,852	
연령별 신청자 수	65세 미만	65세 이상	65세 미만	65세 이상
	39,320	604,089	40,462	645,390
연령별 신청자 비율(%)	(6.1)	(93.9)	(5.9)	(94.1)

자료: 국민건강보험(2014), 장기요양보험소식지, 42호, 통계로 보는 장기요양; 국민건강보험(2013), 장기요양보험소식지, 30호, 통계로 보는 장기요양 재구성.

험 재정의 압박을 예방하려는 목적을 지니고 있다고 볼 수 있다.

2013년 12월 31일을 기준으로 장기요양보험의 전체 신청자 수는 685,852명이고, 이 중 65세 이상 신청자는 전체 신청자의 94.1%인 645,390명이다. 〈표 4-2〉는 2012년과 2013년의 장기요양보험 전체 신청자 현황이다. 2012년에 비해 2013년 노인장기요양보험 신청자 수는 65세 미만과 65세 이상 모두에서 조금씩 증가하였음을 확인할 수 있다.

또한 2013년 노인장기요양보험제도의 인정자 수는 378,493명으로 나타났다. 이는 65세 이상 노인인구 6,235,212명의 약 6.07% 수준이라 할 수 있다. 외국의 장기요양서비스의 대상자 비율이 2011년을 기준으로 스웨덴 16.3%, 일본 12.8%, 독일 11.7%인 점(OECD, 2013)과 비교하였을 때, 우리나라 장기요양 인정률은 여전히 현저히 낮은 수준으로 볼 수 있다. 이는 아직까지 우리나라 장기요양보험제도가 최중증 노인 중심으로 설계되어 있음을 보여 준다. 또한 지역사회 중심으로 재가 기능을 강화하는 방향으로 서비스 다양화를 시도하는 것도 같은 맥락에서 설명이 된다. 한편 등급별 인정자 현황을 살펴보면, 1등급 37,283명, 2등급 71,824명, 3등급 269,386명으로 3등급 인정자가 가장 많은 것으로 나타났다. 성별을 구분하여 보면, 여성 인정자의 수(273,229명)가 남성 인정자의 수(105,264명)에 비해 약 2.6배 더 많은 것을 확인할 수 있다. 이는 고령 인구 중 여성 노인의 증가 현상과 관련이 있다고 볼 수 있다.

다음으로 연도별 등급외자 현황을 살펴보면, 2010년 149,783명, 2011년 154,034명, 2012년에는 153,657명, 2013년 156,835명으로 조금씩 증가해 온 것으로 나타났다.

한편 현재 우리나라 노인장기요양보험제도에서의 등급 기준은 보

〈표 4-3〉 2013년 노인장기요양보험 등급 판정 및 인정자 현황 (단위: 명)

구분		전체 노인 인구	등급 판정	인정자				
				소계		1등급	2등급	3등급
				인원 (노인 인구 대비)	비율			
계		6,235,212	535,328	378,493 (6.07)	(100.0)	37,283	71,824	269,386
성별	남		-	143,745	105,264	(27.8)	11,152	19,269
	여			391,583	273,229	(72.2)	26,131	52,555
연령별	65세 미만			32,810	24,565	(6.5)	4,607	4,039
	65세 이상			502,518	353,928	(93.5)	32,676	67,785

자료: 국민건강보험(2014), 장기요양보험소식지, 42호, 통계로 보는 장기요양 재구성.

〈표 4-4〉 노인장기요양보험 연도별 등급외자 현황 (단위: 명)

	2010	2011	2012	2013
등급외자 수	149,783	154,034	153,657	156,835

자료: 보건복지부(2013), 보건복지통계연보; 국민건강보험(2014), 장기요양보험소식지, 42호, 통계로 보는 장기요양 재구성.

〈표 4-5〉 장기요양제도 평가 판정 도구 및 판정률 (단위: %)

장기요양 등급		등급 간 요양 인정 점수 기준	제도 실시 이후 전국 노인 수 대비 실제 판정률					
			2008. 2.		2010. 2.		2011. 3.	
			분포	누계	분포	누계	분포	누계
보험 급여 대상	1등급	95점 이상	1.1	1.1	1.0	1.0	0.8	0.8
	2등급	75점 이상 95점 미만	1.1	2.2	1.4	2.4	1.3	2.1
	3등급	55점 이상 75점 미만	1.9	4.1	3.2	5.6	3.7	5.9
등급 외자	등급 외 A형	45점 이상 55점 미만	0.5	4.6	1.3	6.9	2.8	8.7
	등급 외 B, C형	40점 이상 45점 미만	0.3	4.9	0.6	7.5		

자료: 국민건강보험공단 내부 자료 재구성.

험급여 대상인 1등급~3등급과 등급외자로 구분된다. 〈표 4-5〉는 장기요양보험제도의 각 등급별 판정률을 나타낸 현황이다. 먼저 2008년의 경우 전체 노인 대비 1등급이 1.1%, 2등급 1.1%, 3등급 1.9%의 양상을 보이다가 2011년 3월 현재 1등급 0.8%, 2등급 1.3%, 3등급 3.7%로 1등급자의 감소와 3등급자의 증가를 보였다.

3) 노인장기요양기관 전문 인력 현황

노인장기요양보험제도는 혼자서 일상생활을 수행하기 어려운 노인들에게 신체 활동 또는 가사 활동 지원 등을 제공하는 것을 목표로 하는 점에서 돌봄의 사회화라는 의의가 있다. 우리나라의 경우 노인장기요양보험제도가 도입되기 전에는 대부분의 수발자가 가족이었으며(정경희 외, 2001), 보험제도가 도입된 후에도 실제로 등급 판정을 받은 노인 중 약 20% 내외가 동거 가족으로부터 요양서비스를 받고 있는 것으로 나타나고 있다(석재은, 2010). 이렇게 장기요양보호에 있어 기존에 가족이 수행하던 역할을 적절히 수행하게 하는 정책적 지원은 장기요양보호를 둘러싼 서비스 제공자와 노인 개개인의 삶의 질 제고라는 측면에서 큰 의의가 있다.

현재 우리나라 장기요양 전문 인력은 기능별로 요양보호사, 사회복지사, 의사, 간호사, 치위생사, 물리(작업)치료사 등이 있다. 2011년 상반기(6월 31일 기준), 장기요양기관의 전문 인력은 280,332명이다. 세부적으로 살펴보면, 요양보호사가 262,720명으로 가장 많았고, 간호사 8,666명, 사회복지사 6,202명, 물리(작업)치료사 1,533명, 의사(촉탁 포함) 1,194명, 치과위생사 17명 순으로 나타났다. 노인요양시설의 전문 인력 현황을 2010년과 비교하였을 때, 치과위생사의 수(17명)를 제

〈표 4-6〉 장기요양기관의 전문 인력 현황 (단위: 명)

구분	2010	2011년 6월 말 기준
요양보호사	250,465	262,720
간호사(조무사 포함)	8,152	8,666
사회복지사	5,896	6,202
물리/작업 치료사	1,420	1,533
의사(촉탁 포함)	1,107	1,194
치과 위생사	17	17
계	267,057	280,332

자료: 보건복지부(2010), 보건복지부(2011년 상반기 6월30일 기준). 장기요양보험 주요 통계 재구성.

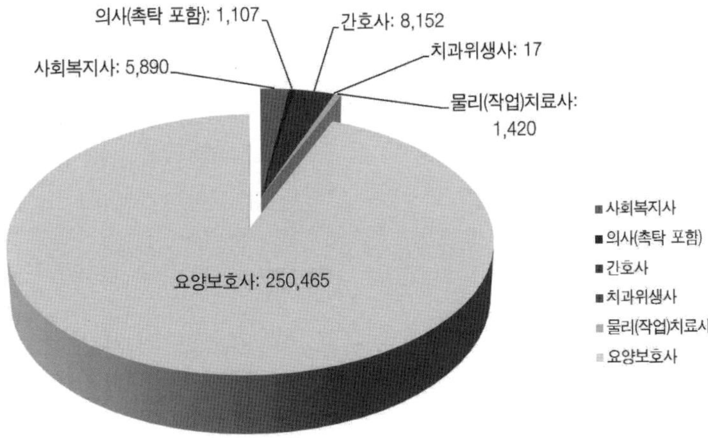

〈그림 4-1〉 2011년 장기요양 전문 인력 현황 (단위: 명)

외한 나머지 전문 인력이 모두 증가하였다. 〈표 4-6〉은 2010년과 2011년 상반기 장기요양기관 전문 인력의 증가를 보여주는 표이다.

〈그림 4-1〉은 2011년 상반기를 기준으로 한 전국 장기요양기관의 전문 인력의 분포를 그림으로 나타낸 것이다.

4) 국내 노인장기요양시설이 해결해야 할 과제

노인장기요양보험제도는 의료, 간호, 재활, 사회복지 등 다양한 분야의 이해관계 및 관련 집단 간 문제에 대한 인식의 차이가 크기 때문에 바람직한 방향성 설정에 대한 논의가 반드시 필요하다. 여기에는 크게 2가지 과제를 제시할 수 있다.

우선 장기요양보험제도의 초점이 '노인 수발에 대한 가족의 부담을 감소시키는 데 있는가?' 또는 '노인의 삶의 질을 향상시키는 데 있는가?'의 이슈에 대한 방향 설정이 필요하다. 이러한 측면에서 봤을 때 아직까지 현재의 제도 설계는 수발 부담의 감소에 초점이 맞춰진 성격이 크다. 즉 현재 국내 장기요양기관에서 제공하는 장기요양서비스는 거주 노인이 가진 개성과 고유한 특성을 존중하고 노인의 지속적인 성장을 유도하는 접근으로 보기에는 무리이다. 오히려, 건강이 불편한 노인을 둔 가족의 부양 부담을 감소시키기 위해 노인들을 사회적으로 분리하여 수용 및 보호한다는 성격이 강하다는 것이다. 이러한 접근은 앞서 설명한 것처럼 인간으로서 노인이 갖는 존엄성을 훼손하는 '비인간화'의 문제를 낳을 수밖에 없다. 이러한 성격은 노인요양시설에 대한 일반 시민들의 부정적 인식을 더욱 확산시키고 고착화한다는 점에서 반드시 논의되어야 할 과제인 것이다.

또한, 노인요양시설의 기본적 운영 모델 설정에 대한 논의도 필요하다. 현재 국내 노인요양시설의 운영은 의료·간호 서비스 중심의 메디컬 모델(medical model)을 중심으로 진행되어 왔음을 부인할 수 없다. 하지만 노인요양시설은 단순히 간호와 치료만을 주된 기능으로 제한하지 않는다. 기본적으로 노인요양시설은 거주 노인들의 식사와 수면 그리고 여가 활동까지 아주 일상적인 생활을 보내는 공간이라는 점에서 거주시설의 특성이 크게 반영되어야 한다. 즉 노인요양시설에 거주하는 노인의 실질적인 문제들, 예를 들면 '외로움(loneliness)', '무기력함(helplessness)', '무료함(boredom)' 등을 해결할 수 있는 심리사회적 모델(psycho-social model)로의 전환이 요구된다.

국내 노인요양시설이 해결해야 할 과제로써 제시한 2가지는 결국 본 연구가 검토하고 있는 '노인요양시설의 문화 변화' 또는 '거주자중심케어 노인요양시설'의 실현을 위한 조건 및 실천적 함의와 같은 맥락에서 이해할 수 있다.

2. 노인장기요양시설의 '거주자중심케어' 실태

노인장기요양보험제도의 도입으로 노인장기요양시설의 급속한 양적 팽창이 이루어졌다. 양적 성장과 더불어 질적 성장을 도모하기 위해서는 거주자 중심케어로의 문화 변화는 필수적이다. 관련하여 본 절에서는 우리나라 노인장기요양시설의 거주자중심케어 수준을 진단하여 시사점을 논의하고자 한다. 이를 위한 방법으로 연세대학교 사회복지연구소에서 저자가 수행한 전국 노인장기요양시설 대상의 거주자중심케어 현황 및 과제에 대한 조사자료[1])를 활용하였다.

1) 저자가 연구 책임자로 수집한 전국 자료이며, 이 데이터는 이미 수차례 다양한 연구 목적으로 분석되어 국내외 학계에 보고된 바 있다: 임진섭・최재성・이민홍. 2012. 상황이론에 기반을 둔 노인요양시설의 거주자중심케어(Resident-Centered Care) 발생 경로에 관한 연구. 한국노년학, 32(1):25-49; 최재성・임진섭・이민홍. 2011. 노인요양시설의 문화 변화 패러다임에 대한 탐색적 연구. 노인복지연구, 54:61-84; Lee, M., Choi, J. S., & Lim, J. S., & Kim, Y. S. (2013). Relationship between staff-reported culture change and occupancy rate and organizational commitment

조사 방법과 과정에 대한 설명은 이미 발표된 논문들에도 제시되었고, 본서의 서론 부분 양적조사 부문에서 구체적으로 기술되었다.

본 절에서는 설문조사를 통해 수집한 데이터를 분석하여 우리나라 거주자중심케어와 관련한 기술통계 분석의 결과를 제시하였다. 이를 위해서 이미 학술지에 발표된 최재성 외(2011)의 연구 결과를 보완하여 거주자중심케어의 수준을 설명하였다. 이는 국내의 노인요양시설에서 발견되는 자생적 형태의 거주자중심케어 수준을 측정하여 제시한다는 의미가 있다.

본 연구에서 사용한 거주자중심케어 측정도구는 앞서 소개된 바 있고 일반적으로 많이 사용되는 White, Newton-Curtis, & Lyons (2008)가 개발한 것이다[2]. 이들이 개발한 척도는 '거주자중심케어 케어 차원'과 '거주자중심케어를 위한 요양시설의 환경 케어'의 두 가지 하위 차원으로 구성된다. 먼저 거주자중심케어 케어 차원(소프트웨어적 성격)을 구성하는 세부 속성은 자율성, 개인적 특성에 대한 배려, 개별 노인에 대한 이해 정도, 관계 형성의 지원, 편안한 케어의 5가지로

〈표 4-7〉 전체 거주자중심케어 (N=223)

내용	최소	최대	평균	표준편차
전체 거주자중심케어	2.76	4.74	3.91	0.36

among nursing homes in South Korea. The Gerontologist, 53, 235-245; Choi, J. S. & Lee, M. (2014). Psychometric Properties of a Korean Measure of Person-Directed Care in Nursing Homes, Research on Social Work Practice, 26(4), 676-684.

2) 이 척도에 대한 자세한 논의와 추가 설명은 다음의 연구에서 확인할 수 있음: Choi, J. S. & Lee, M. (2014). Psychometric Properties of a Korean Measure of Person-Directed Care in Nursing Homes, Research on Social Work Practice, 24(6), 676-684.

구분되며 전체 거주자중심케어의 평균 점수는 5점 만점 기준, 3.91 (SD=0.36)의 수준으로 나타났다.

1) 거주 노인의 자율성 정도

거주 노인이 스스로 자신의 일상 환경 및 케어와 관련한 활동을 선택하고 결정할 수 있는 권한의 정도를 의미하는 '자율성'[3]의 전체 평균 점수는 3.41(SD=0.57)의 수준으로 확인되었다. 이는 5점 리커트 척도에서 보통 보다는 높은 정도의 수준으로 평가할 수 있다. 구체적인 문항으로는 '자신이 원하는 여가활동에 자유롭게 참여할 수 있음'이 평균 4.07(SD=0.76)로 높게 나타났고, 그 다음으로 '좋아하는 음악을 언제든지 들을 수 있음'이 평균 3.74(SD=0.82)로 나타났다. 반면 '스스로 식사 장소나 시간을 자유롭게 선택할 수 있음'은 평균

〈표 4-8〉 자율성 (N=223)

내용	최소	최대	평균	표준편차
1) 기르고 싶어 하는 식물 또는 동물을 키울 수 있음	1.00	5.00	3.16	1.19
2) 스스로 식사 장소나 시간을 자유롭게 선택할 수 있음	1.00	5.00	3.12	1.11
3) 좋아하는 음악을 언제든지 들을 수 있음	2.00	5.00	3.74	0.82
4) 자신이 원하는 여가 활동에 자유롭게 참여할 수 있음	2.00	5.00	4.07	0.76
5) 자신의 케어나 일상 활동 등을 계획하거나 수정하는 데 의견을 줌	1.00	5.00	3.61	0.93
6) 목욕이나 산책 같은 일상적인 개인 보호 활동을 스스로 결정할 수 있음	1.00	5.00	3.63	0.89
자율성	2.00	4.86	3.41	0.57

자료: 최재성 · 임진섭 · 이민홍(2011) 노인요양시설의 문화 변화 패러다임에 대한 탐색적 연구. p.71.

3) 최재성 외(2011)의 연구에서는 처음에 자치권(autonomy)으로 번역하였으나 자율성이 보다 정확한 표현이라 판단하여 이후로는 자율성으로 기술함.

3.12(SD=1.11), '기르고 싶어 하는 식물 또는 동물을 키울 수 있음'은 평균 3.16(SD=1.19)로 비교적 낮게 나타났다. 이는 현재 국내 요양시설에 거주하는 노인 스스로가 자치권을 가지고 시간과 공간을 선택하는 것이 어렵다는 것을 보여주는 결과라 할 수 있다. 이는 실제 요양시설에 거주 중인 노인의 면접을 통해서도 추정할 수 있다.

"여긴 9시면 불을 다 꺼… 그땐 이걸(일본어 성경 번역)을 하고 싶어도 불을 끄니까 못해. 근데 이것도 적응하니까 불편한 줄 몰라…"

(○○소재 법인시설 남성 거주 노인, 84세, 2010년 11월 ○○일 인터뷰)

"자원봉사자들이 많이 오면 그때는 밖에 나가는 날이야… 나가서 돌아다니면서 사람도 구경하고 바람도 쐬구 그래… 평소 땐 나가고 싶어도 못나가지…"

(○○소재 법인시설 남성 거주 노인, 82세, 2010년 11월 ○○일 인터뷰)

이 같은 연구 결과는 거주 노인이 원하는 취미 활동이나 시간 활용 등의 의사 결정에서 스스로 결정할 수 있는 권한이 비교적 낮다는 것을 보여 준다.

2) 거주 노인의 개인적 특성에 대한 배려 정도

개인적 특성에 대한 배려는 각각의 거주 노인이 지닌 내재적인 가치와 인간성을 존중하고 이들의 관점에서 세상을 이해하는 노력을 의미한다. 개인적 특성 배려의 분석 결과, 전체 평균은 4.04(SD=0.46)로 비교적 높은 편으로 나타났다. 세부 문항으로는 '어르신에게 배움

〈표 4-9〉 개인적 특성에 대한 배려 (N=223)

내용	최소	최대	평균	표준편차
1) 어르신의 눈으로 시설생활을 이해	3.00	5.00	4.12	0.61
2) 어르신이 누군가에게 도움이 될 수 있는 사람이 되도록 노력함	1.00	5.00	3.89	0.84
3) 어르신이 할 수 있는 능력을 파악하고 이를 최대한 향상시키도록 함	2.00	5.00	4.06	0.67
4) 어르신이 하고 싶은 일이 무엇인지를 파악하여 이를 이룰 수 있도록 함	2.00	5.00	4.06	0.65
5) 어르신이 시설에서 바라는 것이 무엇인지를 자주 물어봄	1.00	5.00	4.04	0.68
6) 케어와 관련된 대화 외에 어르신과 사적인 대화를 자주 나눔	1.00	5.00	4.04	0.74
7) 어르신에게 배움의 기회(예: 노래교실 등)를 제공	2.00	5.00	4.14	0.71
개인적 특성 배려	2.86	5.00	4.04	0.46

자료: 최재성 · 임진섭 · 이민홍(2011). 노인요양시설의 문화 변화 패러다임에 대한 탐색적 연구. 70.

의 기회를 제공(4.14, SD=0.71)'과 '어르신의 눈으로 시설 생활을 이해한다(4.12, SD=0.61)'는 응답이 가장 높게 나타났다. 또한 '어르신이 할 수 있는 능력을 파악하고 이를 최대한 향상시키도록 함', '어르신이 하고 싶은 일이 무엇인지를 파악하여 이를 이룰 수 있도록 함', '어르신이 시설에서 바라는 것이 무엇인지를 자주 물어봄', '케어와 관련된 대화 외에 어르신과 사적인 대화를 자주 나눔' 등의 문항 모두 평균 4.0이상으로 나타났다. 반면 '어르신이 누군가에게 도움이 될 수 있는 사람이 되도록 노력함'의 경우가 평균 3.89(SD=0.84)로 가장 낮게 나타났다. 이는 노인의 '무기력함(helplessness)'의 문제를 해결하기 위해 거주 노인을 누군가에게 도움을 줄 수 있는 존재로 만들고자 하는 노력과 관련된 부분이다. 호주 Eden Alternative의 Anam Care 노인요양원에서 발견했던, 타인에게 도움이 되는 존재로 만들어 자존감을 높이려는 사례가 아직까지 한국에서는 역부족이라는 것을 보여 준다.

3) 개별 거주 노인에 대한 이해 정도

노인들이 가진 특성이 각각 다름을 인정하는 '개별 노인의 이해'는 평균 4.05(SD=0.39) 수준으로 역시 비교적 높게 나타났다. 특히 '어르신이 좋아하는 음식이 무엇인지를 알고 있음', '어르신이 좋아하는 일상적인 것들이 무엇인지를 알고 있음', '무엇이 어르신을 짜증나고 화나게 하는 것들인지를 알고 있음'의 평균이 4점대를 웃도는 높은 수준임이 발견되었다. 반면 거주 노인의 걱정과 두려움, 죽음에 대한 느낌 등과 같은 감정적이고 감성적인 부분에 대해서는 상대적으로 이해가 높지 않다는 것을 알 수 있다.

〈표 4-10〉 개별 노인에 대한 이해 (N=223)

내용	최소	최대	평균	표준편차
1) 어르신이 느끼는 걱정과 두려움이 무엇인지를 알고 있음	2.00	5.00	3.97	0.51
2) 어르신이 죽음에 대해 어떻게 느끼고 있는지를 알고 있음	2.00	5.00	3.86	0.62
3) 어르신이 좋아하는 일상적인 것들이 무엇인지를 알고 있음	2.00	5.00	4.20	0.52
4) 어르신이 좋아하는 음식이 무엇인지를 알고 있음	3.00	5.00	4.27	0.56
5) 무엇이 어르신을 짜증나고 화나게 하는 것들인지를 알고 있음	3.00	5.00	4.15	0.51
6) 어르신이 좋아하는 음악이 무엇인지를 알고 있음	2.00	5.00	3.90	0.68
개별 노인의 이해	2.83	5.00	4.05	0.39

자료: 최재성·임진섭·이민홍(2011). 노인요양시설의 문화 변화 패러다임에 대한 탐색적 연구. p. 72.

4) 거주 노인의 관계 형성 지원 정도

거주 노인의 사회적 고립감, 그리고 시설 내 고립감과 외로움을 해소하고 타인과의 긍정적인 관계를 형성하는 '관계 형성 지원'은 평균 점수 3.85(SD=0.48)로 다른 영역의 평균과 비교했을 때 상대적으로 낮은 것으로 확인되었다. 특히 '케어 활동이나 계획을 수립할 때 가족들이 함께 참여할 수 있도록 함'의 경우는 3.40(SD=0.83)으로 가장 낮게 나타났다. 또한 '입소 전 교제하던 단체 또는 친구와 관계 유지를 할 수 있도록 함', '어르신이 좋아하는 사람과 함께 시간을 보낼 수 있도록 함'과 같은 문항의 평균 역시 4.0 이하로 나타났다. 이는 거주 노인이 요양시설 입소 후에 기존에 형성하고 있었던 친교 관계를 유지하거나 자신이 원하는 사람과 함께 친교를 나누는 것이 쉽지 않다는 것을 보여주는 결과이다. 반면 '직원들이 어르신과 함께 이야기를 나누며 자주 시간을 보냄'은 4.2(SD=0.60)로 가장 높게 나타나

〈표 4-11〉 관계 형성 지원 (N=223)

내용	최소	최대	평균	표준편차
1) 어르신이 가족과 지속적인 관계를 유지할 수 있도록 함	2.00	5.00	4.07	0.63
2) 입소 전 교제하던 단체 또는 친구와 관계유지를 할 수 있도록 함	2.00	5.00	3.51	0.89
3) 어르신에게 가족이 중요한 부분을 차지하도록 다양한 조치를 취함	2.00	5.00	4.02	0.76
4) 케어활동이나 계획을 수립할 때 가족들이 함께 참여할 수 있도록 함	1.00	5.00	3.40	0.83
5) 어르신이 좋아하는 사람과 함께 시간을 보낼 수 있도록 함	2.00	5.00	3.94	0.63
6) 직원들이 어르신과 함께 이야기를 나누며 자주 시간을 보냄	2.00	5.00	4.22	0.59
관계 형성 지원	2.33	5.00	3.85	0.48

자료: 최재성 · 임진섭 · 이민홍(2011). 노인요양시설의 문화 변화 패러다임에 대한 탐색적 연구. p. 73.

거주 노인을 위한 관계 형성 지원이 주로 입소 후 요양시설 내부의 직원들을 통해 이뤄지고 있음을 알 수 있다.

심층인터뷰 조사를 통해 나타난 다음의 내용은 실제로 거주 노인의 관계 형성 지원에 대한 욕구가 매우 크다는 것을 잘 보여 준다.

> "(다음에 또 찾아오겠다는 말에) 자주 찾아오면 좋지… 와서 얘기 좀 하구 그래… 여기서는 이렇게 (누군가와) 말하는 게 제일 좋아. 젊은 총각이랑 얘기하니까 좋네. 호호호…"
>
> (○○소재 법인시설 여성 거주 노인, 84세, 2010년 11월 ○○일 인터뷰)

5) 거주 노인을 위한 편안한 케어의 정도

'편안한 케어'란 거주 노인의 선호와 욕구에 맞는 높은 수준의 실

〈표 4-12〉 편안한 케어 (N=223)

내용	최소	최대	평균	표준편차
1) 어르신이 용변을 보고 싶어 하실 때 신속히 도와줌(10분 이내로)	2.00	5.00	4.41	0.59
2) 어르신이 신체적 고통을 호소할 때 이를 신속하게 완화하거나 없앰	2.00	5.00	4.36	0.58
3) 어르신에게 적합한 크기와 종류의 휠체어를 구비하고 있음	1.00	5.00	4.14	0.82
4) 말을 못하는 어르신이라도 언제 용변을 보고 싶어 하는지 앎	2.00	5.00	3.90	0.72
5) 어르신에게 맞는 개별화된 케어플랜을 제공함	2.00	5.00	3.91	0.72
6) 어르신 또는 가족이 원할 경우 임종서비스를 제공함	1.00	5.00	3.90	0.02
7) 어르신이 화가 나거나 흥분했을 경우 신속히 평정을 갖도록 도와줌	3.00	5.00	4.29	0.55
8) 어르신이 밤새 숙면을 취할 수 있도록 다양한 조치를 취함	2.00	5.00	4.29	0.59
편안한 케어	2.88	5.00	4.15	0.46

자료: 최재성 · 임진섭 · 이민홍(2011). 노인요양시설의 문화 변화 패러다임에 대한 탐색적 연구. p. 71.

천 기술을 통해 신체적, 정서적 욕구를 충족하도록 하는 것을 의미한다. 편안한 케어의 전체 평균 점수는 4.15(SD=0.46)로 확인되었다. 가장 점수가 높은 문항으로는 '어르신이 용변을 보고 싶어 하실 때 신속히 도와줌'이 4.41(SD=0.59)로 나타났고, '어르신이 신체적 고통을 호소할 때 이를 신속하게 완화하거나 없앰', '어르신이 화를 내거나 흥분했을 경우 신속히 평정심을 갖도록 도와줌', '어르신이 밤새 숙면을 취할 수 있도록 다양한 조치를 취함'등이 평균 4.2 이상의 높은 점수 수준으로 나타났다. 반면 '말을 못하는 어르신이라도 언제 용변을 보고 싶어 하는지 앎', '어르신에게 맞는 개별화된 케어 플랜을 제공', '어르신 또는 가족이 원할 경우 임종서비스를 제공' 등의 문항은 평균 3.0 이하로 점수가 비교적 낮게 나타났다.

3. '거주자중심케어를 위한 노인요양시설의 환경 지원' 실태

'거주자중심케어를 위한 환경 지원'은 시설의 물리적, 조직적 환경 지원에 관한 요양시설의 노력을 의미한다. 즉 앞 절의 '거주자중심케어' 실태가 요양시설의 소프트웨어적 측면을 분석한 것이라면, 본 절에서는 거주자중심케어를 위한 요양시설의 하드웨어적 측면을 살펴본 것이다. 이는 거주 노인의 개별 활동을 지원하는 '시설 환경 지원'과

〈표 4-13〉 전체 거주자중심케어를 위한 환경 지원 (N=223)

내용	최소	최대	평균	표준편차
전체 거주자중심케어를 위한 환경 지원	2.33	5.00	4.01	0.44

인적 자원 측면에서의 거주자 중심케어를 위한 노력을 의미하는 '거주 노인을 위한 업무', 요양시설의 관리 운영과 관련한 '요양시설 관리 구조'의 3가지 속성으로 측정되었다. 분석 결과 거주자중심케어를 위한 환경 지원의 전체 평균 점수는 4.01(SD=0.44)로 비교적 높은 편으로 확인되었다.

1) 요양시설의 개별화된 환경 지원 정도

분석 대상 노인요양시설의 개별화된 환경 지원(4개 항목으로 구성)의 평균 점수는 5점 만점 기준 3.78(SD=0.57)로 나타나, 거주자중심케어를 위한 환경 지원의 3가지 속성에 중 가장 낮은 수준을 보였다. '어르신이 걷거나 휠체어로 산책할 수 있는 장소를 마련하고 있음'은 평균 4.2(SD=0.80)의 높은 점수로 나타났으나, 이외의 '어르신의 개인적 특성과 생활을 반영한 거주 공간을 제공함', '어르신이 좋아하고 흥미 있는 일을 하루 종일 할 수 있도록 도와줌', '어르신의 케어나 여가 활동을 지원할 수 있는 별도의 예산을 확보'와 같은 문항들의 경우 평균 4.0 이하로 나타났다.

〈표 4-14〉 개별화된 환경 지원 (N=223)

내용	최소	최대	평균	표준편차
1) 어르신이 걷거나 휠체어로 산책할 수 있는 장소를 마련하고 있음	1.00	5.00	4.20	0.80
2) 어르신의 개인적 특성과 생활을 반영한 거주공간을 제공함	1.00	5.00	3.81	0.84
3) 어르신이 좋아하고 흥미 있는 일을 하루 종일 할 수 있도록 해줌	1.00	5.00	3.44	0.79
4) 어르신의 케어나 여가활동을 지원할 수 있는 별도의 예산을 확보	1.00	5.00	3.67	0.88
개별 환경 지원	1.75	5.00	3.78	0.57

자료: 최재성 · 임진섭 · 이민홍(2011). 노인요양시설의 문화 변화 패러다임에 대한 탐색적 연구. p. 74.

2) 거주 노인을 위한 업무 노력의 정도

다음으로 거주 노인을 위한 업무는 평균 4.22(SD=0.47)점으로 3가지 속성 중 가장 높은 수준으로 나타났다. '문제 해결을 위해 다른 부서의 직원들과 협력하는 것이 장려됨'이 평균 4.36(SD=0.60)으로 가장 높았고, '어르신을 지지하고 옹호하는 사람들임', '어르신의 문제를 해결하기 위해 다른 부서와 잘 협력함', '어르신을 위한 다양한 활동이나 프로그램을 계획함'이 평균 4.2점 수준으로 높게 나타났다. 반면 '어르신의 선택권을 보장하기 위해서는 무엇이 필요한지 알고 있음'에 대한 응답이 4.00점으로 가장 낮게 나타났다.

3) 시설의 관리 구조 정도

마지막으로 요양시설 관리 구조 부문의 전체 평균 점수는 4.00(SD=0.52)으로 조사되었다. '서비스가 필요할 때 지체 없이 제공한다'는 응답이 4.26(SD=0.60)으로 가장 높았으며, '요양보호사에게 얼마나 슈퍼비전을 잘하고 있는지를 평가함'의 문항은 3.57(SD=0.84)로 제일 낮았다.

이처럼 거주자중심케어를 위한 시설의 환경케어 측면에 관한 연구 결과는 기존의 선행 연구들과 유사하게 나타나고 있다. 서울과 4개 광역시에 소재한 5개 노인요양시설을 대상으로 사례 분석을 실시한 정미렴(2012)의 연구에 따르면, 거주 노인의 사생활을 보호하는 침대 등의 공간 배치, 개인적으로 사색할 수 있는 공간 조성 등의 환경 지원이 미비한 것으로 보고되었다. 이는 아직까지 우리나라 노인요양시설에서 거주 노인의 사적 취미 활동이나 자아실현과 같은 고차원적

〈표 4-15〉 거주 노인을 위한 업무 노력 (N=223)

내용	최소	최대	평균	표준편차
1) 어르신의 선택권을 보장하기 위해서는 무엇이 필요한지 알고 있음	1.00	5.00	4.00	0.62
2) 어르신을 지지하고 옹호하는 사람들임	2.00	5.00	4.29	0.58
3) 어르신의 문제를 해결하기 위해 다른 부서와 잘 협력함	2.00	5.00	4.28	0.59
4) 어르신을 위한 다양한 활동이나 프로그램을 계획함	2.00	5.00	4.21	0.68
5) 문제해결을 위해 다른 부서의 직원들과 협력하는 것이 장려됨	1.00	5.00	4.36	0.60
거주노인을 위한 업무	1.80	5.00	4.22	0.47

자료: 최재성 · 임진섭 · 이민홍(2011). 노인요양시설의 문화 변화 패러다임에 대한 탐색적 연구. p. 73.

〈표 4-16〉 시설의 관리 구조 (N=223)

내용	최소	최대	평균	표준편차
1) 서비스가 필요할 때 지체 없이 제공	2.00	5.00	4.26	0.60
2) 직원들은 슈퍼바이저로부터 업무에 필요한 도움과 지지를 받음	1.00	5.00	4.15	0.68
3) 모든 직원들은 시설의 중요한 구성원이라고 느끼며 일하고 있음	1.00	5.00	4.16	0.68
4) 모든 직원들이 이곳에서 일을 하는 것을 즐거워함	2.00	5.00	3.90	0.68
5) 직원들을 대상으로 업무와 관련한 교육 및 훈련 등이 충분히 이루어짐	2.00	5.00	3.96	0.75
6) 요양보호사에게 얼마나 슈퍼비전을 잘 하고 있는지를 평가함	1.00	5.00	3.57	0.84
관리 구조	2.33	5.00	4.00	0.52

자료: 최재성 · 임진섭 · 이민홍(2011). 노인요양시설의 문화 변화 패러다임에 대한 탐색적 연구. p.75

수준의 서비스에 초점을 두기보다는, 건강 유지에 필요한 기본적 수준의 서비스에 더 집중하는 모습을 보여 주는 결과로 해석할 수 있다. 또한 서울시에 소재한 노인요양시설 3개소를 대상으로 거주환경 디자인의 특성에 대해 사례연구를 실시한 이연숙 외(2011)의 연구에서도 집과 같은 거주환경으로써의 주거적 특성에 대한 평가가 취약한 것으로 보고되었다. 이러한 연구 동향은 아직까지 실제 노인장기요양

자료: 최재성 · 임진섭 · 이민홍(2011). 노인요양시설의 문화 변화 패러다임에 대한 탐색적 연구. p.75.

〈그림 4-2〉 거주자중심케어의 하위 영역별 수준

시설의 환경 및 서비스와 거주자중심케어 사이의 간극이 명확하게 존재함을 보여주는 결과로도 볼 수 있다.

지금까지 국내 노인장기요양시설의 거주자중심케어를 측정하기 위하여 '거주자중심케어' 5가지 하위 차원과 '거주자중심케어를 위한 시설의 환경케어'의 하위 차원 3가지를 구분하여 분석하였다. 〈그림 4-2〉는 거주자중심케어(문화 변화)의 8가지 하위 차원을 종합적으로 분석한 평균 점수와 8개 하위 차원 각각의 평균 점수를 쉽게 비교할 수 있도록 제시한 그림이다. 전체 거주자중심케어의 수준은 평균 3.91로 나타났다.

요약하면 노인요양시설들이 요양서비스 관련하여 거주 노인의 개별성 존중, 편안한 케어를 위한 노력, 개별 노인에 대한 이해 부문에서 비교적 양호한 점수 수준을 보였다. 하지만 거주 노인과 가족의 자치권, 관계 형성을 위한 지지 노력 부문은 상대적으로 다소 취약한 것으로 발견되었다. 또한 노인요양시설 관리 운영의 측면에서 거주 노인을 위한 업무 지원과 관리 운영 구조는 비교적 양호한 것으로 파악되었다. 하지만 거주 노인의 개별적 환경 조성을 위한 지원 노력은 아직은 다소 약한 것으로 드러났다.

물론 이상의 거주자중심케어를 위한 노력에 대한 측정은 요양시설 시설장 혹은 관리자의 인지적 자기응답에 의존하여 가능했다. 따라서 주관적 판단으로 인한 객관성의 결여와 가급적 바람직한 방향으로 과장해서 응답했을 가능성이 크다는 문제를 부정할 수 없다. 따라서 측정된 수치는 실제 객관적 사실보다는 다소 높게 측정되었을 가능성이 있어, 이에 대해서는 어느 정도 보수적인 해석이 필요할 수 있다.

또 다른 문제는 아직 한국에서 '거주자중심케어', '노인요양시설의 문화 변화', 'Eden Altenative' 등의 개념이나 운영 모델이 소개되지 않았다. 따라서 측정도구가 서구에서 논의되는 노인요양시설 문화 변화 수준을 측정하거나 거주자중심케어 모델의 적용 수준을 측정한다고 보기 어렵다. 오히려 한국 노인요양시설의 자생적 '거주자 중심케어를 위한 노력 지향성'을 측정하려고 시도하였다고 보는 것이 더 적합할 것이다. 따라서 분석 결과를 해석하는 과정에서 이 부분에 대한 고려도 충분히 이루어져야 한다.

제 5 장

거주자중심케어의 영향 요인, 발생 경로, 그리고 성과

1. 국내 노인장기요양시설의 거주자중심케어 도입을 위한 탐색적 접근
2. 거주자중심케어의 영향 요인(방해 요인) 및 발생 경로
3. 거주자중심케어의 성과

제5장 거주자중심케어의 영향 요인, 발생 경로, 그리고 성과

본 장에서는 지금까지 살펴본 거주자중심케어 실태를 바탕으로 국내 노인장기요양시설 환경의 문화 변화 패러다임과 거주자중심케어의 도입을 위한 탐색적 접근을 시도하였다. 또한 양적조사 및 질적조사를 통해 거주자중심케어에 영향을 미치는 요인과 방해 요인을 밝혀냄으로써 거주자중심케어를 발생시키는 경로에 대해서 검토하였다. 마지막으로 거주자중심케어 환경을 구축하였을 때 기대할 수 있는 성과에는 어떠한 것들이 있는지 조명하였다. 이를 위해 본 연구 프로젝트에서 수집한 데이터를 사용하여 이미 국내외 학술지에 발표된 연구논문과 기타 선행 연구 등을 인용하여 논의를 진행하였다.

1. 국내 노인장기요양시설의 거주자중심케어 도입을 위한 탐색적 접근

본 절에서는 제4장에서 살펴본 국내 노인장기요양시설의 '거주자중심케어' 실태 수준을 바탕으로 국내 노인장기요양시설 환경에의 문화 변화 패러다임 도입 가능성에 대해 살펴보고자 한다. 전술한 바와 같이 국내 노인요양시설의 기본적인 운영 모델은 아직까지 노인의 삶의 질 개선보다는 가족의 부양 부담 완화, 의료·간호 서비스 중심의 메디컬 모델을 중심으로 이뤄지고 있다. 이에 따라 우리나라 역시 시설 거주 노인의 수용화와 비인간화 등의 문제들로부터 자유로울 수 없다(임진섭·최재성·이민홍, 2012; Lee, Choi, Lim & Kim, 2012). 즉 거주 노인을 단순한 병리적 관점에서 치료하고 돌보는 전통적 의료 모델이 아닌 거주자중심의 케어환경 구축을 위한 논의가 필요하다. 이를 위해서는 현재 한국 노인요양시설의 문화 변화 수준은 어떠한 단계에 있는지를 파악하고 향후 국내 노인요양시설이 나아가야 할 적절한 시설 운영 방향을 모색하는 작업이 필요하다(최재성·임진섭·이민홍, 2011).

먼저 최재성·임진섭·이민홍(2011)은 국내에 거주자중심케어 환경이 구축되기 위해서는 다음의 내용들을 고려할 필요가 있음을 제기하였다. 첫째, 거주자중심케어를 통해 실현하는 문화 변화 패러다임의 핵심은 언제나 시설에 거주하는 노인이 중심이 되어야 한다. 즉 거주 노인에게 제공되는 케어에는 거주 노인이 좋아하는 것, 거주 노인이 추구하는 가치가 반영되어야 한다.

둘째, 국내 노인요양시설의 문화 변화 수준을 향상하기 위해서는 거주 노인 스스로가 자신의 일정을 조정할 수 있도록 선택의 자율성을 보장하는 지원 체계가 필요하다. 또한 입소 전 가족 및 친구들과 지속적으로 관계를 유지할 수 있는 통로를 제공하고, 거주 노인의 개별화된 환경 조성을 위해 입소 전에 사용하던 가구 및 물품을 배치하는 것이 바람직하다. 이는 우리나라 노인요양시설의 거주자중심케어 실태 수준 중에서도 특히 거주 노인의 자율성(자치권), 관계 형성 지원, 개별화된 환경 제공 등에서의 수준이 상대적으로 낮다는 점에서 더욱 주목해야 한다. 예를 들어 거주 노인의 자율성과 관련한 문항 중 "스스로 식사 장소나 시간을 자유롭게 선택할 수 있음"의 평균 점수는 5점 만점 기준에서 3.12점으로 타 문항에 비해 가장 낮게 나타났다. 이는 거주 노인이 인간으로서 누릴 수 있는 가장 기본적인 활동에 있어서 제약을 받고 있음을 보여 주는 것이다.

셋째, 국민건강보험공단의 노인요양시설 서비스 질 평가 항목에 문화 변화에 대한 내용을 포함시키고, 국내에서도 미국과 같이 시설 거주 노인의 삶의 질 향상을 위한 거주자중심의 시설 운영과 환경 조성을 위한 법 규정이 마련되어야 한다. 이는 국가가 법적·제도적 차원에서 노인의 돌봄 서비스의 질을 보장하여 거주 노인의 삶의 질 향상을 책임지는 것을 의미한다.

한편 거주자중심케어의 문화 변화 패러다임은 현재 국내 노인요양시설의 환경에 따라 다르게 나타날 수 있다. 이를 파악하기 위해 최재성·임진섭·이민홍(2011)은 시설 특성에 따른 거주자중심케어의 수준을 분석하고 결과를 해석하였다. 〈표 5-1〉은 시설 특성에 따른 여덟 가지 하위 차원별 거주자중심케어 수준의 차이를 분석한 결과이다. 분석 결과 전체 거주자중심케어의 수준은 입소자 정원과 정원 충원율에 따라 거주자중심케어의 수준이 통계적으로 유의미한 차이가 있는 것으로 나타났다. 즉 입소자 정원이 소규모(30인 미만), 대규모(60인

〈표 5-1〉 노인요양시설 특성에 따른 거주자중심케어 수준의 차이 분석 결과 (N=223)

구분	분류	빈도	자율성	개별 특성 배려	개별 노인 이해	관계 형성 지원	편안한 케어	개별화 된 환경	노인을 위한 업무 노력	관리 구조	전체
운영 주체	사회복지법인	104	3.51	4.08	4.05	3.85	4.14	3.87	4.23	3.99	3.97
	개인	90	3.21	4.07	4.00	3.86	4.12	3.75	4.19	4.02	3.90
	비영리법인	23	3.36	4.00	4.07	3.85	4.17	3.69	4.22	3.99	3.92
소재 지역	대도시	49	3.52	4.19	4.13	4.02	4.22	3.82	4.39	4.08	4.05
	중소도시	59	3.36	4.06	4.03	3.80	4.11	3.66	4.16	3.93	3.89
	농어촌	104	3.41	3.98	4.04	3.81	4.14	3.85	4.18	3.98	3.92
복합 시설 여부	단일시설	131	3.41	4.00	4.02	3.82	4.13	3.73	4.20	4.01	3.91
	복합시설	92	3.42	4.11	4.10	3.90	4.17	3.84	4.25	3.98	3.97
입소자 정원	30인 미만	69	3.44	4.12	4.17	3.95	4.24	3.70	4.25	4.07	3.99
	30~60인미만	61	3.26	3.94	3.96	3.70	4.00	3.64	4.16	3.86	3.82
	60인 이상	83	3.53	4.06	4.03	3.89	4.18	3.96	4.23	4.02	3.99
정원 충원율	80% 미만	45	3.46	3.97	3.98	3.68	4.00	3.60	3.95	3.74	3.80
	80~95%	62	3.38	4.02	4.04	3.87	4.17	3.78	4.25	4.00	3.94
	95% 이상	95	3.44	4.08	4.09	3.92	4.18	3.90	4.31	4.10	4.00
직원 규모	1~10명	43	3.38	4.01	4.01	3.82	4.13	3.56	4.16	3.92	3.88
	11~20명	58	3.42	4.05	4.14	3.82	4.12	3.77	4.19	3.99	3.94
	21명 이상	105	3.45	4.07	4.03	3.90	4.17	3.91	4.26	4.01	3.97

주: 진하게 밑줄로 표시된 숫자는 유의확률이 적어도 0.05이하로 분석된 집단 간 차이를 나타냄.
자료: 최재성 · 임진섭 · 이민홍(2011). 노인요양시설의 문화 변화 패러다임에 대한 탐색적 연구. p. 76-77.

이상)인 시설이 중간규모(30인~60인 미만)의 시설보다 거주자중심케어 수준이 높게 나타났다. 이러한 결과는 소규모 시설의 경우 가정과 같은 환경을 조성할 수 있고, 대규모 시설의 경우 규모의 경제를 통한 전문적 케어를 제공할 수 있는 인력과 장비를 보유하고 있기 때문으로 추정된다.

또한 정원 충원율이 95% 이상을 보이는 시설이 그렇지 않은 시설에 비해 거주자중심케어 수준이 높음을 알 수 있다. 이는 다시 말해 시설의 입소자 정원 중 현재 95% 이상을 충원하고 있는 시설이 80%

미만을 충원하고 있는 시설에 비해서 거주자중심케어 수준이 더 높다는 것이다.

세부 하위 차원별 평균 점수의 차이를 살펴보면, 운영 주체 중 사회복지법인이 거주 노인의 자율성을 가장 높게 인정하였고 소재 지역 중 대도시에 위치한 시설이 거주 노인의 개별 특성 배려 및 관계 형성 지원, 노인을 위한 업무 노력 등의 점수가 높았다. 입소자 정원에서는 대규모 시설과 소규모 시설이 중간규모 시설에 비해서 거주 노인의 자율성 보장, 개별 노인에 대한 이해, 관계 형성 지원, 편안한 케어, 개별화된 환경 지원 등이 더 높았다. 정원 충원율의 경우에는 정원 충원율이 높은 시설이 그렇지 않은 시설에 비해 관계 형성 지원, 개별화된 환경, 노인을 위한 업무 노력 등이 높게 나타났다. 마지막으로 직원의 수가 많은 시설일수록 거주 노인에게 개별화된 환경을 조성해 주는 것으로 나타났다.

이처럼 국내 선행 연구에서 노인요양시설의 문화 변화 및 거주자중심케어의 수준과 도입 가능성을 측정하고 검토하는 것은 앞으로 노인요양 시설이 추구해야 할 운영 방향을 제시해 준다는 점에서 의미 있는 작업이라 생각한다. 물론 노인요양시설의 문화 변화 및 거주자중심케어와 관련하여 한국에서 발표된 연구 논문들(임진섭 · 최재성 · 이민홍, 2012; 최재성 · 임진섭 · 이민홍, 2011)에서 변수 측정을 위해 사용된 척도들은 한국적 상황 및 특성이 적절히 반영되지 못하였을 수 있다. 이는 그동안 노인요양시설의 문화 변화 및 거주자중심케어에 대한 논의가 서구를 중심으로 발전해 왔기 때문이다. 그럼에도 불구하고 아직까지 한국에서 노인요양시설의 문화 변화 및 거주자중심케어와 관련한 연구들이 거의 없는 현실에서 문화 변화 패러다임 도입의 필요성을 제기하고 현재 우리나라의 문화 변화 수준을 실증적으로 탐색했다는 점에서 의의가 있다.

이상의 탐색적 분석 결과를 종합하면 결론적으로 소비자의 관점에서 좀 더 안심할 수 있는 요양시설을 어떻게 선택할 수 있는가에 대한 몇 가지 기준을 얻을 수 있다. 선택 기준으로 고려할 요소는 다음과 같다.

－사회복지법인 운영 여부
－대도시 소재 여부
－정원이 30인 미만이거나 60인 이상인 요양시설
－정원 충원율이 높은 시설
－직원 숫자가 많은 시설 등

2. 거주자중심케어의 영향 요인(방해 요인) 및 발생 경로

본 절에서는 거주자중심케어에 영향을 미치는 요인에 대해서 살펴보았다. 이를 위해 기존에 거주자중심케어에 영향을 미치는 것으로 밝혀진 선행 요인을 검토하고, 실제로 본 연구의 심층면접조사 결과에서 나타난 국내 노인요양시설의 거주자중심케어 영향 요인 및 방해 요인을 함께 분석하였다. 동시에 본 연구의 데이터를 분석하여 파악한 거주자중심케어의 방해 요인 역시 검토하였다. 또한 국내 노인요양시설에서 거주자중심케어를 가능하게 하는 세부 요인들 간의 발생 경로를 파악하였다.

지금까지 거주자중심케어에 영향을 미치는 것으로 밝혀진 선행 요인은 크게 두 가지로 구분할 수 있다(임진섭 · 최재성 · 이민홍, 2012). 하나는 노인요양시설을 둘러싸고 있는 복잡 다양한 외부 환경의 변화 상황이고, 두 번째는 각 노인요양시설이 갖고 있는 조직의 특성 및 구조이다. 먼저 외부 환경의 변화는 최근 노인요양시설이 처해 있는 시장 · 기술환경 및 사회 · 제도환경의 급격한 변화와 관련이 깊다. 최근 들어 노인요양시설 이용자의 개념은 단순히 '수혜자'에서 점차 '소비자' 또는 '고객'의 개념으로 전환되었다. 이에 따라 노인요양시설은 보다 질 좋은 서비스와 기술을 개발하고 제공함으로써 더 많은 고객을 유치해야 하는 부담을 갖게 되었다. 이로 인해 시설 간 경쟁은 자연히 심화되고 각 시설은 생존을 위한 더 많은 노력을 시도하게 되었으며, 조직 혁신을 위한 활동으로써 거주자중심케어에 관심을 갖게 된 것이다. 또한 노인요양시설의 경우 타 일반 영리 조직과는 다르게 공공성을 지니고 있기 때문에 국가의 보건복지정책 및 노인장기요양보험제도 등을 함께 고려해야 한다. 이는 시설의 생존을 위해서는 조직을 둘러싸고 있는 제도적 환경을 수용하고 이해하는 것이 바람직하다는 제도론적 관점에서 설명이 가능하다(Zhou, 1993; 함규정 · 윤위석 · 김경환 · 김은환, 2004; 임진섭 외, 2012, 재인용). 노인요양시설은 노인장기요양보험이라는 제도적 틀 안에서 작동하는 조직이기 때문이다.

다음으로 조직이 갖고 있는 특성과 구조는 외부 환경 변화와는 다르게 조직의 내부에 더 초점을 두고 접근하는 것으로 이해할 수 있다. 앞서 설명한 것과 같이 거주자중심케어를 조직의 혁신 활동으로 이해하였을 때, 조직 혁신을 위한 조직 특성 및 구조의 조건에는 구체적으로 의사 결정 권한의 집중화 정도, 업무 체계의 공식화 정도, 최고경영층 및 리더의 위기 대응 특성, 조직의 보상시스템, 부서 간 연계 및 갈등 등이 포함된다(Anderson & Chambers, 1985; Grover, 1993; Jaworski & Kohli, 1993; Schein, 1985; 임진섭 외, 2012, 재인용). 즉 노인요

〈표 5-2〉 거주자중심케어의 영향 요인과 방해 요인

영향 요인	방해 요인
–시설장의 사회복지적 마인드 & 리더십 –부서(종사자) 간 협력 –요양 시설 종사자의 헌신 –거주자중심케어를 위한 정부 차원의 제도적 지원 –인력의 전문성 강화를 위한 교육	–낮은 현실 적용 가능성 –과당경쟁으로 인한 시설의 부당 편법 발생 –종사자의 열악한 처우 수준 –거주 노인의 기본적 케어에 대한 만족 –거주 노인의 소극적 태도

양시설의 거주자중심케어 활동을 새로운 조직 혁신의 하나로 이해했을 때, 보다 유연하고 융통성 있는 조직, 리더가 추진력을 갖고 적극적으로 위기에 대응하는 조직, 형평성 있는 보상시스템이 이뤄지는 조직, 부서 간 연계·협력이 수월한 조직일 때 조직의 혁신을 위한 거주자중심케어 활동이 용이할 것으로 보고하고 있다.

본 연구에서는 이 같은 선행 연구 결과 이외에도 심층면접조사를 통해 국내 노인요양시설의 거주자중심케어에 영향을 미치는 요인과 이를 방해하는 요인을 살펴보았다. 먼저 노인요양시설의 시설장 및 노인장기요양보험공단 관계자와의 심층면접조사 결과를 바탕으로 거주자중심케어의 영향 요인과 방해 요인을 구분하여 제시하였다. 〈표 5-2〉는 심층면접조사를 통해 나타난 거주자중심케어의 영향 요인과 방해 요인을 구분하여 나타낸 것이다.

1) 거주자중심케어의 영향 요인

(1) 시설장의 사회복지적 마인드 & 리더십

심층면접 결과 거주자중심케어를 위한 첫 번째 영향 요인으로는 시설장의 사회복지적 마인드를 들 수 있다. 정부는 2008년 7월부터 노인장기요양보험제도가 시행됨에 따라 인력 및 인프라의 확충을 가장 시급히 해결해야 할 문제로 인식하고 시설 설치 기준을 대폭 완화하였다. 진입 장벽을 낮춰 민간 시장에 지나치게 의존하는 모습을 보였고 민간은 수익이 될 수 있다고 판단하여 대규모로 노인요양시설을 설립한 것이다. 상대적으로 사회복지적 마인드보다는 이윤 창출을 강조하는 민간 사업자가 장기요양시장에 대거 진입하게 된 것이다. 시설 운영자들이 투자비를 조기에 회수하기 위해 수익 추구에 지나치게 몰두할 때 거주자중심케어는 실현되기 어렵다. 물론 시설 운영자들 가운데 성실한 운영자들조차도 적자 운영을 벗어나기 어렵고 결국에는 파산하게 된다면 이것도 심각한 문제이다. 책임 있고 성실한 시설 운영자는 누구라도 최소한의 적정한 수익을 확보할 수 있어야 될 것이다.

(2) 부서 및 종사자 간 협력

거주 노인에 대한 케어란 단순히 요양보호사에 의해서만 이루어지는 것이 아니라 시설 내 존재하는 각 부서들이 전문성을 가지고 서로 유기적인 협력을 통해 이루어지는 통합적인 것이다. 통합적 케어는 시설 케어의 기본이다. 이는 신체적, 정서적, 인지적으로 다양한 어려움이 혼재된 거주 노인의 특성에 기인한다. 가장 일선에서 거주 노인의 수발을 돕는 요양보호사가 다른 기능적 부서들과 유기적으로 협력할 수 있어야 한다. 물리치료사가 제공하는 각종 재활 및 물리치료, 간호사(촉탁의)가 수행하는 약물 투여와 진단, 응급처치 등의 의학적 치료, 사회복지사가 수행하는 각종 프로그램 활동 및 상담, 영양보호사가 이루는 식단과 영양 치료, 시설 운영에 따른 경비와 전반적인 운영을 담당하는 총무팀의 역할이 서로 유기적이고 협력적일 때 거주자중심케어가 가능한 것이다. 따라서 부서 간 협력이 잘 이루어지지 않고 알력 다툼이 있다거나 또는 지나치게 상호 독립적으로 운영될 때 거주자중심케어는 실현되기 어렵다. 그래서 일부 시설에서는 매일 모든 부서의 종사자들이 함께 모이는 조회 시간을 갖고 특정 노인에게 필요한 서비스를 회의 안건으로 상정하여 함께 공유하고 피드백을 주고받는 노력을 펼치기도 한다.

부서명, 부서 수 등에서 부분적인 차이는 있지만 대다수의 노인요양시설에서는 다양한 부서가 존재하며 각 부서들은 거주 노인의 케어를 위해 긴밀한 협력 관계를 유지한다. 최근 들어 사회복지시설이 대형화됨에 따라 노인요양시설 역시 이러한 대형화 경향이 점차 뚜렷해지고 있다. 시설의 규모가 커질수록 수많은 부서와 부서원이 존재하기 마련이며 이들의 긴밀한 협력과 연계가 그만큼 중요한 것이다. 시설의 규모가 큰 경우 부서 간 혹은 종사자(사회복지사, 요양보호사, 간호사 등)들 간의 갈등이 발생하고 융화가 어려운 경우가 종종 생긴다. 거주자중심케어란 결국 통합적인 케어를 통해 이루어지며, 이는 부서와 부서원들의 긴밀한 협력 관계가 전제되어야 한다.

(3) 요양시설 종사자의 헌신

현재 우리나라 상황에서는 정부 정책의 뒷받침 없이 요양시설 자체의 노력만으로 거주자중심케어를 기대하는 것은 어려운 일이다. 지금까지 정부의 정책은 노인장기요양서비스의 조기 확충에 치중해 왔고 요양시설의 케어문화에 대한 근본적인 고민과 대책은 우선순위에서 배제되었다. 앞으로도 노인장기요양보험제도가 지금보다 더 안정적인 궤도에 오를 때까지 이러한 상황은 당분간 지속될 것으로 예측된다. 이러한 상황에서 거주 노인들이 만족할 수 있는 질 좋은 케어는 결국 이들을 가장 가까이에서 수발하는 요양보호사의 개인적 능력과 헌신에 크게 좌우된다고 볼 수 있다. 즉 현재 상황에서 거주자중심케어를 실천하기 위한 방법은 양질의 인력에 의존하는 것이 핵심이 될 것이다. 요양보호사뿐만 아니라 시설장, 사회복지사, 물리치료사, 영양사 등 전 직원의 직업의식에 주목해야 할 것이다.

(4) 거주자중심케어를 위한 정부의 제도적 지원 마련

거주자중심케어를 위해 필요한 다양한 노력들인 개별화된 케어, 지속적이고 일관된 직원 배치, 이용자 자신의 의사 결정에 따른 서비스 제공 등은 현재 노인요양시설의 재정 상황을 감안했을 때 요양시설 스스로 해결할 수 있는 문제는 아니다. 따라서 정부 차원의 법적 근거(인력, 운영 규정, 장기요양급여 비용에의 반영) 마련 및 재정적 지원이 반드시 뒷받침되어야 한다. 거주자중심케어를 위해서 발생하는 추가적인 비용은 결국 정부의 재정 지원을 통해 해결되어야 한다. 구체적으로 개별 시설이 거주자중심케어 프로그램을 3년 혹은 5년에 걸쳐 추진하는 경우, 매년 점검을 통해 재정적 인센티브를 제공하는 방법도 필요하다. 예를 들어 거주자중심케어를 실현한 시설에 대해서는 수가를 5% 정도 추가적으로 인정하는 방식도 검토될 수 있다. 이러한 재정적 지원은 노인요양시설이 거주자중심케어를 도입 및 실천하는 현실적인 유인책이 될 수 있다. 또한 거주자중심케어에 대한 법적인 근거 확보가 필요하다. 특히, 노인복지법상 노인요양시설의 정의와 인력 및 운영 규정 등에 거주자 중심의 가치와 이념, 철학을 반영한 내용을 명시하는 노력이 필요하다.

(5) 인력의 전문성 강화를 위한 교육

케어의 질은 무엇보다 서비스를 제공하는 인력의 질에 크게 좌우되므로 거주자중심케어 역시 이에 대한 전문적인 지식과 기술을 겸비한 인력의 양성이 무엇보다 중요하다. 시설에서는 종사자에 대한 다양한 교육을 실시 중이며 이는 전문성을 확보하여 보다 나은 서비스를 제공하기 위함이다. 실제로 많은 시설에서 종사자들을 대상으로 인권교육, 안전사고 예방교육, 직원의 역할과 자세, 화재예방, 치매질환교육 등을 실시하며 직원들의 소진 예방과 직무 만족을 위해 웃음교육도 실시한다. 또한 교육을 직접적으로 받은 종사자가 다른 직원들과 정보를 공유하고 토론하며 더 나은 서비스의 질을 위해 노력한다.

2) 거주자중심케어의 방해 요인

(1) 낮은 현실 적용 가능성

식사 장소와 시간의 자유로운 선택, 자신이 원하는 개별화된 활동이나 프로그램의 참여, 배움의 기회 제공, 스스로 자신의 케어 계획 수립 등과 같은 자율성은 우리나라 노인요양시설의 실정에 비추어 봤을 때 아직은 시기상조라는 지적이 일반적이다. 사실 치매 노인과 24시간 침대에 누워서 생활하는 거주 노인에게 자율성과 개인적 특성을 보장하는 것은 매우 어려운 일이다. 거주 노인에게 선택권을 주면 요양시설의 관리 감독 소홀과 방임이라는 비판을 받을 수도 있다.

혹시 잘못될 경우에는 모든 책임을 시설이 떠안기 때문에 시설에 큰 부담이 된다. 거주자중심케어가 앞으로 노인요양시설이 추구해 나가야할 케어 모델이 되기 위해서는 이러한 의존성이 높은 거주 노인들에게도 적용할 수 있는 한국형 거주자중심케어에 대한 심도 있는 논의와 연구가 더 필요하다. 그렇지 않다면 거주자중심케어는 건강 상태가 비교적 양호하고 인지능력이 있는 노인들이 거주하는 일부 시설에서만 가능할 것이다.

(2) 과당경쟁으로 인한 시설의 부당편법 발생

실제 노인요양시설을 둘러싼 경쟁이 심화될 때 시설의 리더는 거주자중심케어를 향상하는 방법으로 경쟁력을 강화하기란 어렵다. 거주자중심케어는 단시간 내에 이루어지는 것이 아니며 비용적인 측면에서도 부담이 크기 때문이다. 오히려 시설의 리더들은 부당 편법[1]을 통해 고객을 유치하는 전략을 더 선호할 수도 있다. 이러한 방법이 윤리적으로 문제가 된다는 것을 잘 알고 있지만 부당 편법을 사용하는 이유는 이것이 고객 유치를 위한 가장 쉬운 방법이기 때문이다.

1) 이러한 부당 편법의 대표적인 예는 주로 입소 노인이 지급해야 하는 본인 부담금을 할인해 준다거나 또는 단기간 동안 면제해 주는 방법이 있다. 일부 시설의 경우 입소자로부터 본인 부담금을 전혀 받지 않는 경우도 있는데 사실 이런 방법을 취하더라도 입소 노인이 없는 것보다는 이익이라는 설명이다. 왜냐하면 공단으로부터 해당 노인의 등급에 따라 제공받는 수가는 지속적으로 유지되기 때문이다. 대다수의 노인들이 한번 입소하면 사망할 때까지 있는 경우가 대부분인데 결국 시설 입장에서는 장기적으로 큰 이익이며 손해될 것은 없기 때문이다. 또한 일부 시설에 국한된 사례이기도 하지만 본인 부담금을 입소 노인으로부터 받되 다시 이를 보호자에게 돌려주거나 나눠 갖는 시설도 존재하는 것으로 심층면접 결과 밝혀졌다. 이와 유사하게 요양보호사나 시설 직원이 직접 고객을 유치하고 시설로부터 이에 대한 비공식적인 인센티브를 받는 것은 너무나 일상화되어 있다.

더욱이 이러한 부당 편법이 일부에서는 이미 보편화되어 가는 것으로도 보인다. 실제 노인요양시설들 간에 부당 편법이 광범위하게 이루어지고 있기 때문에 건강보험관리공단이나 지자체도 이렇다 할 규제를 하기가 어려운 상황이다.

이처럼 요양시설의 부당편법을 이용한 고객 유치가 가능한 배경에는 입소 희망 노인 가족들의 이해관계와도 무관하지 않다. 시설을 선택하고 입소 결정을 내리는 것은 입소 희망 노인이 아닌 노인의 가족이다. 즉 이들이 입소를 결정하는 과정에서 요양시설의 서비스 질과 비용이라는 기준에서 어떤 기준을 선택하는지와 관련된 것이다.

(3) 종사자의 열악한 처우

앞서 거주자중심케어의 영향 요인으로 제시한 종사자의 헌신은 노인요양시설 종사자들에게 적절한 수준의 보상과 처우가 전제되었을 때 가능하다. 특히 거주 노인을 직접적으로 케어하는 요양보호사의 업무는 사명감과 봉사 정신만으로 수행하기 힘든 것이 사실이다. 요양보호사의 대다수를 구성하고 있는 40~50대 중년 여성들의 헌신을 지속적으로 확보하기 위해서는 처우 개선을 위한 정부와 요양시설의 제도적·공식적 차원의 노력이 필요하다.

(4) 거주 노인의 기본적 케어에 대한 만족 & 시설 생활에서의 소극적 태도

본 연구의 연구 방법의 일부로써 거주 노인 대상의 심층면접은 거주자중심케어에 대한 직접적인 영향 요인을 도출해 내기보다는 시설에서의 전반적인 삶에 대한 다양한 이야기를 통해 거주자중심케어를 위한 핵심적인 범주를 추론하는 과정으로 이루어졌다. 하지만 피면접자의 특성상 많은 내용을 도출해 내지는 못하였다. 따라서 내용에 대한 풍부한 해석을 가능토록 하기 위해 기술 방식은 피면접자의 답변을 그대로 제시하였다. 앞서 살펴본 요인들이 노인요양시설의 외부적 환경으로부터의 영향과 시설 내부의 자체적인 특성의 영향들에 대한 것이라면, 여기에서는 거주 노인의 측면에서 노인요양시설의 거주자중심케어를 방해하는 요인을 파악하였다.

먼저 거주 노인들은 의식주와 같이 시설에서 제공되는 기본적인 요양서비스에 전반적으로 상당한 만족감을 드러냈다. 거주자중심케어가 기본적인 케어의 질뿐만 아니라 삶의 질의 균형적인 조화를 추구하는 것임에도 거주 노인들은 삶의 질과 케어의 질을 구분하지 않고 동일시하는 경향이 컸다. 이는 한국 노인의 특수성에 기인한 것으로 볼 수 있다. 일제강점기의 역경과 6.25전쟁, 보릿고개 등 가난과 역경의 일생을 살아온 노인들은 의식주와 같은 기본적인 케어가 지속적으로 제공된다는 자체가 대단히 만족스러운 일이며 고마운 일로 여기는 것이다. 또한 취미나, 여가활동에 대한 인식과 이에 대한 경험 역시 부족한 노인들에게 삶의 질을 높일 수 있는 또 다른 무언가에 대한 기대도 불만도 발견하기 어려웠다. 이러한 점에 비춰볼 때 거주 노인이 갖는 기본적인 케어에 대한 만족감, 시설 생활에서의 수용적이고 소극적인 자세, 필요한 것을 적극적으로 요구하는 자기주장성의 결여가 거주자중심케어를 저해하는 요인으로 작용할 수 있음을 알 수 있다. 다음의 답변은 기본적인 의식주에 대한 거주 노인의 만족 수준이 어느 정도인지를 잘 보여 준다.

"(식사가) 고기 안 떨어지고 생선 안 떨어지고 나오면 잘 나오는 거지 뭐… 며느리랑 살면 이렇게 못 살아… 따뜻한 밥 세끼를 이렇게 해주지는 못 할 거야. 며느리랑 살 때는 찬밥도 많이 먹었어… 근데 여기서는 끼니때마다 항상 다른 국과 다른 반찬, 금방 지은 밥이 나와 이런 데가 없어… 좋아."

(○○소재 법인시설 여성 거주 노인, 84세, 2010년 11월 ○○일 인터뷰)

"간식도 잘 나오고, 간식도 여러 가지로 나와! 빵도 주고, 단호박, 가쓰라빵도 나오고, 떡도 줄 때도 있고, 여러 가지 주스도 나오고… 먹고 싶은 거 사 달라 하면 요양 선생(요양보호사)들이 다 사다 줘… 요양 선생들도 다 잘해 줘… (부탁하거나 요청할 때) 안돼요, 아니오 소리는 안하니까."

(○○소재 법인시설 남성 거주 노인, 82세, 2010년 11월 ○○일 인터뷰)

"이불하고 옷도 목요일마다 싹 거둬 가서 빨아 갖고 와… 깨끗하게 지내…"

(○○소재 법인시설 여성 거주 노인, 78세, 2010년 11월 ○○일 인터뷰)

또한 거주 노인들은 현재의 시설 생활에 상당히 높게 적응하고 있는 것을 발견할 수 있었다. 직원과 시설 그리고 전체 거주 노인을 대상으로 일괄적으로 이루어지는 일상생활에 별 다른 문제나 불편 사항을 느끼지 못하고 있었으며, 이에 적응하는 것이 당연한 일로 여겨지고 있었다. 오히려 시설 중심의 일괄적 케어가 자신들에게 도움과 이익이 된다고 여기고 있었다. 특히 거주자중심케어가 지양하고 배척하는 무의미한 생활(TV 시청, 할 일 없이 복도나 로비에 앉아 있기 등)에 대해서 거주 노인들이 갖는 불만과 불편함을 찾아보기 어려웠으며 오히려

TV 시청을 자유롭게 할 수 있다는 것을 고마운 일로 여기고 있었다.

"자기가 원하는 대로 어떻게 다 하고 사나… 자기가 맞춰서 사는 거지."
(○○소재 법인시설 남성 거주 노인, 82세, 2010년 11월 ○○일 인터뷰)

"옆방에 할머니는 나이가 106살이래… 산 지 5년이 넘었다는데 시간표대로 생활하면서 밥도 먹고 자고 그러니까 오히려 그게 더 건강을 좋게 하는 거야… 아직까지 사는 게 다 그런 거 때문에 그런 거 아니야?"
(○○소재 법인시설 남성 거주 노인, 84세, 2010년 11월 ○○일 인터뷰)

"(그래도 불편한 게 있으실 게 아니냐는 질문에)여기서는 불편한 것이 없어. 교회도 다 휠체어로 데려다 주고 텔레비도 내 맘대로 볼 수 있어. 연속극도 같이 보니까 재밌지."
(○○소재 법인시설 남성 거주 노인, 82세, 2010년 11월 ○○일 인터뷰)

하지만 시설 생활에 순조롭게 적응하면서 살아가는 노인들에게도 더 나은 삶을 위한 잠재적인 욕구가 분명 존재하고 있었다. 문제는 이를 적극적으로 표현하려 한다거나 요구하지 않고, 없으면 없는 대로 있으면 있는 대로 감사하고 적응하면서 살고 있다는 점이었다. 일부는 직접 자신이 의미 있는 생활을 찾아 이를 하루 소일거리로 생활하면서 시간을 보내고 있었다. 의미 있는 활동과 일상생활이 무엇인지를 나름 인지하고 있는 것이다. 하지만 이러한 거주 노인의 소극적인 태도와 자세에 대하여 시설 역시 적극적인 계획과 행동의 필요성을 인식하지는 못하고 있었다.

"4시에 일어나서 싹 세수 다하고, 여긴 4시면 다 일어나… (일본어)

성경을 옮겨 적어… 매일 그래…
(매일 그렇게 성경 번역 하는 것이 지루하지 않으시냐는 질문에)
뭘 지루해… 이거 언제 다 해? 못해… 이거 하니까 재밌고 시간도 잘 가고… 나중에 손자들한테(번역한 것을 주고) 할머니가 이런 걸 다 했다 할 거야."

(○○소재 법인시설 여성 거주 노인, 82세, 2010년 11월 ○○일 인터뷰)

지금까지 본 연구의 심층인터뷰조사 결과를 통해 나타난 거주자중심케어의 영향 요인과 방해 요인들은 이미 선행 연구들을 통해 밝혀진 거주자중심케어의 영향 요인과 상당 부분 일치하는 것을 알 수 있다. 먼저 거주자중심케어의 선행 요인 중 조직 특성 및 구조 요인으로 나타난 최고경영층의 리더십과 부서 간 협력, 조직의 보상 체계 등이 발견되었다. 그리고 조직의 외부 환경과 관련하여, 제도적 환경 변화의 필요성, 시설 간 경쟁 강도의 심화 등이 거주자중심케어에 영향을 미치는 요인으로 나타났다. 이 밖에 심층인터뷰조사를 통해 실제 거주 노인의 측면에서 거주자중심케어를 어렵게 하는 것으로 발견되는 한국 노인이 가진 독특한 특성을 찾아볼 수 있었다. 다음에서는 본 연구의 양적 설문조사 결과에서 나타난 거주자중심케어의 방해 요인에 대해 살펴보도록 하겠다.

(5) 양적 설문조사 결과에서 나타난 거주자중심케어의 방해 요인

우리나라 노인요양시설에서 거주자중심케어를 방해하는 요인에 대해 알아보기 위해 실시한 양적조사 결과에서도 심층면접조사 결과와 유사한 모습을 보였다. 먼저 국내 노인요양시설에서 거주자중심케어를

〈표 5-3〉 거주자중심케어의 방해 요인 (다중 응답, N=215)

거주자중심케어 방해 요인	빈도	케이스 비율(%)[2]
예산 부족	161	74.9
인력 부족	119	55.3
인력의 전문성 및 자질 부족	114	53.0
노인장기요양보험의 불안정성	68	31.6
요양시설 간 지나친 경쟁	58	27.0
시설의 거주자중심에 대한 인식 부족	55	25.6
정부의 규제와 간섭	42	19.5
관련 교육의 부재	18	8.4
기 타	7	3.3
합 계	642	298.6

방해하는 요인으로 가장 많이 지적된 것은 '예산 부족'으로 나타났다. 이는 앞서 제시한 심층면접조사 결과와 상당 부분 일치하는 것이라 볼 수 있다. 즉 아직까지 국내 노인요양시설 환경에 거주자중심케어를 도입하는 것은 시설의 재정 운영 측면에서 큰 부담이 될 수 있음을 보여주는 것이다. 거주 노인의 자율적인 선택권을 보장하고 내 집과 같은 환경을 제공하기 위해서는 더 많은 인력과 쾌적한 시설환경 및 장비 등이 요구되며 이는 예산 문제와 직결되기 때문이다. 두 번째로 많은 응답을 차지한 '인력 부족' 역시 예산의 문제와 분리할 수 없다. 특히 국내 장기요양서비스 종사자의 열악한 처우 수준은 거주자중심케어에 필요한 우수한 인력 확보를 더욱 어렵게 할 수 있다. 또한 '인력의 전문성 및 자질 부족', '관련 교육의 부재' 등 역시 거주자중심케어의 방해 요인으로 나타나고 있다. 이는 심층면접조사에서

2) 응답에 참여한 전체 시설(215개소) 중에서 거주자중심케어 방해 요인의 빈도가 차지하는 비율.

거주자중심케어에 영향을 줄 수 있는 긍정적 요인으로 나타난 '인력의 전문성 강화를 위한 관련 교육 제공' 역시 아직까지 국내에서는 매우 부족하다는 것을 보여 주는 결과이다. 노인요양시설을 둘러싼 외부환경 요인으로는 '노인장기요양보험의 불안정성'과 '요양시설 간 지나친 경쟁', '정부의 규제와 간섭' 등이 방해 요인으로 나타나고 있는데, 이 역시 심층면접조사 결과 나타난 과당경쟁의 문제, 제도 및 시스템상의 문제 등과 일치하는 사실을 확인할 수 있다. 양적조사 결과 나타난 국내 노인장기요양시설의 거주자중심케어 방해 요인은 〈표 5-3〉과 같다.

3) 거주자중심케어의 발생 경로

지금까지 거주자중심케어 환경 구축에 긍정 또는 부정적인 영향을 미치는 요인들을 검토하였다면 본 절에서는 국내 노인요양시설에서 거주자중심케어가 발생하기까지의 세부적인 경로를 알아보고자 한다. 즉 앞서 살펴보았던 거주자중심케어의 영향 요인들이 어떠한 인과관계를 통해 나타나는가를 파악하려는 것이다.

이미 검토한 대로 거주자중심케어는 노인요양시설의 외부 환경 변화와 시설 내부의 구조적 특성들의 복합적인 상호작용을 통해 나타난다. 그중에서도 특히 시설을 둘러싸고 있는 외부 환경의 변화는 시설 내부의 구조적 특성에 영향을 미치게 되며, 이에 따라 시설은 외부환경에 효과적으로 적응하기 위하여 거주자중심케어와 같은 조직 혁신 활동을 펼치게 되는 것이다(임진섭 · 최재성 · 이민홍, 2012). 이러한 거주자중심케어 메커니즘의 논리적 흐름은 조직의 형태가 조직이 처한 내외부적 상황에 따라 결정된다는 조직이론인 상황이론에 기반한다(Lawrence

& Lorsch, 1967; Thompson, 1967).

임진섭 · 최재성 · 이민홍(2012)은 노인요양시설의 거주자중심케어를 조직의 혁신 활동으로 이해하고, 기존에 조직 혁신의 선행 요인으로 밝혀진 외부 환경의 변화와 조직구조 특성을 각각 독립변수와 매개변수로 설정하여 분석을 시도하였다. 연구에 따르면 거주자중심케어에 직접적인 영향을 미치는 요인은 두 가지로 나타났다. 하나는 외부 환경의 변화 중 시장 · 기술 환경의 변화였고, 두 번째는 조직 특성 중 조직의 보상시스템과 부서 간 연계 · 협력이었다. 이로써 노인요양시설의 거주자중심케어는 시장 및 기술 환경의 변화에 크게 영향을 받는 것을 알 수 있다. 또한 조직 구성원에 대한 형평성 있는 보상시스템을 지향하고 부서 간 연계 · 협력이 잘 이뤄지는 조직일수록 거주자중심케어 수준이 높게 나타나는 것을 확인할 수 있었다. 이는 기존에 밝혀진 거주자중심케어 구축의 선행 요인과 일치하는 결과로써 심층면접조사에서 거주자중심케어의 영향 요인으로 나타났던 종사자에 대한 형평성 있는 보상시스템 및 처우 수준, 부서 간 연계 · 협력의 강화와도 일치하고 있다. 다음은 앞의 임진섭 · 최재성 · 이민홍(2012; 33~34쪽)의 연구에서 분석 결과로 제시된 거주자중심케어의 4가지 발생 경로이다.

[경로1] 시장 · 기술격변성 → 보상화 → 거주자중심케어: 시장 및 기술 환경의 변화가 높아질수록 조직은 조직 구성원에 대한 적절한 보상화 노력이 증가하고, 이는 거주자중심케어를 높인다.

[경로2] 시장 · 기술격변성 → 부서 간 역학 → 거주자중심케어 경로: 시장 및 기술환경의 변화가 급격해질수록 부서 간 연계와 협력이 높아지고, 이로 인해 거주자중심케어 수준은 증가하

게 된다.

[경로3] 경쟁의 강도 → 부서 간 역학 → 거주자중심케어 경로: 경쟁의 강도가 안정될수록 부서 간 연계는 높아지고, 이로 인해 거주자중심케어 수준은 증가하게 된다.

[경로4] 사회환경 격변성 → 보상화 → 거주자중심케어 경로: 사회환경이 안정적일수록 직원에 대한 보상화 노력은 높아지고, 이는 거주자중심케어를 향상시키게 된다.

〈그림 5-1〉은 거주자중심케어의 발생 경로에 대한 분석 결과를 그

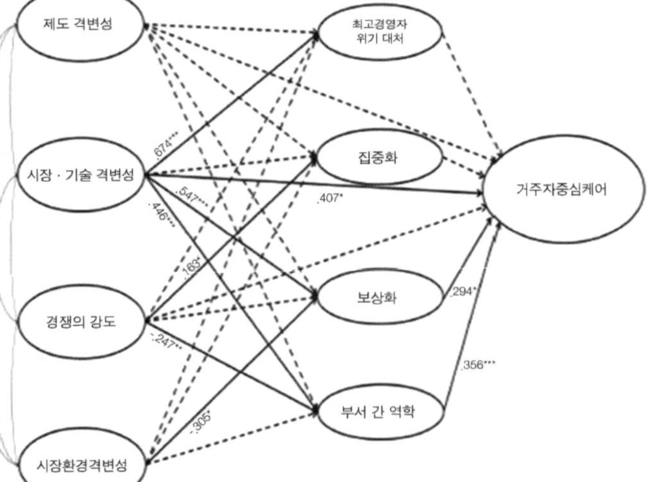

*: p<.05, **: p<.01, ***: p<.001
실선: 유의미한 경로계수, 점선: 유의미하지 않은 경로계수.
각 수치는 표준화계수이며 유의미한 경로의 계수만 표시
출처: 임진섭 · 최재성 · 이민홍(2012). 상황이론에 기반 한 노인요양시설의 거주자중심케어 발생 경로에 관한 연구. p. 38.

〈그림 5-1〉 거주자중심케어의 발생 경로

림으로 나타낸 것이다.

한편 임진섭 · 최재성 · 이민홍(2012)의 연구에서는 추가적으로 입소자 정원 30인 미만의 소규모 시설과 30인 인상의 대규모 시설을 구분하여 다집단 분석을 실시하였다. 그 결과 입소자 30인 이상의 대규모시설에서 시장 · 기술격변성이 높을수록 부서 간 역학이 유의미하게 증가하는 것을 보여주었다. 이는 대규모 요양시설이 고객 확보를 위한 시장 · 기술 환경에 보다 민감하고, 소규모 시설에 비해 부서 및 부서원이 더 많기 때문으로 설명하고 있다.

이러한 연구 결과를 근거로 임진섭 · 최재성 · 이민홍(2012)은 국내 노인장기요양시설의 거주자중심케어 도입을 위한 몇 가지 제언을 다음과 같이 하였다. 첫째, 거주자중심케어에 가장 큰 영향을 미치는 요인은 시장 및 기술 환경의 변화라는 점이다. 이는 다른 각도에서 설명하면 시장환경과 기술환경이 요양시설 간의 경쟁을 촉진하는 모습으로 급변하면서 각 요양시설은 고객 확보를 위해 더욱 절박하게 노력할 수밖에 없었다. 이러한 상황에서는 고객 중심의 적극적 노력이 요구되었고 이는 거주자중심케어의 모습으로 나타났다는 해석이 가능한 것이다. 국내 노인요양시설이 고객 욕구의 다양성에 민감하게 반응하고 요양서비스 기술과 질 향상을 도모하도록 유도하기 위해서는 건강한 시장경쟁 환경이 조성되어야 할 것이다.

둘째, 노인요양시설의 팀제 운영을 통해 부서 간 연계 및 협력을 강화하고 통합적 케어서비스 제공이 가능하도록 노력할 것을 제언하였다. 이는 부서 간 연계가 잘 이뤄지는 조직일수록 조직 혁신으로써의 거주자중심케어가 보다 강하게 나타나는 것을 확인하였기 때문이다. 사실 요양시설의 조직 특성상 요양 업무, 간호 업무, 사회복지 업무 등의 유기적 연계가 필수적임을 다시 확인하는 결과인 것이다.

셋째, 부서 간 역학을 매개로 한 거주자중심케어의 발생 경로는 외부 환경의 변화 요인에 따라 서로 다른 결과를 가져올 수 있다는 점이다. [경로2]와 [경로3]에서처럼 지나친 요양시설 간 경쟁은 부서 간 연계의 수준을 낮추어 거주자중심케어를 방해할 수 있다. 따라서 요양시설이 어떠한 외부 환경 변화를 경험하는가, 그리고 어떤 환경 변화에 더 초점을 두고 있는가에 따라 케어의 방식과 질이 달라질 수 있는 것이다. 더불어 안정적인 요양시설 간 경쟁 환경의 조성을 위한 정부의 정책적 고민 역시 요구된다.

넷째, 시설장을 중심으로 한 경영층이 외부 환경 변화에 적절히 대처할 수 있는 유기적이고 탄력적인 조직화(organizing)가 요구된다는 점이다. 또한 종사자의 처우 개선을 위한 현실적인 노력이 강구되어야 할 것이다.

임진섭 · 최재성 · 이민홍(2012)의 연구에서 제시한 분석 결과 및 함의는 본 연구의 양적조사 및 심층면접조사 결과를 보다 논리적이고 분석적으로 뒷받침하고 있다. 즉 거주자중심케어에 긍정적 또는 부정적인 영향을 미치는 요인들을 발견함으로써 앞으로 요구되는 구체적 실천 방안들을 제시하는 것이다. 하지만 심층면접조사 결과 나타난 거주 노인의 높은 만족도, 수동적 · 소극적 태도 등의 요인은 적절하게 설명하지 못하는 한계를 지닌다. 또한 표본의 대표성 문제 및 조사 응답자의 사회적 바람직성이 반영되었을 가능성 또한 배제할 수 없다. 그럼에도 불구하고 노인요양시설의 거주자중심케어에 영향을 미치는 요인을 실증적으로 검증하고, 그 세부적 발생 경로를 분석했다는 점에서 이론적, 실천적 함의를 갖는 연구이다.

3. 거주자중심케어의 성과

지금까지 노인요양시설의 거주자중심케어의 도입 및 적용의 가능성, 거주자중심케어의 영향 요인(방해 요인) 및 발생 경로 등에 대해 논의하였다. 또한 이를 통해 국내 노인요양시설 환경에 거주자중심케어를 도입하기 위한 필요한 몇 가지 함의와 제언들을 제시하였다. 그렇다면 거주자중심케어에 관한 논의에서 또 다른 의문은 거주자중심케어의 성과일 것이다. 즉 노인요양시설에 거주자중심케어를 적용했을 때 어떠한 긍정적 성과가 나타나는가에 대한 객관성 있는 근거 자료들이 제시될 필요가 있다. 이는 본 연구의 앞부분에서 문제 제기한 바와 같이 거주노인중심케어 도입의 필요성에 대한 정당성과 타당성을 제공할 수 있다는 점에서 반드시 필요한 논의이다.

기존의 선행 연구를 통해 나타난 거주자중심케어의 성과는 요양시설에 거주하는 거주 노인의 측면과 요양시설의 조직 운영 측면으로 구분할 수 있다. 먼저 거주자중심케어를 통해 거주 노인에게 나타난 긍정적 변화에는 거주 노인의 삶의 질, 생활 만족도, 존엄성, 자율성, 외로움 및 우울증 완화, 행복감 등의 심리사회적 건강이 호전되는 것이다(Hill et al., 2011). 뿐만 아니라 질병 감염률과 약물 사용, 사망률 등의 신체적 건강의 측면에서도 역시 좋은 성과가 보고된 바 있다(Hill et al., 2011; Ransom, 2000; Thomas, 1996). 이 중에서도 특히 거주 노인의 삶의 질 변화에 대한 연구는 거주자중심케어를 적용한 요양시설과 그렇지 않은 요양시설 간의 조직 간 비교연구가 주를 이루어 왔다(Bergman-Evans, 2004; Kane et al., 2007). 이들은 거주자중심케어를 적용한 요양시설의 거주 노인이 일반 요양시설 노인에 비해 삶의 무기력함과 지루함이 더 낮은 수준으로 나타나고, 정서적 행복감과 만족감은 더 높은 것을 발견하였다. 또한 치매노인을 대상으로 거주자중심케어를 실천하였을 때, 거주자중심케어를 적용한 집단이 일반적 케어를 적용한 집단에 비해서 불안감, 불쾌감, 공격성 등이 낮게 나타나는 것을 보고하였다(Chenoweth et al, 2009; Sloane et al, 2004). 이러한 연구 결과들은 거주자중심케어의 실제적 적용이 거주하는 노인들에게 가져오는 긍정적 성과들을 입증하는 것으로써, '인간 중심 케어'라는 거주자중심 케어서비스의 목표를 성실하게 달성하고 있음을 보여 준다.

다음으로 노인요양시설의 조직 운영 측면에서 나타나는 거주자중심케어의 성과에는 수익 창출, 비용 감소, 직원의 직무 만족 증가, 직원 이직률 감소 및 고객 만족 증가, 직원의 조직 헌신 향상, 정원 충원율 상승, 시설의 긍정적 이미지 제고 등이 보고된 바 있다(Fagan, 2003; Farrell & Elliot, 2008; Grant, 2008; Stone et al., 2002). 예를 들어 거주자중심케어의 이념과 가치를 수용한 직원의 경우, 거주 노인이 지속적인 성장과 발전을 통해 가치 있는 삶을 영위할 수 있는 가능성이 있음을 더 높게 인지하고 있었다(Meyers, 2001). 이러한 거주자중심케어는 직원들로 하여금 거주 노인에 대하여 보다 온화하고 신뢰감 있는 태도를 갖게 하고, 언어적 지지 등의 활동을 수행하도록 한다(Hoeffer et al., 2006).

관련하여, Grant(2008)는 미국 위스콘신 주와 펜실베이니아 주에 위치한 17개 노인요양시설의 직원 812명과 거주 노인 950명을 대상으로 인터뷰를 실시한 바 있다. 분석 결과 거주자중심케어가 요양시설 직원의 만족도와 재정적 성과에 긍정적인 영향을 미치는 것으로 나타났다. 또 다른 연구에서는 노인요양시설의 정원 충원율 역시 높게 나타났는데, Elliot(2010)은 미국 내 노인요양시설 9,944개를 대상으로 유사-실험 설계 방법(quasi- experimental methodology)을 사용하여 분석하였다. 그 결과, 거주자중심케어를 적용한 요양시설의 정원 충원율이 더 높게 나타나는 것을 밝혀냈다. 이러한 연구 결과들은 거주 노인을 중심으로 한 서비스 실천 방식이 요양시설의 직원과 더 나아가서는 요양시설 운영의 입장에서도 긍정적 효과가 있음을 입증하는 결과이다.

한편 아직까지 국내에서는 노인요양시설을 대상으로 거주자중심케어의 성과를 연구한 사례는 찾기 힘들다. 이는 앞서 살펴본 바와 같이 국내의 경우 아직까지 거주 노인의 삶의 질 개선을 중심으로 하는 장기요양서비스 환경이 구축되기 시작한 것이 그리 오래되지 않았고, 따라서 거주자중심케어의 성과를 측정하고 논의하는 것 자체가 아직은 시기상조일 수 있는 것이다.

이러한 상황에서 Lee 외(2012)의 연구는 국내 노인요양시설의 거주자중심케어 수준이 노인요양시설운영에 미칠 수 있는 영향에 대해 검토한 최초의 실증적 연구라 할 수 있다. 이들 연구자들은 노인요양시설의 거주자중심케어와 문화 변화를 동일한 용어로 규정하고, 한국 노인요양시설의 거주자중심케어 도입이 가져올 수 있는 긍정적 성과를 밝혀내기 위해 요양시설의 '정원 충원율'과 직원의 '조직 헌신' 수준을 측정하였다. 그리고 자생적인 거주자중심케어의 수준이 정원 충원율과 조직 헌신에 미치는 영향의 관련성을 분석하였다.

먼저 정원 충원율이란 요양시설에 있는 침상 개수 중에서 현재 시설에 거주하고 있는 노인 수의 비율을 의미한다. 다시 말해 요양시설이 수용할 수 있는 전체 입소자 정원 중 현재 몇 명의 입소 노인이 실제로 거주하고 있는가를 의미하는 것이다. 호텔산업과 비교한다면 호텔성과지표의 하나로 볼 수 있는 호텔 투숙률에 가깝다고 할 수 있다. 다음으로 조직 헌신이란 직원이 시설을 위해 얼마나 희생을 감수할 수 있는가, 시설에 대한 애착심과 열정이 큰가, 직원 간 결속력이 강한가 등을 의미한다. 즉 직원의 조직 헌신 수준이 높게 나타날수록 노인요양시설이 제공하는 서비스 질 수준 및 시설 운영의 성과는 긍정적으로 평가될 수 있다.

분석 결과는 다음과 같다. 먼저 전국 노인요양시설 223개소를 기술분석한 결과, 정원 충원율의 평균은 88.17%로, 조직 헌신의 평균은 3.78점(5점 척도 기준)으로 나타났다. 다음으로 요양시설의 특성에 따른 정원 충원율과 조직 헌신 수준의 차이를 분석한 결과, 조직 헌신의 경우 도시에 소재한 요양시설(평균 3.91점)이 중소도시에 소재한 시설(3.67점)보다 조직 헌신 수준이 높았다. 또한 입소자 정원이 10인 이상~30인 미만인 소규모 시설(평균 3.89점)과 61명 이상인 대규모 시설(평균 3.84점)이 31인 이상~60인 미만의 중간규모 시설(평균 3.66점)보다 조직 헌신 수준이 높았다. 정원 충원율의 경우 거주 노인 1인당 직원 수의 비율을 의미하는 Staffing ratio가 1.81명 이상인 시설(평균 90.01%)이 1.80명 미만(평균 85.86%)인 시설보다 높게 나타났다. 다음 〈표 5-4〉는 분석 대상 노인요양시설 특성에 따른 정원 충원율과 조직헌신 수준의 분석 결과이다.

또한 거주자중심케어가 요양시설 운영에 미치는 영향에 대한 분석 결과는 다음과 같이 제시한다. 첫째, 거주자중심케어는 정원 충원율과 조직 헌신에 정적으로 유의한 영향을 미치는 것으로 나타났다. 다시 말해 거주자중심케어를 지향하는 시설일수록 해당 시설의 정원 충원율과 조직 헌신의 수준은 높아지게 된다는 것이다. 이는 국내 노인요양시설이 거주자중심케어를 도입하였을 때 운영상의 실제적인 성

〈표 5-4〉 노인요양시설 특성별 정원 충원율 및 조직 헌신 (N=223)

구분		정원 충원율 (평균[SD])	조직 헌신 (평균[SD])
	전체	88.17(16.06)	3.78(0.51)
운영 주체	영리	88.90(17.41)	3.82(0.47)
	비영리	87.68(15.10)	3.76(0.47)
복합시설 여부	단일시설	88.75(12.88)	3.76(0.50)
	복합시설	87.37(19.65)	3.82(0.53)
소재 지역	도시	88.91(13.58)	**3.91(0.47)***
	중소도시	87.85(16.87)	**3.67(0.53)***
	농어촌	87.85(16.76)	3.80(0.49)
입소자 현원	1~30인	85.65(21.07)	3.80(0.49)
	31~60인	88.56(13.01)	3.69(0.52)
	61인 이상	91.21(10.07)	3.87(0.50)
입소자 정원	10~30인	90.98(16.06)	**3.89(0.46)***
	31~60인	86.00(17.21)	**3.66(0.49)***
	61인 이상	87.61(14.35)	**3.84(0.52)***
직원 수	1~10인	85.33(23.91)	3.85(0.43)
	11~20인	86.15(16.80)	3.82(0.53)
	21인 이상	90.04(11.59)	3.76(0.51)
거주 노인 1인당 직원 비율	1.80인 미만	**85.86(19.64)*****	3.79(0.51)
	1.81인 이상	**90.01(12.24)*****	3.80(0.48)

주: * $p<.05$, *** $p<.001$

자료: Lee, Choi, Lim & Kim(2012). Relationship Between Staff-reported Culture Change and Occupancy Rate and Organizational Commitment Among Nursing Homes in South Korea에서 재구성.

과를 기대할 수 있음을 입증하는 결과이다. 한편 거주자중심케어의 8가지 하위 차원을 구분하여 보다 세부적으로 분석하면, 정원 충원율에는 거주 노인의 자율성 보장, 시설환경 지원, 시설의 관리 구조가 영향을 주는 것으로 밝혀졌고, 조직 헌신에는 시설의 관리 구조만이 유의한 영향을 미치고 있었다. 한 가지 흥미로운 점은 거주 노인에게

〈표 5-5〉 노인요양시설 거주자중심케어와 정원 충원율 및 조직 헌신과의 관계 (N=223)

변수	정원 충원율		조직 헌신	
	모델1β		모델2β	
운영 주체	-.080	-.030	-.101	-.085
시설 유형	.003	.014	.016	.062
소재 지역	-.002	-.057	.054	.049
입소자 현원	-.069	-.236	.245	.023
직원 수	.241	.295	-.125	.080
거주 노인 1인당 직원 비율	$.263^{**}$	$.300^{**}$	-.076	-.004
문화 변화(전체)	$.240^{**}$		$.443^{***}$	.014
개별 특성		-.113		
자율성		$-.319^{***}$		-.008
개별 노인 이해		.026		.028
편안한 케어		-.145		.026
관계 형성 지원		.157		-.026
노인을 위한 업무 노력		.104		.085
개별화된 환경		$.320^{**}$		-.022
관리 구조		$.280^{**}$		$.466^{***}$
F	4.419^{***}	4.910^{***}	7.557^{***}	5.929^{***}
R square	.139	.275	.220	.318
Adjusted R square	.108	.219	.191	.264

자료: Lee, Choi, Lim & Kim(2012). Relationship Between Staff-reported Culture Change and Occupancy Rate and Organizational Commitment Among Nursing Homes in South Korea에서 재구성.

자율성을 부여하는 것이 시설의 정원 충원율에 부정적(-)인 영향을 준다는 점이었다. 즉 요양시설이 거주 노인의 자율적인 선택을 존중하고 보장할수록 정원 충원율은 낮아진다는 것이다. 이러한 분석 결과는 한국 노인들이 가진 수동적 · 소극적 특성에 기인하는 것으로 이해할 수 있다. 한국에서 노인요양시설에 입소해 있는 노인들의 경우 대부분 신체적 · 정신적으로 상당히 손상되어 있는 경우가 많으며, 이들은 스스로의 선택보다는 가족 또는 전문가의 결정에 의존하는 것을 더 선호하는 경향을 보이기도 한다. 또한, 국내 노인요양시설의 운영 문화 자체가 아직은 서비스 제공자뿐만 아니라 거주 노인 자신도 자율성에 익숙하지 않다는 특성을 보여주는 결과일 수 있다. 〈표 5-5〉는 국내 노인요양시설의 거주자중심케어가 시설의 정원 충원율과 직원의 조직 헌신 수준에 미치는 영향에 대한 회귀분석 결과이다.

이러한 연구 결과를 바탕으로 Lee 외(2012)는 한국과 미국의 노인요양시설에 대한 다음과 같이 설명하였다. 첫째, 1990년대 미국과 유럽을 중심으로 확산되기 시작한 거주자중심케어는 한국에서도 충분히 적용될 수 있는 실천 방법이다. 이는 거주자중심케어가 시설의 정원 충원율과 직원의 조직 헌신에 긍정적인 성과를 나타낸다는 연구 결과를 통해 예측해 볼 수 있으며, 국내 노인요양시설에 거주자중심케어를 도입하기 위한 프로그램 및 정책 개발의 설득력 있는 근거가 될 수 있다.

둘째, 노인요양시설의 거주자중심케어 환경 구축을 위한 노력은 기존에 시설 중심의 환경에서 생활하던 거주 노인의 삶의 질을 향상시킬 수 있는 효과적 개입 수단이 될 수 있다. 이는 특히 미국 내 노인요양시설에 거주하는 한국계 미국 노인들에게 거주자중심케어의 도입 필요성을 주장하는 효과적인 근거가 될 수 있다. 즉 미국의 노인요양시설들이 한국계 거주 노인의 특성을 이해하고 그에 알맞은 케어를 제공할 수 있도록 도움을 줄 수 있다. 이는 궁극적으로 거주 노인과 시설 직원 모두의 만족도와 삶의 질 수준을 향상시킬 수 있을 것이다.

셋째, 노인요양시설의 관리자는 거주 노인에 대한 직접적인 돌봄 제공자(요양보호사)의 관심사에 빠르게 대응해야 하고, 지속적인 교육·

훈련의 기회를 제공해야 한다. 이는 거주자중심케어의 8가지 하위 차원 중 시설의 관리 구조에 대한 지원이 정원 충원율 및 조직 헌신에 매우 큰 영향을 미친다는 사실에 근거한다. 따라서 직원들이 적절한 슈퍼비전을 받고, 업무와 관련한 전문적인 교육과 훈련을 제공받을 때, 고객 유치와 시설에 대한 직원의 헌신 등과 같은 긍정적 성과를 이끌 수 있는 것이다.

지금까지 노인요양시설이 거주자중심케어를 적용하였을 때 나타날 수 있는 긍정적 성과에 대해서 기존의 선행 연구에서 밝혀진 내용들을 중심으로 살펴보았다. 특히 Lee 외(2012)의 연구는 거주자중심케어의 성과를 한국적 상황에 적용하여 실증적으로 분석했다는 점에서 의미가 크다. 하지만 응답자의 사회적 바람직성이 개입되었을 가능성, 거주 노인을 대상으로 조사를 수행하지 못한 점, 정원충원율과 조직 헌신에 영향을 미칠 수 있는 기타 요인(지역에 따른 시설 간 경쟁 수준, 열악한 근무환경, 열악한 처우 및 오랜 근무 시간) 등을 반영하지 못한 한계를 갖고 있다. 따라서 앞으로 국내에 거주자중심케어가 도입 및 정착되기 위해서는 거주자중심케어의 성과를 보다 정밀하고 객관적으로 검증한 연구들이 보다 활발히 이뤄져야 할 것이다.

제 6 장

한국 노인장기요양시설의 거주 노인 중심으로의 문화 변화를 위한 정책 방향

제6장 한국 노인장기요양시설의 거주 노인 중심으로의 문화 변화를 위한 정책 방향

본 연구는 2008년 노인장기요양보험제도 도입 이후 노인요양시설 설립이 급증하고 더불어 장기요양서비스의 질에 대한 사회적 관심이 고조되는 상황에서 수행되었다. 한국 사회의 인구고령화 속도를 감안하면 노인 돌봄은 더 이상 개인 혹은 가족의 책임일 수는 없다. 사회적 돌봄의 필요성 혹은 돌봄의 국가 책임을 다시 확인하고 인정해야만 되는 것이다. 이러한 상황에서 노인요양서비스의 공급은 계속 확대될 것이다. 지금까지의 사회 전체적 노력은 서비스 공급 부족을 극복하기 위해 공급량을 확대하는 데 모아졌다면, 이제는 요양서비스 질을 고민해야 할 것이다. 특히 단기간에 서비스 공급을 확보했으면, 이제 중장기적으로 노인요양시설의 한국적 운영문화 혹은 운영 모델을 찾아야 할 것이다. 이것이 노인요양시설의 서비스 질을 보장하는 첩경이 될 것이기 때문이다.

서구에서 시작된 노인요양시설의 거주자중심케어(resident-centered care), 그리고 이를 위한 노인요양시설 운영을 둘러싼 포괄적인 '문화 변화(culture change)' 노력은 한국 사회의 관심을 끌기에 충분하다. 단기간에 요양서비스 공급을 확보한 한국 사회에서 양적 성장을 넘어 질적인 내실화를 도모하기에 충분히 벤치마킹의 가치가 있는 것이다. 사실 달리 명확한 정책적 대안도 최소한 당분간은 그리 쉬워 보이지는 않는다.

본 연구에서는 서구의 거주자중심케어의 한국적 가치를 찾고자 나름의 데이터를 수집하여 실증적 분석을 시도하였고, 관련 연구들을 면밀하게 검토하였다. 한국 사회에 거주자중심케어의 철학을 반영한 운영 모델이 보급된 바는 없지만, 자생적으로 거주자중심케어 철학을 일부라도 실현하고 있는 노인요양시설을 찾고자 했다. 정확하게 표현하면 거주자중심케어 철학 추구형 노인요양시설이라고 할 수 있을 것이다. 그런데 관련 국내 연구들과 본 연구에서 발견한 것은 국내에도 자생적으로 거주자중심케어를 추구하는 요양시설이 존재한다는 사실이고, 이들 요양시설은 객관적으로 명확하게 양질의 서비스를 실현하고 있다는 것이다. 더 나아가서 입소율, 직원들의 헌신도 등과 같은 조직성과의 측면에서도 서구의 연구에서 보고된 바와 같이 일관성을 유지하면서 긍정적인 결과를 보인 것이다.

그렇다면 이제 과제는 명확하게 정리된다. '한국의 노인요양시설들을 어떻게 거주자중심케어 철학을 반영한 시설 운영으로 유도할 수 있을까?' '자생적 거주자중심케어 철학 추구형을 뛰어넘어 보다 체계적이고 조직적인, 나아가 노인요양시설 운영문화로서 확산할 수 있는 방법은 없는가?'의 고민인 것이다. 이러한 고민의 결과는 우울한 수용시설 모습의 노인요양원 문화를 탈피하여 가급적 노후에 내 집에 거주하는 느낌을 주는 노인요양원 문화로 변화하는 것을 의미한다. 이에 대한 의견을 다음과 같이 제시한다.

1. 거주자중심케어 모델 확산을 위한 제도적 접근

1) 공공 부문

우리나라 노인장기요양시설에서 거주노인중심케어 모델이 보편화된 모습을 찾으려면 먼저 두 가지 걸림돌을 해결해야 한다.

첫째는 비용이 들어간다는 것이다. 직원들의 공감을 얻어 내고 체계적으로 교육 훈련을 하자면 적지 않은 비용이 소요되는 것이다. 예산 부담으로 새로운 프로그램이나 혁신을 위한 시도가 여의치 않은 상황에서 거주자중심케어를 시도한다는 것은 그리 만만치는 않은 것이다. 더군다나 입소율이 다소 낮은 요양시설들은 당장의 생존이 더 절박할 수 있다. 따라서 노인장기요양보험제도를 실질적으로 주관하는 건강보험공단과 보건복지부가 혁신적 노력을 통해 요양서비스의 질을 개선하려는 움직임에 재정적 지원을 결정해야 한다. 미국의 캔자스 주 정부의 정부 차원 노력을 주목할 필요가 있다.

둘째로 노인요양시설 종사자의 처우 문제이다. 낮은 수준의 처우는 양질의 서비스를 기대하기 어렵게 한다. 따라서 노인요양시설 종사자의 처우를 시장 현실에 맞게 조정하고 더 이상 사명감과 헌신에만 기대는 상황이 벌어지지 않도록 해야 할 것이다.

이상의 두 가지 걸림돌이 최소한 개선되는 모습이 나타난다면, 거주자중심케어를 확산하기 위한 공공 부문의 역할을 기대할 수 있을 것이다. 공공 부문의 접근은 인센티브를 활용한 점진적 접근이 하나의 사례가 될 것이다. 구체적으로, 최소한 거주자중심케어를 통해 서비스 질을 혁신한 요양원들에게는 요양수가를 대략 5~10% 수준에서 추가적으로 인정해 주는 방법이 있다. 국가의 입장이나 보험자의 입장에서 서비스 질을 향상시킨 것에 대한 대가를 지불하는 것으로 볼 수 있다. 그리고 이렇게 확보된 노인요양시설의 추가 수입은 노인요양보호사의 역량 개발 혹은 성과급 형태로 지출할 수 있을 것이다.

앞서의 방식은 인센티브 적용을 통한 민간 스스로의 자발적 변화를 유도하는 소극적 접근으로 볼 수 있다. 보다 적극적으로는 공공부문이 주도가 되어 정책적으로 거주자중심케어를 노인요양시설에 확산시키는 것이다. 물론 공공 주도의 추진이 자칫 경직성과 획일성으로 인한 부작용을 낳을 수도 있다. 하지만 미국 캔자스 주 정부에서 정책적으로 추진하는 사례를 벤치마킹한다면 불가능한 일도 아닐 것이다. 앞서 논의된 바와 같이 캔자스 주의 경우 주 정부 조직 체계 내에 전담 부서를 두어 민간의 자발적 변화를 유도하고 있고 상당한 성과를 가져온 것으로 평가되고 있다.

2) 민간 부문

공공과 민간이 공동의 노력을 경주한다면 가장 바람직한 모습이겠지만, 단기적으로 공공 부문이 거주자중심케어를 확산하는 데 소극적이라면 우선 민간 차원의 접근도 있을 수 있다. 노인요양시설들 가운데 거주자중심케어를 위한 노인요양시설의 운영문화 변화 철학에 공감하는 경우, 자발적으로 거주자중심케어 모델을 시도하도록 하는 것이다. 물론 이러한 경우 개별 요양시설들이 독자적으로 시도하기에는 무리가 있다. 관련 협회나 전문연구기관이 주축이 되어 컨설팅을 제공하고 교육 훈련을 제공하는 방식이 가능할 것이다. 사회복지법인 형태의 노인요양시설을 주 회원으로 하는 '한국노인복지중앙회'가 한 축이 될 수 있으며, 또 다른 양대 축의 하나로는 개인 운영자 형태의 장기요양시설들을 주 회원으로 하는 '한국노인장기요양기관협회'가 중요한 역할을 할 수 있다고 본다.

최초의 과업은 Pioneer Network와 같은 거주자중심케어운영 모델을 개발 운영하는 주체로부터 기술 이전과 교육 훈련을 받는 노력이 될 것이다. 이후에는 서구의 사례처럼 국내에서 거주자중심케어 인증 프로그램의 운영도 가능할 것이다. 그렇다면 '우리나라 노인요양시설들이 거주자중심케어 모델에 관심을 가질 필요가 있는가?', '이들 시설들이 자발적으로 참여하겠는가?'의 질문이 제기될 것이다. 연구자는 이 부분에 대해 비교적 낙관적이다. 이미 국내 노인요양시설들의 경쟁은 극심하다. 장기요양시장에서의 경쟁 상황에서 결국은 가격경쟁보다는 서비스 질 경쟁으로 이어질 것이 분명하다. 이러한 상황에서는 자생적인 서비스 질 향상을 위한 노력보다는 보다 체계적이고 검증된, 그리고 프로그램화 된 서비스 질 향상 모델을 찾을 수밖에 없다고 보는 것이다. 이 과정에서 브랜드화 된 노인요양원의 본격적인 등장, 나아가 표준화와 체계적인 인적 자원 관리 및 서비스 질 관리를 기본으로 하는 체인화(혹은 프랜차이즈) 형태의 노인요양원의 대거 출현도 쉽게 예측된다. 일본, 호주, 미국 등의 경험에서 확인할 수 있을 것이다. 이러한 시장 상황은 노인요양원 운영자들에게 거주자중심케어 모델에 관심을 가지게 하는 또 다른 시장 압력으로 작용할 것이다.

앞서 지적하였듯이, 물론 거주자중심케어 철학을 확산하는 가장 좋은 방법은 공공과 민간의 구분을 뛰어넘어 상호보완적으로 노력하는 것이다. 성공 사례는 미국의 캔자스 주 정부의 사례이다.

2. 거주자중심케어 모델 확산을 위한 전략적 접근

앞서 공공과 민간 부문에서 거주자중심케어 확산을 위한 제도화된 노력이 어떤 방식으로 가능할 수 있겠는가에 대해 대략적으로 논의했다. 이제는 공공 혹은 민간 부문에서 거주자중심케어를 확산하기 위해 노력할 때 어떤 세부 전략을 활용할 수 있는가에 대해 논의하고자 한다.

1) 성공 사례 공유

이론적 논의와 교육보다는 실제 사례를 소개하고 공유하는 방법이 효과적일 수 있다. 미국의 사례, 호주의 사례, 일본의 사례를 검토하면 충분히 기본 아이디어에 대한 공유가 가능하다고 본다. 물론 각 사회의 특수성을 고려하고 한국적 특수성을 감안한다면 수정 보완된 형태의 한국적 모형을 기대할 수도 있을 것이다. 국내의 자생적 성공 사례를 공유하는 것은 또 다른 효과적 방법일 수 있다.

2) 컨설팅을 통한 인증

전문가를 통한 컨설팅을 제공해야 한다. 새로운 변화를 시도하는 경우 학습 과정이 필요한 것이다. 충분한 학습 과정 없이 새로운 운영 모델이 정착되기를 기대하는 것은 무리인 것이다. 또한 컨설팅의 과정은 궁극적으로 인증 프로그램을 지향해야 할 것이다.

3) 교육 훈련

컨설팅을 통한 학습도 필요하지만 정기적인 워크숍과 교육 프로그램이 개발 및 운영되어야 한다. 기본적 개념과 필요성의 공감, 그리고 구체적인 액션 플랜의 도출, 평가 등과 관련하여 체계적인 교육이 없다면 변화를 기대하기 어렵다. 또한 거주자중심케어 모델이 일시적인 캠페인 차원을 넘어 조직문화로 내면화되기 위해서는 주기적인 반복 교육이 필요한 것이다.

4) 인센티브 프로그램

보다 적극적으로 거주자중심케어를 실현하도록 유도하기 위해서는 어느 정도의 인센티브가 필요하다. 정부 차원 혹은 민간 협회 차원의 포상과 인정이 가능할 것이다. 앞서 논의된 바와 같이 정부 주도의 추가적 요양보호서비스 수가 인정이 적용된다면 훨씬 빠른 속도로 확산될 수도 있다.

또 다른 가능성으로는 거주자중심케어를 실현한 것으로 인증받은 시설에 장기요양시설평가에서 가산점을 부여하거나 시설 평가를 대체하도록 하는 것도 방법일 것이다.

5) 전담 센터 설치 운영

캔자스 주 정부의 경우 행정기구 내에 전담 부서를 두어 정책적으로 거주자중심케어를 확산하고 있다. 관련 대학과 연계하여 지속적으로 프로그램을 개선하고 관련 연구도 수행한다. 전문성과 지속성, 정책적 지원이 거주자중심케어의 효과적 확산을 가능하게 한 것이다.

6) 서구 모델을 응용한 한국 모델 개발 보급

서구의 모델이 한국 사회에도 적합하리라는 보장은 어렵다. 사회문화의 차이와 장기요양보호서비스 역사에 있어서의 차이가 단순한 적용은 오히려 예상하지 않았던 위험을 가져올 수도 있다. 하지만 본 연구에서 발견한 사실 중의 하나는 한국에서도 자생적인 거주자중심케어의 모습이 발견된다는 점이다. 그렇다면 서구의 이론적 모델과 서구의 검증된 경험, 그리고 한국의 자생적 거주자중심케어의 모습이 종합적으로 융합된다면 소위 한국형 거주자중심케어의 모델을 만들어 내는 것도 그리 요원하지는 않다고 본다.

| 참고문헌 |

강상경 · 전해숙. 2006. 노화와 자아개념의 궤적: 관련된 건강, 심리 및 사회적 영역들에 관한 성장모델을 이용한 분석. 한국노년학, 26(2):417-436.

강인. 2003. 성공적 노화의 지각에 관한 연구. 노인복지연구, 20:95-116.

국민건강보험공단. 2010. 2010년 제6차 노인장기요양보험 참고 자료. 국민건강보험공단 요양운영실.

권중돈 외. 2009. 노인복지시설 인권 매뉴얼. 한국노인복지시설협회.

김기태. 2004. 노인복지시설 종사자의 직무만족에 관한 연구: 개인특성별 차이와 인사제도와의 관계를 중심으로. 사회과학연구, 19:2-22.

김미혜 외. 2009. 장기요양보장 인프라 확대정책의 집행요인에 관한 연구: 노인요양시설을 중심으로. 사회복지연구, 40(3):5-40.

김용득 · 김미옥. 2007. 이용자 참여의 개념 구조: 한국장애인복지에 대한 함의. 한국사회복지학, 59(2):39-64.

김완희 · 박종연 · 이지전 · 강임옥. 2003. 유료 노인전문요양원 이용 경험에 관한 질적 연구. 보건행정학회지, 13(1):1-22.

김은경 · 오희영. 2007. 시설노인 문제행동평가도구의 타당성 검증. 한국노년학, 27(1):153-162.

김찬우. 2009. 노인장기요양제도 1년 평가와 서울시 · 경기도의 역할: 요양시설의 방향성 정립을 중심으로. 서울도시연구, 10(3):37-51.

김철수. 2010. 노인장기요양보험제도의 시설 및 인력 인프라 개선. 보건복지포럼, 168:10-15.
문형표·김동석·윤희숙. 2006. 인구구조 고령화의 경제·사회적 파급효과와 대응과제. 한국개발연구원.
박경란·이영숙. 2002. 성공적 노화에 대한 인식 조사연구. 한국노년학회, 22(3):53-66.
변용찬. 2009. 장애인장기요양보장제도의 필요성과 추진방향. 복지동향, 129:45-47.
서울대학교병원. 2009. 치매 노인 유병률 조사. 서울: 보건복지가족부.
신섭중. 2004. 사회변동과 사회복지인력 개편 방향. 지역사회, 48:96-102.
이인수·임춘식. 2005. 노인시설 종사자의 직장애착과 소진에 관한 연구. 노인복지연구, 30:99-121.
이의훈·한세미. 2010. 노인부양활동에 있어 Information Technology의 보완 역할에 관한 탐색적 연구: 노인부양자의 욕구를 중심으로. 한국노년학, 30(1):159-177.
이민홍. 2009. 한국형 부양자반응척도(Caregiver Reaction Assessment)의 구성타당화 연구. 한국노년학. 29(2):407-424.
임진섭. 2010. 노인장기요양시설의 거주자중심케어(Resident-Centered Care)에 영향을 미치는 요인과 경로에 관한 연구. 연세대학교 사회복지대학원, 박사학위논문.
임진섭·최재성·이민홍. 2012. 상황이론에 기반한 노인요양시설의 거주자중심케어(Resident-Centered Care) 발생경로에 관한 연구. 한국노년학, 32(1):25-49.
임춘식. 2002. 노인주거복지시설의 효율적인 운영 개선방안. 노인복지연구, 15(1):73-90.
오진주. 2003. 치매시설 생활보조원의 노인 돌봄 경험. 한국노년학, 23(1):75-92.
윤주영·Roberts, T·Bowers, B. J·이지윤. 2012. 노인요양시설의 인간중심 케어(Person-centered care)에 대한 연구. 한국노년학, 32(3):729-745.

이연숙・유혜정・임예지・황지혜. 2011. 한국 노인전문요양시설의 거주환경디자인 특성에 관한 사례연구. 한국디자인포럼, 33, 131-144.

정미렴. 2012. 매슬로우의 욕구단계이론에 의거한 노인요양시설 치유환경요소의 위계에 관한 연구. 한국실내디자인학회논문집, 21(1), 240-247.

정순돌. 2007. 여성노인과 남성노인의 성공적 노화에 관한 인식. 한국노년학, 27(4):829-845.

제갈현숙. 2009. 노인장기요양보험 1년 평가: '시장화'비판과 제도정착을 위한 과제. 사회공공연구소. 공적노인요양보장추진기획단. 2004. 공적노인요양보장체계 최종보고서.

지은구. 2009. 사회복지민영화와 노인장기요양보험제도. 한국사회정책, 15(2): 99-143.

최선희・양혜원. 2004. 한・일 시설거주 노인의 정신건강: 우울 및 스트레스를 중심으로. 한국노년학. 24(1):129-147.

최재성. 1999. 총체적 품질경영기법(TQM)의 적용가능성에 관한 고찰: 사회복지조직 관리 및 평가를 위한 새로운 패러다임. 연세사회복지연구, 4:233-258.

최재성・임진섭・이민홍. 2011. 노인요양시설의 문화변화 패러다임에 대한 탐색적 연구. 노인복지연구, 54:61-84.

최재성・장신재. 2001. 수요자 중심의 원칙에서 조명한 우리나라 보육료지원제도의 성격에 관한 소고. 한국아동복지학, 11:125-150.

최희경. 2008. 노인 돌봄 종사자의 소진 결정요인 연구. 한국노년학, 28(1): 157-176.

최혜지, 2009. 노인장기요양보험 1년 성과와 한계. 복지동향, 130:4-8.

함규정・윤위석・김경환・김은환, 2004. 제도적 환경과 기술적 환경이 의사결정 과정의 합리성 및 조직성과에 미치는 영향. 인적자원개발연구, 6(10):28-63.

황인옥・윤경아・김은경. 2007. 시설 생활노인의 거주만족도 수준 및 예측요인. 한국노년학, 27(4):847-860.

Abdullah, S. N. (1995). Towards an individualized client's care: Implication for education: The transcultural approach. Journal of Advanced Nursing, 22, 715-720.

Aldrich, H. E. (1979). Organizations and Environments. Prentice-Hall, Englewood Cliffs, NJ.

Anderson, P. & Chambers, T. (1985). A Reward/Measurement Model of Organizational Buying Behavior. Journal of Marketing, 49(2), 7-23.

Angelelli, J. (2006). Promising models for transforming long term care. The Gerontologist, 46, 428-430.

Bargmann, P., Cantillo-Kodzis, P., & Crane, S. (2008). Advancing culture change in Florida nursing homes: an Issue brief. Florida Pioneer Network. http://www.artifactsofculturechange.org/Data/Documents/IssueBrief%203-4-10.pdf (2012년 7월 20일 검색).

Barrick, A. L., Rader, J., Hoeffer, B., & Sloane, P. D. (2002). Bathing without a Battle: Personal Care of Individuals with Dementia. Springer Series on Geriatric Nursing. New York, NY.

Barry, T., Brannon, D., & Mor, V. (2005). Nurse aide empowerment strategies and staff stability: Effects on nursing home resident outcomes. The Gerontologist, 45, 309-17.

Beck C. K., et al. (2002). Effects of behavioral interventions on disruptive behavior and affect in demented nursing home residents. Nursing Research, 51, 219-28.

Bennett & Cooper. (1981). The Misuse of Marketing: An American Tragedy, Business Horizon, 24(6), 51-61.

Bentler, P. M., & Chou, C. P. (1987). Practical Issues in Structural Modeling. Sociological Methods and Research, 16(1), 78-117

Bergman-Evans, B. (2004). Beyond the basics: Effects of the Eden Alternative model on quality of life issues. Journal of Gerontological Nursing, 30, 27-34.

Bessant, J. R. (1982). Influential Factors in Manufacturing Innovation. Research Policy, 11, 165-176.

Binnie, A., & Titchen A. (1999). Freedom to Practice: The Development of Patient-centred Nursing. Butterworth Heinemann, Oxford.

Boise, L., & White, D. (2004). The family's role in person-centered care: practice considerations. Journal of Psychosocial Nursing & Mental Health Services, 42, 12-20.

Bott, M., Dunton, N., Gajewski, B., Lee, R., Boyle, D., Bonnel, W. (Dec 20, 2007). Kansas Nursing Facility Project Report(Technical Report). Kansas City, KS: University of Kansas Medical center.

Bowers, B. J., Fibich B., Jacobson, N. (2001). Care-as-service, care-as-relating, care-as-comfort: understanding nursing home resident's definitions of quality. The Gerontologist, 41(4), 539-45.

Bowker, L. (1982). Humanizing institutions for the aging. Lexington, MA: Lexington.

Bowman, C.S. 2008. The environmental side of culture change movement: identifying barriers and potential solutions to furthering innovation in nursing homes. Pre-symposium background paper to the April 3rd, 2008. Centers for Medicare & Medicaid Services.

Brown, M. W., & Cudeck, R. (1993). Alternative Ways of Assessing Model Fit. In Bollen, K. A., & Long, J. S.(Eds.), Testing Structural Equation Models. Newbury Park, CA:Sage.

Brooker, D. (2004) What is person-centred care in dementia? Reviews in Clinical Gerontology, 13, 215-222.

__________. (2007). Person centered dementia care: Making services better. London: Jessica Kingsley.

Bryant, N., Barbarotta, L., & Stone, R. 2008. Assessing state investments in culture change. The commonwealth fund. http://www.commonwealthfund.org/Grants/2006/Dec/Assessing-State-Investments-in-Culture-Change.aspx (2012년 8월 1일 검색).

Burger, S. G et al. (2009). Nurses Involvement in Nursing Home Culture Change: Overcoming Barriers, Advancing Opportunities. From the Hartford Institute for Geriatric Nursing New York University College of Nursing Coalition for Geriatric Nursing Organizations (CGNO) & The Pioneer Network Spring, 2009.

Carr A. J., & Higginson J. (2001) Are quality of life measures patient centred? British Medical Journal. 322(7298), 1357-1360.

Castle, N. G., & Engberg, J. (2006). Organizational characteristics associated with staff turnover in nursing homes. The Gerontologist, 46, 62-3.

Center for Excellence in Assisted Living. (2010). Person-Centered Care in Assisted Living: An Informational Guide. Center for Excellence in Assisted Living.

Centers for Medicare & Medicaid Services (2006). Development of the Artifacts of Culture Change Tool. Centers for Medicare & Medicaid Services, Report of Contract HHSM-500-2005-00076P

Chappell, N. L., Reid, R. C., & Gish, J. A. (2007). Staff-based measures of individualized care for persons with dementia in long-term care facilities. Dementia, 6, 527-547.

Chapman, S. A., Keating N., & Eales J. (2003). Client centered, community based care for frail seniors. Health Soc Care Community, 11, 253-261.

Chenoweth, L., King, M. T., Jeon, Y., Brodaty, H., Stein-Parbury, J., Norman, R., Haas, M., & Luscombe, G. (2009). Caring for Aged Dementia Care Resident Study (CADRES) of person-centred care, dementia-care mapping, and usual care in dementia: a cluster-randomised trial. Lancet Neurology, 8, 317-325.

Child, J. (1997). Strategic Choice in the Analysis of Action, Structure, Organizations and Environment: Retrospect and Prospect. Organization Studies, 18(1), 43-76.

Choi, J. S. & Lee, M. (2014). Psychometric Properties of a Korean Measure of Person-Directed Care in Nursing Homes. Research on Social Work Practice, 24(6), 676-684.

Cohen-Mansfield, J., & Bester, A. (2006). Flexibility as a management principle in dementia care: The Adards example. The Gerontologist, 46, 540-44.

Colorado Foundation for Medical Care. (2006). Measuring Culture Change: Literature Review. Final report submitted to the Centers for Medicare and Medicaid Services, Baltimore, MD.

Coker, E. (1998). Does your care plan tell my story? Documenting aspects of personhood in long-term care. Journal of Holistic Nursing, 16, 435-452.

Corwin, R. G. (1975). Innovation in Organizations: The Case of Schools. Sociology of Education, 4, 1-37.

Coyle, J., & Williams, W. (2001). Valuing people as individuals:

Development of an instrument through a survey of person-centeredness in secondary care. Journal of Advanced Nursing, 36, 450-459.

Crandall, L. G., White, D. L., Schuldheis, S., & Talerico, K. A. (2007). Initiating Person-Centered Care Practices in Long-Term Care Facilities. Journal of Gerontological Nursing, 33(11). 47-56.

Cutler, L. J., Kane, R. A., Degenholtz, H. B., Miller, M. J. & Grant, L. (2006). Assessing and comparing physical environments for nursing home residents: Using new tools for greater research specificity. The Gerontologist, 46, 42-1.

Cyert, R. M., & March, J. C. (1963). A Behavioral Theory of the Firm, New Jersey: Prentice-Hall.

Daft, R. L. (1978). A Dual-core Model of Organizational Innovation. Academy of Management Journal, 21(2), 193-210.

Davies, H. T. O., Nutley, S. M., & Mannion, R. (2000). Organizational culture and quality of health care. Organization in Health Care, 9, 111-119.

Dayton, S., Canter, A., & Allen, C. (2003). Dilemmas in providing patient focused care. Canadian Association of Nephrology Nurses and Technologists Journal, 13, 30-33.

Dellefield, M. E. (2006). Interdisciplinary care planning and the written care plan in nursing homes: A critical review. The Gerontologist, 46, 128-33.

De Witte, L., Schoot, T., & Proot, I. (2006). Development of the client-centred care questionnaire. Journal of Advanced Nursing, 56, 62-68.

Dixon, D. L. (2003). Successfully surviving culture change. Journal of Social Work in Long-Term Care. 2(3/4). 423-438.

Doll, G.A. (2004년 4월 1일자). Pioneering change in Kansas: the PEAK Project, −A state-sponsored education and recognition program helps nursing homes to embrace culture change−. Long Term Living Magazine. http://www.ltlmagazine.com/article/pioneering-change-kansas-peak-project?page=3&com_silverpop_iMA_page_visit_%2Farticle%2Fpioneering-change-kansas-peak-project=1 (2012년 7월 20일 검색).

Doty, M., Koren, M., & Sturla, E. (2008). Culture Change in Nursing Homes: How Far Have We Come? Findings From The Commonwealth Fund 2007 National Survey of Nursing Homes The Commonwealth Fund, May 2008. http://www.commonwealthfund.org/Publications/Fund-Reports/2008/May/Culture-Change-in-Nursing-Homes—How-Far-Have-We-Come—Findings-From-The-Commonwealth-Fund-2007-Nati.aspx (2012년 7월 20일 검색).

Eales, J., Keating, N., & Damsma, A. (2001). Senior's experiences of client-centred residential care. Aging and Society, 21, 279-296.

Edvardsson, D., Winblad, B. & Sandman, P. O. (2008). Person-centered care for people with severe Alzheimer's disease: current status and ways forward. Lancet Neurology, 7, 362-367.

Edvardsson, D., Fetherstonhaugh, D., Gibson, S., & Nay, R. (2010a). Development and initial testing of the person-centered care assessment tool (PCA-T). International Psychogeriatrics, 22, 101-108.

Edvardsson, D., Koch, S., & Nay, R. (2009). Psychometric evaluation of the English language person-centred climate questionnaire. patient version. Western Journal of Nursing Research, 31, 235-244.

____________________. (2010b). Psychometric evaluation of the English language person-centred climate questionnaire. staff version. Journal of Nursing Management, 18, 54-60.

Elliot, A. (2010). Occupancy and revenue gains from culture change in nursing homes: a win-win innovation for a new age of long-term care. Seniors Housing & Care Journal. 18(1). 61-76.

__________(2007). An analysis of participation, quality of care and efficiency outcomes of an inter-organizational network of nursing homes. Unpublished PhD, The Ohio State University.,

Epp, T. D. (2003). Person-centered dementia care: A vision to be refined. Canadian Alzheimer Disease Review, 5, 14-.19.

Evans, L. K. (1996). Knowing the patient: The route to individualized care. Journal of Gerontological Nursing, 22, 15-9.

Fahey, M. C. (2003). Culture change in long-term care facilities: Changing the facility or changing the systems? Journal of Social Work in Long-Term Care, 2(1/2), 33-51.

Fagan, R. M. (2003). Pioneer Network: Changing the Culture of Ageing in America. Journal of Social Work in Long-Term Care, 2(1-2), p.131.

Fazio, S. (2001). Person-centered language is a part of person-centered care. Alzheimer's Care Quarterly, 2, 87-90.

Farrell, D., & Elliot, A. E. (2008). Investing in culture change. Provider, 34(8), 18-30.

Ford, P., & McCormack, B. (2000). Future directions for gerontology: A nursing perspective. Nurse Education Today, 20, 389-.394.

Gnaedinger, N. (2003). Changes in long-term care for elderly people with dementia: A report from the front lines in British Columbia, Canada. Journal of Social Work in Long-Term Care, 2(3/4), 355-371.

Grant, L. A., & Norton, L. (2003). A stage model of culture change in nursing facilities. Paper presented at the 56th Annual Scientific Meeting of The Gerontological Society of America, San Diego, CA.

Grant, L. (2008). Culture change in a for-profit nursing home chain: An evaluation Commonwealth Fund, pub. no. 1099. New York: Commonwealth Fund.

Grover, V. (1993). An empirically Derived Model for the adoption of Customer-based Inter-Organizational System. Decision Science, 24(3), 603-640.

Haider, E. (n.d.). Person-centered care. http://www.personcenteredcare.com/ (2012년 7월 23일 검색).

Haleigh's Almanac. (2002). Texas Long Term Care Institute. Southwest Texas State University. San Marcos, TX.

Happ, M. B., et al. (1996). Individualized care for frail elders: Theory and practice. Journal of Gerontological Nursing, 22(3), 7-.14.

Herald Tribune. (2006년 9월 17일자). This isn't your grandma's nursing home-but it could be yours-guided by its residents, a kansas facility is reinvented. http://www.heraldtribune.com/article/20060917/NEWS/609170532 (2012년 7월 23일 검색).

Harr, R. G,. & Kasayka, R. E. (2000). Person-centered dementia care. Assisted Living Today, 41-.44.

Hoeffer, B., Talerico, K. A., Rasin, J., Mitchell, C.M., Stewart, B.J.,

Mckenzie, D., Barrick, A.L., Rader, J., Sloane, P.D. (2006). Assisting cognitively impaired nursing home residents with bathing: effects of two bathing interventions on caregiving. Gerontologist, 46, 524-532.

Hooyman, N, R,. & Kiyak, H. A. (2008). Social Gerontologist: A Multidisciplinary Prespective(8th ed.). Boston: Pearson.

Holburn et al. (2004). The Willowbrook futures project: a longitudinal analysis of person-centered planning. American Journal of Mental Retardation, 109, 63-76.

Holder, E. L. (1983). Consumer statement of principles for the nursing home regulatory system. Washington(DC): National Citizens' Coalition for Nursing Home Reform(NCCNHR); 1983.

Holder, E. L,. & Frank, F. W. (1985). A Consumer perspective on quality care: the resident's point of view. Washington(DC): National Citizens' Coalition for Nursing Home Reform(NCCNHR).

Hu, L. T,. & Bentler, P. (1999). Cutoff criteria for fit indexes in covariance structure analysis: Conventional criteria versus new alternatives. Structural Equation Modeling, 6, 1-55.

Jaworski, B. & Kohli, A. K. (1993). Market orientation: Antecedents and consequences, Journal of Marketing, 57(3), 53-70.

Johnston. A. E. (2007). THE CULTURE CHANGE MOVEMENT IN OHIO' NURSING HOMES. Unpublished. Miami University Oxford, Ohio

Kane, R. A. (2002). What a difference place makes! How physical environments in nursing homes affect quality of life. The Gerontologist, 42, 321.

__________. (2003). Definition, measurement, and correlates of quality of life in nursing homes: Toward a reasonable practice, research, and policy agenda. The Gerontologist, 43(SI II), 28-6.

Kane, R. A., et al. (2003). Quality of life measures for nursing home residents. Journal of Gerontology, 58(A), 240-48.

Kane, R. A., Lum, T. Y., Cutler, L. J., & Degenholtz, H. B. (2007). Resident outcomes in small-house nursing homes: A longitudinal evaluation of the initial Green House program. Journal of the American Geriatrics Society, 55(6), 832-839.

Kanter, R. M. (1983). The change masters. New York, Simon and Schuster.

Kapp, M.B. (2000). Quality of care and quality of life in nursing facilities: what's regulation got to do with it?. McGeorge Law Review, 31(3). 707-731.

Kitwood, T. (1997). Dementia Reconsidered: The Person Comes First. Open University Press, Buckingham.

Koenig, T., & Spano, R. (2006). Professional hope in working with older adults. Journal of Sociology & Social Welfare, 33(2), 25-44.

Koren, M. J. (2010). Person-Centered Care For Nursing Home Residents: The Culture-Change Movement. Health Affairs, 29(2), 312-317.

Kruschke, C. (2006). The Eden Alternative and rosebud nursing center: Does the Eden Alternative improve resident outcomes in a long-term care setting? Unpublished EdD, Cardinal Stritch University, (3240833).

Lawrence, P. R., & Lorsch, J. W. (1967). Organization and Environment: Managing Differentiation and Integration. Boston: Harvard University Press.

Lee, M., Choi, J. S., & Lim, J. S., & Kim, Y. S. (2013). Relationship between staff-reported culture change and occupancy rate and organizational commitment among nursing homes in South Korea. The Gerontologist, 53, 235-245.

Lopez, S. H. (2006). Culture change management in long-term care: A shop-floor view. Politics & Society, 34(1), 55-79.

Lustbader, W. (2001). The pioneer challenge: A radical change in the cultureof nursing homes. In L. S. Noelker & Z. Harel (Eds.), Linking quality of long-term care and quality of life (185-.203). New York: Springer.

Lustbader, W., & Williams, C. C. (2006). Culture change in long-term care. In B. Berkman and S. D'Ambruoso(Eds.), Handbook of social work in health and aging. New York: Oxford Press.

MacKenzie, S. (2003). Implementing the Eden Alternative in Australia. Journal of Social Work in Long-Term Care, 2(3/4), 325-338.

Magito-McLaughlin, D., Spinosa, T. R., & Marsalis, M. D. (2002).

Person-Centered Planning. Holburn and Vietze eds. Paul Brookes Publishing. Baltimore, MD.

Malleta, J. (2009). Making the Switch to Person-Centered Care. Mather Life Ways Orange Papers. www.matherlifeways.com

MacCallum, R. C., Browne, M. W., & Sugawara, H. M. (1996). Power analysis and determination of sample size for covariance structural modeling. Psychological Methods, 1, 130-149.

Matthews, E. A., Farrell, G. A., & Blackmore, A. M. (1996). Effects of an environmental manipulation emphasizing client centred care on agitation and sleep in dementia sufferers in a nursing home. Journal of Advanced Nursing, 24, 439–47.

Mead, N., & Bower, P. (2000) Patient-centreness: a conceptual framework and review of the empirical literature. Social Science and Medicine, 51(7), 1087–1110.

Meadowlark Hills 요양원 홈페이지(http://www.meadowlark.org/news/index.html).

McConkey R. (2000) Community care and resettlement. Current Opinion in Psychiatry 13(5), 491–495.

McCormack B. (2001) Negotiating Partnerships with Older People: A Person-centred Approach. Ashgate, Basingstoke.

McCormack & McCance. (2006). Development of a framework for person-centred nursing, Journal of Advanced Nursing, 56(5). 476.

Menne, H. L., & Whitlatch, C.J. (2007). Decision-making involvement of individuals with dementia. The Gerontologist, 47(6), 810-819.

Meyers, S. (2001). Jewish Home and Hospital, Bronx, New York, intaped discussion with Mrs. Beatrice Taishoff about her Ethical Will. Mrs. Taishoff is 99 years old and lives in the Jewish Home.

Miller, E., Booth, M & Mor, V. (2008). Meeting the demographic challenges ahead: toward culture change in an ageing New Zealand. Australia & New Zealand Health Policy, 5(5), 1-27.

Morse, J. M., & Field, P. A., (1995). Nursing Research: The Application Of Qualitative Approaches(2nd Edn), Nelson Thornes.

Morton, I. (2000). Just what is person-centred dementia care?. Journal of Dementia Care, 8(3), 28-29.

Myers, S.E., & Bott, M.J. (2009). Culture change in nursing homes:

the perception of leaders versus staff. The Journal of BSN Honos Research, University of Kansas School of Nursing Bachelor of Science in Nursing Honors Program, 1(1), pp-73-96.

Nancy, R., Hooyman, H., Kiyak, A. (2007). Social Gerontology: A Multidisciplinary Perspective (8th Edition). Academic Internet Pub Inc.

NCCNHR. (2009). Culture Change in Nursing Homes. http://theconsumervoice.org/uploads/files/advocate/Culture-Change-in-Nursing-Homes.pdf (2014년 12월 1일 검색).

Nestel D., & Betson C. (1999). An evaluation of a communication skills workshop for dentists: cultural and clinical relevance of the patient-centred interview. British Dental Journal, 187(7), 385-388.

Nicholson, C. (1979). Personalized patient care in the nursing home: Problems and practice. Paper presented at the annual meeting of the Gerontological Society.

OECD. (2013). "Recipients of long-term care", in Health at a Glance 2013: OECD Indicators, OECD Publishing. http://dx.doi.org/10.1787/health_glance-2013-75-en.

Nolan, M. (2001). Successful ageing: Keeping the "person" in person-centred care. British Journal of Nursing, 10, 450-54.

Oh, S. J., Dwyer, F. R., & Dahlstrom, R. F. (1990). External Influences on Channel Relationships: Lessons From Negotiation Lab. Advances in Distribution Channel Research, accepted, JAI Press, 47-91.

Osborn, G. M. (2001). Resident-centered care. Health Progress, 82(6), 56-58.

Page, M. (2007). Client-centered care for the person with dementia: Theessential spiritual dimension. Whitireia Nursing Journal, 14, 17-23.

Parley, F. F. (2001). Person-centred outcomes: Are outcomes improved where a person-centred care model is used? Journal of Learning Disabilities, 5, 299-308.

Parnell, R. (2005). Perceived loneliness, helplessness, and boredom of elderly residents in Eden nursing homes. Unpublished DSN,

University of Alabama at Birmingham, (3182089).

Parsons, M. E. (2004). The impact of the Eden Alternative on quality of life in nursing home residents. Unpublished PhD, University of Nebraska, (3126962).

Perry, J., & O'Connor, D. (2002). Preserving personhood: (Re)membering the spouse with dementia. Family Relations, 51, 55-2.

Pioneer Network. (2011). Positive outcomes of culture change-the case for adoption. Tools for change, 1(2). http://www.pioneernetwork.net/Data/Documents/Tools%20for%20Change-Adoption%20v3.pdf. (2012년 8월 3일 검색).

_______________ (2009). Thirteen values and principles of culture change[Internet]. Rochester(NY): Pioneer Network; [cited 2009 Dec 4].Available from: http://www.pioneernetwork.net/Data/Documents/pioneer-network-value.pdf.

_______________ (2009). Transformative Nursing Homes Experience Positive Regulatory Quality and Financial Outcomes. Pioneer Network Issue Brief.

_______________ (2008). Our vision: a culture of aging that is life-affirming, satisfying, humane and meaningful. http://www.pioneer network. net/ (2012년 7월 19일 검색).

Pitta, J. (1993). It had to be done and We did it, Forbes, April 26, 148-152.

Porter, M. A. (1990). The Competitive Advantage of Nations, New York: Free Press.

Rabig, J., et al. (2006). Radical redesign of nursing homes: Applying the Green House concept in Tupelo, Mississippi. The Gerontologist, 46, 533-39.

Rabig, J. (2007). The elders of the Green Houses: In their words. Unpublished PhD, Union Institute and University, (3273541).

Rader, J. (1995). Individualized dementia care. New York: Springer.

Rader, J., et al. (1996). Maintaining cleanliness: An individualized approach. Journal of Gerontological Nursing, 22(3), 32-38.

Rader, J., & Semradek, J. (2003). Organizational culture and bathing practice: Ending the battle in one facility. Journal of Social Work in Long-Term Care, 2, 269-284.

Rahman, A. N., & Schnelle, J. F. (2008). The nursing home culture-change movement: Recent past, present, and future directions for research. The Gerontologist, 48, 142-148.

Ransom, S. (2000). Eden Alternative: The Texas Project(No. 2000-4). San Marcos, TX: Institute for Quality Improvement in Long Term Health Care.

Rantz, M. J., Hicks, L., Grando, V., et al. (2004). Nursing Home Quality, Cost, Staffing, and Staff Mix. The Gerontologist, 44, 24-8.

Rantz, M. J. & Flesner, M. K. (2004). Person Centered Care, A Model for Nursing Homes, www.nursebooks.org, The Publishing Program of the American Nurses Association,

Reinhard, S. & Stone, R. (2001). Promoting quality in nursing homes: the wellspring model. Institute for the Future of Aging Services, American Association of Homes and Services for the Aging. http://www.thecommonwealthfund.com/~/media/Files/Publications/Fund%20Report/2001/Jan/Promoting%20Quality%20in%20Nursing%20Homes%20%20The%20Wellspring%20Model/reinhard_wellspring_432%20pdf (2012년 7월 20일 검색).

Robinson, S. B., & Rosher, R. B. (2006). Tangling with the barriers to culture change: Creating a resident-centered nursing home environment. Journal of Gerontological Nursing, 32(10), 19-25.

Rosher, R.B., & Robbinson, S. B. (2005). Impact of the Eden Alternative on family satisfaction. Journal of American Medical Directors Association, 16(3), 89-193.

Roth, D. (2005). Culture Change in Long-Term Care: Educating the Next Generation. Journal of Gerontological Social Work. 45(1/2). 233-248.

Rosher, R. B., & Robinson, S. (2005). Impact of the Eden Alternative on family satisfaction. Journal of the American Medical Directors Association, 6(3), 189-193.

Sabat, S. & Cagigas, X. (1997). Extralinguistic communication compensates for the loss of verbal flunecy: a case study of Alzheimer's disease. Language and Communication, 17, 341-351.

Sanborn, B. (1988). Dementia day care: A prototype for autonomy in long term care. American Journal of Alzheimer' Care and Related

Disorders & Research 3, 23-3.

Schein, E. H. (1985). Coming to a New Awareness of Organizational Culture. Sloan Management Review. 25(2): 3-16.

Schoot, T, Proot I, Ter Meulen R, De Witte. (2005). Actual interaction and client centeredness in home care. Clin Nurs Res. 14: 370-393.

Shon, D. W. (1993). The Spread of Total Quality Management Practices: An Institutional and Network Perspective.

Slater L. (2006). Person-centredness: a concept analysis. Contemporary Nurse, 23, 135-144.

Slaughter, S., et al. (2006). Measuring physical and social environments in nursing homes for people with middle- to late-stage dementia. Journal of the American Geriatrics Society, 54, 1426-441.

Sloane, P. D., Mitchell, C. M., Weisman, G., et al. (2002). The therapeutic environment screening survey for nursing homes (TESS-NH): An observational instrument for assessing the physical environment of institutional settings for persons with dementia. Journal of Gerontology 57, 69-78.

Sloane, P. D, et al. (2004). Effect of person-centered showering and the towel bath on bathing-associated aggression, agitation, and discomfort in nursing home residents with dementia: A randomized controlled trial. Journal of the American Geriatrics Society, 52, 1795-1804.

Stewart, M., et al. (1995). Patient-centered medicine: Transforming the clinical method. Thousand Oaks, CA: Sage.

Stone, R. I., Bryant, N., & Barbarotta, L. (2009). Supporting culture change: working toward smarter state nursing home regulation. Issue Brief, 68, The commonwealth Fund.

Stone, R. I., Reinhard, S. C., Bowers, B., Zimmerman, D., Phillips, C. D., Hawes, C. Fielding, A., & Jacobson, N. (2002). Evaluation of the wellspring model for improving nursing home quality. No. 550. New York: Commonwealth Fund.

Swafford, K. (2003). In search of individualized care: A concept analysis. Unpublished manuscript, Oregon Health & Science University, Portland.

Talerico, K. A., O'Brien, J. A., & Swafford, K. L. (2003). Aging matters. Person-centered care: An important approach for 21st century health care. Journal of Psychosocial Nursing and Mental Health Services, 41, 12-6.

Teresi, J., et al. (1992). Evaluation of primary care nursing in long-term care: Attitudes, morale, and satisfaction of residents and staff. Research on Aging, 15, 414-432.

The Kansas Department of Aging and Disability Services. (n.d.). PEAK nursing Homes Initiatives. http://www.kdads.ks.gov/LongTermCare/PEAK/peak.html (2012년 7월 20일 검색).

The Kansas Department of Aging and Disability Services. (n.d.). The Kansas Culture Change Instrument(KCCI). http://www.kdads.ks.gov/LongTermCare/PEAK/KCCI_leader.pdf. (2012년 7월 21일 검색).

The Kansas Department of Aging. (2005). Kansas Case Study: culture change and the nursing facility quality and efficiency outcomes incentive factor. http://www.kdads.ks.gov/LongTermCare/PEAK/peakStudy.html. (2012년 7월 19일 검색).

Thomas, W.H. (1996). Life worth living: How someone you love can still enjoy life in a nursing home: The Eden Alternative in action. Action, MA: VanderWyk & Burnham.

Thompson, J. D. (1967). Organizations in Action. New York: Harper & Row.

Tickle, E. H., & Hull, S. C. (1995). Family members' roles in long-term care. Med-Surg Nursing, 4, 300-304.

Tschop, C. (2003). Pioneer Network conference session.

Vladeck, B. C. (1980). Unloving care: The nursing home tragedy. New York: Basic Books.

______________. (2003). Unloving care revisited: the persistence of culture. In: Audrey S. Weiner and Judah L. Ronch, Editors, Culture Change in Long-Term Care, Haworth Press, Binghamton, NY.

Vourlekis, B, Zlotnik, J. L & Simons, K. (2005). Evaluating Social Work Services in Nursing Homes: Toward Quality Psychosocial Careand Its Measurement. Institute for the Advancement of Social Work Research

Walshe, K. (2001). Regulating U.S. Nursing Homes: Are We Learning From Experience?, Health Affairs, 20(6), 128-144.

Werner, P., Koroknay, V., Braun, J., & Cohen-Mansfield, J. (1994). Individualized care alternatives used in the process of removing physical restraints in the nursing home. Journal of the American Geriatrics Society, 42, 321-325.

White, D. L., Newton-Curtis, L., & Lyons, K. S. (2008). Development and initial testing of a measure of person-directed care. The Gerontologist, 48, 114-123.

Wiener, J.M. (2003). An assessment of strategies for improving quality of care in nursing hoems. The Gerontologist, 43(2), 19-27.

Wilkins, A. L., & Dyer, Jr. (1998). Toward Culturally Sensitive Theories of Culture Change, Academy of Management Review, 13(4), 522-533.

Williams, B., et al. (1999). Exploring "person-centredness": User perspectives on a model of social psychiatry. Health and Social Care in the Community, 7, 475-482.

Williams, C. C. (1990). Long-term care and the human spirit. Generations, 14, 25–9.

Windsor Place 요양원 홈페이지(http://www.windsorplace.net/).

World Health Organization and Milbank Memorial Fund. (2000). Toward and International Consensus on Policy for Long-Term Care of the Aging New York, New York: Aging and Health Programs, World Health Organization and Milbank Memorial Fund.

Wolverson, C. (2003). Person-centred care—hetoric or reality? Therapy Weekly, August 28, 12–5.

Wystanski, M. (2000) Patient-centred verses client-mental health care. Canadian Journal of Psychiatry, 45(7), 670–671.

Zhou, X. (1993). The Dynamics of Organizational Rules. American Journal of Sociology, 98, 1134-1166.

| 찾아보기 |

ㅇ

ㅈ

ㅊ

ㅋ

ㅍ

ㅎ

A, C

저자 소개

최재성(崔在成) Univ. of Minnesota, Minneapolis 사회복지학석사
Univ. of California, Berkeley 사회복지학박사
한국사회복지행정학회 회장 역임
연세대학교 사회복지대학원장 역임
현 한국노년학회 회원
현 서울시 사회복지공동모금회 배분분과위원회 위원장
현 한국사회복지학회 운영위원
현 한국연구재단 BK21플러스 연세대학교 사회복지사업단 단장
현 연세대학교 사회복지학과 교수

아산재단 연구총서 제383집
노인요양원과 문화 변화
거주 노인 중심 장기요양시설 값 11,000원

2015년 7월 1일 1판 1쇄

저 자 최 재 성
발 행 인 임 동 규
발 행 처 **집 문 당**
등 록 1971. 3. 23. 제300-2012-69호
영 업 부 413-120 경기도 파주시 광인사길 85
(02)743-3192~3 팩스(02)742-4657
전자우편 sale@jipmoon.co.kr
편 집 부 110-360 서울특별시 종로구 돈화문로 82
(02)743-3096~7 팩스(02)743-0227
전자우편 edit@jipmoon.co.kr
홈페이지 www.jipmoon.co.kr ISBN 978-89-303-1683-5

ISBN 978-89-303-1683-5
978-89-303-1500-5(세트)

이 도서의 국립중앙도서관 출판예정도서목록(CIP)은 서지정보유통지원시스템 홈페이지(http://seoji.nl.go.kr)와 국가자료공동목록시스템(http://www.nl.go.kr/kolisnet)에서 이용하실 수 있습니다.(CIP제어번호: CIP2015015455)

아 | 산 | 재 | 단 | 연 | 구 | 총 | 서

1 전환기의 중국경제
김윤환 외 | 단국대 경제학과

2 폴란드 경제의 변천 개혁과 그 전망
김광수 | 숭실대 경제학과

3 재소한인
이광규 외 | 서울대 인류학과

4 소련산림과 임업
홍성천 외 | 경북대 임학과

5 아세안의 정치경제
김국진 외 | 외교안보연구원

6 태국의 사회변동과 경제발전
최석만 외 | 전남대 사회학과

7 중국의 사회경제 통계분석
신한풍 외 | 고려대 통계학과

8 중국의 정치와 경제
박두복 외 | 외교안보연구원

9 동유럽의 개혁과 시장경제의 도입
허만 외 | 부산대 사범대학

10 동유럽의 개혁운동
박영신 | 연세대 사회학과

11 현대 러시아 연구
기연수 외 | 한국외대 노어과

12 전략적 선택과 기업의 국제경쟁력
이장호 | 서강대 경영대학

13 협동사회의 정착과 정부의 역할
이종범 외 | 고려대 행정학과

14 한국 제조기업 생산성의 동적 분석
노부호 외 | 중앙대 경영대학

15 분배의 정의
변형윤 외 | 서울대 경제학과

16 도덕적 행동의 강화
이훈구 외 | 연세대 심리학과

17 관료부패와 통제
김해동 외 | 서울대 행정대학원

18 한국경제의 내실 있는 성장
정창영 외 | 연세대 경제학과

19 한국국민정신운동의 역사와 발전방향
박수명 외 | 부산대 사범대학

20 한국대학생의 가치성향과 상담효과
이영희 외 | 숙명여대 교육학과

21 가출청소년과 학교관리체제
안창규 외 | 부산대 교육학과

22 동북아 정세변화와 한·일관계
한승조 외 | 고려대 정치외교학과

23 언론과 부정부패
정대철 외 | 한양대 신문방송학과

24 한국의 고등학교 교육
이원호 외 | 부산대 교육학과

25 가족과 방송
김학수 외 | 서강대 신문방송학과

26 재정개혁의 전망과 재산세제의 개편 과제
오연천 | 서울대 행정대학원

27 청소년을 위한 전자게임 프로그램의 규제 및 평가체계 개발
박혜원 외 | 울산대 가정관리학과

28 정신장애자 가족의 사회심리적 특성
이근후 외 | 이화여대 의과대학

29 가족의 관계역동성과 문제인식
이광규 외 | 서울대 인류학과

30 현대인과 한국전통음식
승정자 | 숙명여대 식품영양학과

31 기업의 초고속정보통신망활용
안중호 | 서울대 경영학과

32 지역발전을 위한 교육자치제의 개선방안
김남순 | 조선대 사범대학

33 전환기의 공무원 가치관
조경호 | 울산대 행정학과

34 지방자치와 사회복지의 과제
김영모 | 중앙대 사회복지학과

35 WTO체제하의 지방중소기업 지원정책
최명주 외 | 계명대 통상학부

36 현대한국의 시민운동
이효선 | 중앙대 사회학과

37 기업 세계화의 단계 및 정도의 측정
허영도 외 | 울산대 경영학과

38 가족복지를 위한 가족주치의 시범사업의 효과
이혜리 외 | 연세대 가정의학교실

39 한국대학생의 삶의 만족도
김재은 외 | 이화여대 교육심리학과

40 지역경제와 지역산업구조의 개편방향
정기화 외 | 전남대 경제학부

41 중국기업의 소유형태별 경영특성
노철화 외 | 부산대 무역학과

42 남북한의 인성·사상교육
한승조 외 | 고려대 정치외교학과

43 연계적 뇌기능 조언을 위한 의료용 멀티미디어 시스템의 설계
유선국 | 연세대 의용공학교실

44 다민족국가의 민족문제와 한인사회
최협 외 | 전남대 인류학과

45 저소득층지역 청소년 여가문화와 소집단 활성화
박문수 외 | 서강대 사회학과

46 삶의 질의 국제비교와 지역간 비교분석
이재기 외 | 울산대 경제학과

47 21세기 지역주민의 삶의 질
양종회 외 | 성균관대 사회학과

48 삶의 질에 대한 국가간 비교
조명한 외 | 서울대 심리학과

49 외국인 노동자의 노사관계와 사회적 적응
석현호 외 | 성균관대 사회학과

50 한국의 사법제도와 발전 모델
정종섭 | 건국대 법학과

51 고령화사회와 중상층 노인의 사회활동
조성남 외 | 이화여대 사회학과

52 한국의 서비스 시장 개방정책
한홍렬 | 한양대 경제학부

53 한국과 AFTA간의 교역증진 및 경제 협력방안
손일태 외 | 경희대 경제통상학부항

54 물류비 절감을 위한 무역업체의 정보화전략
이영수 외 | 경북대 경제통상학부

55 사회주의 체제전환과 사회정책
오정수 외 | 충남대 사회복지학과

56 남북통일 이후 농업생산체계 개편
홍성규 외 | 건국대 농업경제학과

57 국제화와 세계화
하영선 외 | 서울대 외교학과

58 IMF 개혁정책의 평가와 한국경제의 신(新) 패러다임
조동근 | 명지대 경제학과

59 구조개혁과 실업대책
박동운 | 단국대 경제무역학부

60 21세기 신노사관계
심윤종 외 | 성균관대 사회학과

61 학교에서의 집단 따돌림
이춘재 외 | 가톨릭대 심리학과

62 한국노인의 정신건강실태와 건강증진
조맹제 외 | 서울대 의과대학

63 혁명과 개혁 속의 중국 농민
김광억 | 서울대 인류학과

64 중국의 경제환경과 한국기업의 진출 전략
지용희 외 | 서강대 경영학과

65 김대중 대통령의 시스템 사고
김동환 | 중앙대 공공정책학부

66 실업과 가족해체
최일섭 외 | 서울대 사회복지학과

67 합리적 부채비율 조정방안
오상근 | 동아대 경제학과

68 한국 중산층의 생활문화
문숙재 외 | 이화여대 소비자·인간발달학과

69 계층간 갈등상태에서 최적소득세
김진욱 | 건국대 경상학부

70 글로벌 경쟁력 제고를 위한 기업전략과 조직구축
이만우 외 | 고려대 경영학과

71 의료보험과 국민연금의 관리효율화를 위한 통합방안
사공진 외 | 한양대 경제학부

72 정부개혁의 과제와 전략
박우서 외 | 연세대 행정학과

73 책임운영기관 제도에 관한 비교분석
김근세 | 가톨릭대 행정학과

74 새로운 패러다임하에서의 한국기업의 바람직한 지배구조
최운열 외 | 서강대 경영학과

75 현대 한국사회의 계층구조
양춘 외 | 고려대 사회학과

76 한국의 산업정책과 산업구조조정
강인수 | 숙명여대 경제학부

77 기업구조조정
김석진 | 경북대 경영학부

78 지식경영을 위한 인적자원 개발 및 관리체계
장영철 | 경희대 경영학부

79 뉴 비즈니스 모델
전성현 | 국민대 정보관리학부

80 중산층의 정체성과 소비문화
함인희 외 | 이화여대 사회학과

81 외국관광객 유치를 위한 마케팅 전략
박상규 | 강원대 경영학과

82 한국인의 세대별 문학의식
이동순 | 영남대 국문과

83 공공부문의 효율성 평가와 측정
김재홍 외 | 울산대 사회과학부

84 한국 청소년의 정치의식과 형성요인
김광웅 외 | 숙명여대 아동복지학과

85 한국 대학생의 정치의식
배한동 | 경북대 윤리교육과

86 산업의 정보화와 산업발전
이기동 | 계명대 통상학부

87 한국 제조업의 고용조정 분석
이종원 외 | 성균관대 경제학부

88 지식자산에 대한 경영전략적 평가모형 개발
배재학 외 | 울산대 컴퓨터·정보통신공학부

89 관광사업을 위한 한국적 이미지의 휴식복 개발
채금석 | 숙명여대 의류학과

90 한국 정치제도의 개혁
신정현 | 경희대 사회과학부

91 e비즈니스와 아웃소싱 전략
정승화 외 | 연세대 경영학과

92 집단 따돌림의 진단 및 치료방안
홍준표 | 중앙대 인간생활환경학과

93 16대 총선과 낙선운동
조기숙 | 이화여대 국제대학원

94 부동층 유권자 행태 분석
진영재 | 연세대 정치외교학과

95 사이버 공동체의 성공요인
이재관 | 숭실대 경영학부

96 온라인 소비자 행동의 이론과 실증
윤성준 | 경기대 경영학부

97 글로벌 시대 정약용 세계관의 가능성과 한계
차성환 | 한일장신대 역사사회학과

98 러시아의 체제전환 과정에서 나타난 국가의 역할과 그 전망
이상민 외 | 부산대 정치외교학과

99 남북한의 경제발전 수준과 산업구조 비교, 그리고 경제교류 협력방향
주성환 | 건국대 경제학과

100 집단따돌림과 교육해체
한준상 | 연세대 교육학과

101 공적연금제도의 효율성과 개선방안
유금록 | 군산대 행정복지학부

102 벤처기업-대기업의 성공적인 협력 모델
나중덕 | 경산대 경영학과

103 북한의 재외동포정책
조정남 외 | 고려대 정치외교학과

104 사이버 공동체 형성의 역동적 모형
장용호 | 서강대 신문방송학과

105 기업이론과 기업의 소유지배구조
김일태 외 | 전남대 경제학부

106 가축분뇨 자원화를 위한 공동이용조직에 대한 농가선호도 분석
유덕기 | 동국대 생명자원경제학과

107 개혁정책과 전문가 집단
이경원 외 | 제주대 행정학과

108 현대 한국사회의 이중가치체계
신수진 외 | 이화여대 가정관리학과

109 한국의 산업구조 변화와 기업집단 다각화 전략
김용학 외 | 연세대 사회학과

110 지식정보사회의 경제적 모형 설정 및 사례 연구
김범환 | 배제대 경영정보학부

111 변호사징계제도
오종근 | 한림대 법학부

112 인터넷 특허법
김순석 | 광주대 법학과

113 e-비즈니스 시대의 금융 및 재정정책의 새로운 패러다임
이종욱 | 서울여대 경제학과

114 청소년의 하위문화와 정체성
조성남 | 이화여대 사회학과

115 디지털금융시대의 금융구조변화와 정부규제 및 정책
이충열 | 고려대 경제학부

116 지식경영을 위한 기업의 조직설계방안
김경수 외 | 전남대 경영학과

117 전자금융의 발달과 경제정책의 새로운 패러다임
이명훈 | 명지대 경제학과

118 동아시아의 안보와 유엔체제
강성학 편저 | 고려대 정치외교학과

119 유료 치매노인 그룹홈의 개발과 관련 정책
최정신 외 | 가톨릭대 소비자·주거학과

120 소비자 지향적 문화산업 정책
홍영준 | 호남대 광고홍보학과

121 국제·국가·지방 환경규제의 연계
정준금 외 | 울산대 행정학과

122 현행 회사 합병·분할제도의 평가와 개선방안
옥무석 외 | 이화여대 법학과

123 배려지향적 도덕성과 정의지향적 도덕성
정옥분 외 | 고려대 사범대학

124 기업구조조정에 대한 채권금융기관 및 금융감독기관의 역할과 책임
이중기 | 한림대 법학과

125 실업대책으로서 한국의 법정기준근로 시간 단축
박영범 | 한성대 경제학과

126 프랑스어의 비분리성 소유개념 표현
노윤채 | 연세대 언어정보연구원

127 지방채의 효율적 관리방안
강태구 | 호원대 법행정학부

128 21세기 산업구조 변화와 과학기술정책
임채성 외 | 그리스도신학대 경영정보학부

129 인터넷 쇼핑몰 이용자의 불평행동
예종석 | 한양대 경영학부

130 한국기업의 성과급제도 현황, 효과 및 개선방안
김성수 | 서울대 경영학과

131 전자상거래와 소비자보호
서민교 외 | 경일대 인터넷국제통상학과

132 평생학습 사회에서의 인적자원개발을 위한 사회적 파트너십 구축
김영화 | 홍익대 교육학과

133 한국 공교육의 새로운 구상과 전략
권대봉 외 | 고려대 교육학과

134 한국의 정부개혁
김태룡 | 상지대 행정학과

135 지방정부 생산성 측정의 이론과 실제
이은국 외 | 연세대 행정학과

136 불가 시문학론
배규범 | 경희대 학술연구 교수

137 남북경제교류의 법적 문제
제성호 | 중앙대 법학과

138 경제위기와 청소년 발달
구인회 | 서울대 사회복지학과

139 생명과학기술의 응용과 기본권보호적 한계
정상기 외 | 한남대 법학과

140 경제발전과 정치환경의 한 · 일 비교분석
정갑영 외 | 연세대 동서문제연구원

141 한국 공교육의 진단
윤정일 외 | 서울대 교육학과

142 우리나라 지방자치 발전을 위한 자치 단체장의 역할
정성호 외 | 경기대 사회과학부

143 의료보험제도의 개혁방안
권순원 | 덕성여대 경제학과

144 중등 도덕교육의 현실과 문제
손동현 외 | 성균관대 철학과

145 사이버공동체 발전론
이명식 | 상명대 경영학과

146 남북경협 확대에 대비한 북한 담보 제도의 정비방안
박훤일 | 경희대 법과대학

147 한국 공무원 인사제도 개혁
김판석 | 연세대 행정학과

148 교사화법 교육
임칠성 외 | 전남대 국어교육과

149 세계화의 문화정치학
임혁백 외 | 고려대 정치외교학과

150 효과적인 e-SCM을 위한 의사결정 조정 시스템 모형
이원준 | 성균관대 경영학부

151 환경거버넌스
김종순 외 | 건국대 행정학과

152 자동차산업의 인적자원관리
이덕로 | 서원대 경영학부

153 한국과 영국 간 지식기반산업 비교
이명호 | 한국외대 경영학과

154 한국 벤처기업의 기술네트워킹 및 기술마케팅 전략
장영일 | 인제대 경영학부

155 회사변호사의 윤리
오승종 | 성균관대 법과대학

156 미디어교육론
이정춘 | 중앙대 신문방송학과

157 조선시대 서원과 양반
윤희면 | 전남대 역사교육과

158 환경문제와 철학
박찬국 | 서울대 철학과

159 노인보건복지 이론과 실제
김명 외 | 이화여대 보건교육학과

160 북한의 법체계
권재열 외 | 숭실대 법학과

161 생명공학기술의 안전성 확보에 관한 법적 고찰
이재협 | 경희대 법학부

162 청소년복지학
김성이 외 | 이화여대 사회복지학과

163 변화하는 세계, 변화하는 복지국가
조영훈 | 동의대 사회복지학과

164 의리의 윤리와 한국의 유교문화
김낙진 | 진주교대 도덕교육과

165 미국의 통상정책과 통상법
윤충원 | 전북대 무역학과

166 사회복지 프로그램 평가
김학주 | 경상대 사회복지학과

167 환경주의와 지속가능한 발전
정대연 | 제주대 사회학과

168 무역과 환경
김기흥 외 | 경기대 경제학부

169 산업계 유해폐기물의 위험과 관리
김금수 | 호서대 경상학부

170 백범 김구의 지적 계발과정 탐색
문용린 | 서울대 교육학과

171 태평양전쟁 발발 이후 일제의 인적 지배와 그리스도교계의 대응
윤선자 | 전남대 사학과

172 거버넌스 상황에서 갈등관리를 위한 대체적 분쟁해결제도
서순복 | 광주대 법정학부

173 시장경제의 유형과 민주주의
최배근 | 건국대 경상학부

174 일본고전소설 총론
김현정 | 국립한국전통문화학교

175 국어 교육을 위한 국어 문법론
이관규 | 홍익대 국어교육과

176 율곡의 군주론
전세영 | 부산교대 윤리교육과

177 동북아시아 환경협력
정서용 | 명지대 법학과

178 기후변화협약과 기후정책
신의순 외 | 연세대 경제학과

179 인터넷과 국제 학술정보 네트워크-하이퍼링크 분석
박한우 | 영남대 언론정보학과

180 국내 기업복지의 활성화 방안
최수찬 | 연세대 사회복지대학원

181 세계화와 인간안보
김우상 외 | 연세대 정치외교학과

182 세계문화유산 종묘 이야기
지두환 | 국민대 국사학과

183 한국 평생교육의 사회철학적 과제
곽삼근 | 이화여대 교육학과

184 강점모델
정순둘 | 이화여대 사회복지학과

185 글로벌시대의 계약법
박영복 | 한국외대 법과대학

186 배심제와 시민의 사법참여
안경환 | 서울대 법학과

187 동북아공동체
김재한 | 한림대 정치외교학과

188 정치 참여와 탈물질주의
김욱 | 배재대 정치외교학과

189 퍼지전문가회로망을 이용한 금융기관의 사이버 기업여신결정 지원시스템의 개발
권혁대 | 목원대 경영학과

190 환경정책과 환경법
송인성 | 전남대 지역개발학과

191 포스트모던 시대의 평생교육학
한숭희 | 서울대 교육학과

192 현대 한국인의 세대경험과 문화
박길성 외 | 고려대 사회학과

193 서구의 근로연계복지
김종일 | 건국대 사회복지학과

194 사회복지운동론
현외성 | 경남대 사회복지학과

195 외국의 역모기지 사례
유선종 | 건국대 부동산학과

196 옛이야기와 어린이문학
이지호 | 진주교대 국어교육학과

197 노인사회복지관광의 정책과제와 방안
김창수 | 경기대 관광학부

198 복지서비스의 민간위탁 시스템 분석
김순양 | 영남대 행정학부

199 새로운 빈곤층의 대두와 정부의 정책과제
김진욱 | 건국대 경제학과

200 문화행정론
김정수 | 한양대 행정학과

201 스칸디나비아 노인용 코하우징의 계획과 적용
최정신 외 | 가톨릭대 생활과학부

202 북한의 자연생태계
공우석 | 경희대 지리학과

203 통계로 이해하는 러시아
전홍찬 | 부산대 정치외교학과

204 사회복지법인의 경영과 회계
이동규 | 충남대 회계학과

205 의약분업 정책과정
차흥봉 | 한림대 사회복지학과

206 지역공동체와 평생교육
오혁진 | 동의대 평생교육학부

207 아동보호서비스의 실제
한미현 | 백석대 사회복지학부

208 그린마케팅
박재기 | 충남대 경영학부

209 아동권리와 아동복지
이혜원 | 성공회대 사회복지학과

210 국제 이주와 인도인 디아스포라
김경학 | 전남대 인류학과

211 질병과 의료의 사회학
조병희 | 서울대 보건대학원

212 북한이탈주민의 사회통합을 위한 지역복지실천의 모색
이기영 | 부산대 사회복지학과

213 치매노인케어론
조유향 | 초당대 간호학과

214 노인상담입문
서혜경 외 | 한림대 대학원 사회복지학과

215 '통일 이후 통일과정'으로서의 독일 통일영화
이준서 | 이화여대 독어독문학과

216 중국의 사회보장
오정수 | 충남대 사회복지학과

217 환경자원의 경제적 가치와 환경오염의 사회적 비용
김재홍 | 울산대 사회과학부

218 사회복지프로그램의 경제적 평가방법
박창제 외 | 상주대 사회복지학과

219 자유의지와 결정론
안건훈 | 강원대 철학과

220 심리학자들이 쓴 행복한 결혼의 심리학
채규만 외 | 성신여대 심리학과

221 현대 해석학 강의
양해림 | 충남대 철학과

222 한국인의 주거 빈곤과 공공주택
하성규 | 중앙대 도시 및 지역계획학과

223 IMF 경제위기와 한국 출산력의 변화
김두섭 | 한양대 사회학과

224 동아시아의 영토분쟁과 국제법
이석우 | 인하대 법학부

225 독일 복지국가와 사회복지서비스
정재훈 | 서울여대 사회사업학과

226 사회복지사를 위한 실용 비모수통계
엄명용 | 성균관대 사회복지학과

227 피해자학 연구
이윤호 | 동국대 경찰행정학과

228 광고언어창작론
박영준 외 | 부경대 국어국문학과

229 환경규제 패러다임의 전환
한철 | 한남대 법학과

230 고령사회의 노동환경변화와 고용시스템의 문제점 및 법적 대응
고준기 | 국립군산대 법학과

231 세계화와 소득불평등
이성균 외 | 울산대 사회과학부

232 유비쿼터스 사회의 이해
안중호 외 | 서울대 경영학과

233 국제환경책임법론
박병도 | 건국대 법학과

234 한국의 선거와 민주주의
윤종빈 | 명지대 정치외교학과

235 한국 시민운동의 구조와 동학
조대엽 외 | 고려대 사회학과

236 또래관계
송영혜 | 대구대 재활심리학과

237 해외 한국기업과 현지인 노동자
석현호 외 | 에스콰이아학술문화재단

238 독일 국가복지에서 민간복지단체의 역할과 의미
차성환 외 | 한일장신대 사회복지학부

239 청정공학
조정호 | 동양대 생명화학공학과

240 한국전통연희론
심상교 | 부산교육대 국어교육학과

241 정신장애와 가족
서미경 | 경상대 사회복지학부

242 빈곤통계의 작성과 활용
김주환 | 동국대 정보통계학과

243 인터넷과 한국정치
강원택 | 숭실대 정치외교학과

244 북한의 시장경제이행
정영화 외 | 서경대 법학과

245 시스템사고로 본 지속가능한 도시
문태훈 | 중앙대 도시및지역계획학과

246 실버산업과 유비쿼터스 컴퓨팅
고일상 | 전남대 경영학부

247 재활상담과 사례관리
나운환 | 대구대 직업재활학과

248 영유아교육기관에서의 장애 이해 교육
유수옥 | 우석대 유아특수교육과

249 장애의 사회적 의미와 사회통합
박수경 | 대진대 사회복지학과

250 경제분석의 수리적 기초
조인성 | 공주대 경제통상학부

251 비영리부문의 비교연구
김승현 | 서울산업대 행정학과

252 고등교육경제학
반상진 | 전북대 교육학과

253 과학윤리교육의 이론과 방법
조희형 | 강원대 과학교육학부

254 결혼이민자가족의 이해
김오남 | 대불대 사회복지학과

255 동아시아 국가의 공공부조
신동면 | 경희대 사회과학부

256 특수아동 진단 및 평가
이나미 | 대불대 특수교육과

257 계약형 사회복지와 권리옹호시스템
이명현 | 경북대 상주캠퍼스 사회복지학과

258 실내공기질 및 위해성 관리
양원호 | 대구가톨릭대 산업보건학과

259 충남 방언 문법
한영목 | 충남대 국어국문학과

260 교육권론
노기호 | 군산대 법학과

261 도시경관계획론
임승빈 | 서울대 조경 · 지역시스템공학부

262 교통의 새로운 패러다임
김형철 | 경원대 도시계획 · 조경학부

263 노인의 삶의 질 향상을 위한 주거환경 디자인
천진희 | 상명대 디자인대학 실내디자인전공

264 사회복지와 문화
박병현 | 부산대 사회복지학과

265 장애인복지의 이론과 실제
이선우 | 인제대 사회복지학과

266 창의성 개발을 위한 디자인교육 콘텐츠
김선영 | 인천가톨릭대 조형예술대학 환경디자인학과

267 구성주의 사회복지 실천 기술론
고미영 | 서울신학대 사회복지학과

268 장애아교육학
김기흥 | 부산교육대 유아교육과

269 지역사회복지와 자원부문
한상진 외 | 울산대 사회학과

270 환경관리회계
육근효 | 부산외국어대 회계학부

271 인권 관점에서 보는 장애인복지
유동철 | 동의대 사회복지학과

272 정신증상
송지영 | 경희대 의과대학병원 신경정신과

273 사이버공간의 사회심리학
이성식 외 | 숭실대 정보사회학과

274 노인에 대한 사회적 돌봄과 돌봄 서비스의 질 보장
최희경 | 신라대 가족노인복지학과

275 아동 심리치료의 실제
신현균 | 전남대 심리학과

276 사회복지와 위험관리
노충래 | 이화여대 사회복지전문대학원

277 국제 탄소시장의 이해
양승룡 | 고려대 식품자원경제학과

278 타자의 초상
신문수 | 서울대 영어교육과

279 한국정치와 환경정치
나정원 | 강원대 정치외교학과

280 북한이주민
윤인진 | 고려대 사회학과

281 음주의 사회경제적 비용
정우진 외 | 연세대 보건대학원

282 지방정치와 동북아 도시거버넌스
박재욱 | 신라대 행정학과

283 노숙인 복지론
남기철 | 동덕여대 사회복지학과

284 유럽통합과정과 지역협력
이규영 | 서강대 국제대학원

285 사회복지재정 연구
지은구 | 계명대 사회과학대학 사회복지학과

286 지역사회 교육개혁을 위한 시민사회 조직의 참여
김영화 | 홍익대 교육학과

287 복지사회를 대비한 국민연금의 구조개혁
박영석 외 | 서강대 경영학부

288 한미 FTA 지재권 협상에 따른 의약품 분야 사회후생 변화
오근엽 | 충남대 무역학과

289 산업입지, 환경 그리고 지역경제
이기동 외 | 계명대 국제통상학과

290 감성지능 개발을 통한 삶의 질 향상
김경수 외 | 전남대 경영학부

291 교육복지론
이용교 외 | 광주대 사회복지학부

292 인간과 행복에 대한 철학적 성찰
박찬국 | 서울대 철학과

293 유럽연합의 사회통합 사례와 교훈
이무성 | 명지대 정치외교학과

294 민영화와 사회후생
이상호 | 전남대 경제학부

295 북한의 교육학 체계 연구
최영표 외 | 동신대 교육대학원

296 한국 지속가능발전의 구조와 변동
정대연 | 제주대 사회학과

297 우리나라의 공익 연계 마케팅에 관한 연구
임승희 | 전주대 경영학부

298 시각장애인복지론
김영일 | 조선대 특수교육과

299 그린에너지와 환경촉매
정석진 | 경희대 화학공학과

300 취약학교 초등학생을 위한 온라인 보건 교육 프로그램
박경옥 | 이화여대 보건관리학과

301 신탁제도를 통한 고령자의 보호와 지원
최수정 | 서강대 법학전문대학원

302 사회적 약자계층에 대한 실태분석 및 정책방안
이은우 외 | 울산대 경제학과

303 한류 문화와 동북아 공동체
최혜실 | 경희대 국어국문학과

304 노동유연화와 해고보호법
권혁 | 부산대 법학전문대학원

305 사회복지 위험관리의 이해
박미은 | 한남대 사회복지학과

306 의료기관의 회계와 세무
노준화 | 충남대 경영학부

307 여성인적자원의 전문성 확보를 위한 경력개발
백지연 | 이화여대 국제사무학과

308 정신병리
강선경 | 서강대 신학대학원

309 바다의 반란 적조
윤양호 | 전남대 해양기술학부

310 한국 장애인 복지 발달사
이성규 | 서울시립대 사회복지학과

311 서양예술 속의 동양 탐색
진상범 | 전북대 독어독문학과

312 한국인의 도덕성 발달 진단
문용린 | 서울대 교육학과

313 영국정치와 국가복지
고세훈 | 고려대 공공행정학부

314 인간학적 사유를 여는 중도 · 중복장애 교육학
이숙정 | 단국대 특수교육과

315 개별화 교육과정
이소현 | 이화여대 특수교육과

316 인간의 긍정적 성품
권석만 | 서울대 심리학과

317 지방자치와 지역여성의 전망
이혜숙 | 경상대 사회학과

318 한국 현대 노년소설 연구
전흥남 | 한려대 교양학부

319 정보격차 해소를 위한 창의적 정보교육 프로그램
이영준 외 | 한국교원대 컴퓨터교육과

320 한국 가족과 젠더
손승영 | 동덕여대 교양학부

321 한국의 복지혼합
김진욱 | 서강대 신학대학원

322 사회자본과 자원봉사
김태룡 외 | 상지대 행정학과

323 농촌교육복지연구
박삼철 | 단국대 교양학부

324 사회정체성 평가 차원에 대한 국제 비교조사
이명진 | 고려대 사회학과

325 캐나다 복지국가 연구
조영훈 | 동의대 사회복지학과

326 한국의 소수자운동과 인권정책
전영평 외 | 서울대 행정대학원

327 한국과 미국의 보육서비스 전달체계와 품질 비교분석
김근세 외 | 성균관대 국정관리대학원

328 한국사회의 소득불평등과 국민 의료이용
이용재 | 호서대 사회복지학과

329 정보시대의 인간안보
조화순 | 연세대 정치외교학과

330 가족의 사회경제적 특성과 아동발달
김광혁 | 전주대 사회복지학과

331 초 · 중 · 고등학생의 학업소진 진행과정 및 경로분석
이상민 | 고려대 교육학과

332 다문화사회의 사법통역
이지은 | 이화여대 통역번역대학원

333 동아시아 지역주의
유현석 | 경희대 정치외교학과

334 환경친화적 공공시설관리와 지역공동체의 삶의 질
이소영 | 중앙대 실내디자인 · 주거환경학과

335 의료보험의 법정책
김나경 | 성신여대 법과대학

336 양극화 시대 가족해체와 청소년의 적응에 관한 한국과 미국의 비교 연구
오승환 외 | 울산대 사회복지학과

337 기업의 사회적 책임과 지역경제사회발전 연구
허영도 외 | 울산대 경영학부

338 노인의 삶의 질 향상을 위한 온라인 소셜 네트워크 구축 방안
김진우 | 연세대 경영학과

339 청소년 생활역량
윤명희 외 | 동의대 평생교육학과

340 외국인 배우자의 다양성과 국제결혼의 안정성
김두섭 | 한양대 사회학과

341 정보인권의 규범구체화
이민영 | 가톨릭대 법학과

342 한국 사회복지실천의 고유성
최성재 외 | 서울대 사회복지학과

343 스웨덴의 환경책임 실천모형
최희경 | 경북대 행정학부

344 자율운동과 주거공동체
윤수종 | 전남대 사회학과

345 한국인의 공공봉사동기
김상묵 | 서울과학기술대 행정학과

346 한국 이혼가정 아동의 성장
김혜숙 | 경인교육대 교육학과

347 동양 사상과 노인 복지
홍승표 외 | 계명대 사회학과

348 노동과 사회보장의 연계
오문완 | 울산대 법학과

349 학습장애 위험군 아동의 조기선별을 위한 읽기검사 표준화 연구
김애화 외 | 단국대 특수교육학과

350 신 · 재생에너지에 기초한 녹색성장과 사회통합
김인호 | 이화여대 법학전문대학원

351 문화교류역량과 다문화 경영이 기업 경영성과에 미치는 영향
임병학 외 | 부산외대 경영학부

352 빈곤영유아의 발달과 적응
정익중 외 | 이화여대 사회복지학과

353 민사법질서와 인권
양천수 | 영남대 법학전문대학원

354 성년후견제도와 사회복지제도의 연계
신권철 | 서울시립대 법학전문대학원

355 한국 다문화사회의 이방인
김순양 | 영남대 행정학과

356 현대 시민사회와 소비자계약법
이병준 | 한국외대 법학전문대학원

357 개인의 사회적 정보보호를 위한 공공정보서비스 개선 연구
장항배 | 상명대 경영학과

358 여성교육투자에 대한 교육경제학적 탐색
백일우 외 | 연세대 교육학부

359 사회적 기업과 지속가능한 지역발전
임업 외 | 연세대 도시공학과

360 다문화가정 구성원에 대한 투트랙 한국어 교육방안 연구
박시균 | 군산대 국어국문학과

361 아시아의 빈곤과 한국기업의 역할
한인수 | 충남대 경영학부

362 유치원 · 초등학교 연계 환경교육
박희숙 | 공주대 유아교육학과

363 비정규 고용과 사회정책
구인회 외 | 서울대학교 사회복지학과

364 사생활의 자유에 관한 비교법적 연구
이창현 | 서강대 법학전문대학원

365 다중융합 환경 기반의 미디어스킨을 활용한 문화콘텐츠 디자인 적용방안에 관한 연구
오문석 외 | 광운대 미디어영상학부

366 북한이탈주민 여성의 성인식 관련 기초조사
한인영 외 | 이화여대 사회복지학과

367 노인주택 파노라마
유선종 | 건국대 부동산학과

368 시설보호 청년의 적응
정선욱 | 덕성여대 사회복지학과

369 다수 집단과 소수 집단의 심리
김혜숙 | 아주대 심리학과

370 바이오 휴머니티
권택영 | 경희대 영어학부

371 프랑스 다문화교육의 이해
이경수 | 상명대 불어교육과

372 한 · 중 서비스산업의 비교분석과 교역 확대 방안
김상호 | 리츠메이칸 아시아태평양대 국제경영학부

373 현대의학에 있어서 생명의 시간과 인간의 존엄
김학태 | 한국외대 법학전문대학원

374 0~3세 영유아의 영상물 과몰입 실태조사 및 정신건강증진 프로그램 개발과 적용
이경숙 | 한신대 재활학과

375 복지국가의 조세와 정치
양재진 외 | 연세대 행정학과

376 청소년기 자살행위 실태와 관련 요인
박선희 | 경희대 간호과학대학

377 기술혁신에 따른 지역 간 정보격차
최정혜 외 | 연세대 경영대학

378 한국 사회의 이중구조와 생애주기적 불평등
안상훈 편 | 서울대 사회복지학과

379 소비자의 친환경행동에 영향을 미치는 사회적 · 경제적 가치에 대한 고찰
송재기 | 텍사스테크대 경영학과

380 어머니 양육행동 관련 변인들과 유아 사회정서행동 간의 구조모형 분석
심숙영 | 숙명여대 원격대학원

381 조선족 여성, 동남아시아 여성 그리고 새터민의 적응 유형 분석 및 삶의 질 향상 방안 모색
정태연 | 중앙대 심리학과

382 세계의 연금, 한국의 연금
허만형 | 중앙대 공공인재학부

383 노인요양원과 문화 변화
최재성 | 연세대 사회복지학과

아 | 산 | 재 | 단 | 연 | 구 | 보 | 고 | 서

1 한국인의 도덕성 연구
배해수 | 고려대 국문학과

2 산업화와 청소년 진로
이원호 | 울산대 교육학과

3 공동체의식과 시민운동
김영섭 | 한양대 행정학과

4 한국청년의 삶의 의미 충족도와 만족적 태도
안정수 | 경희대 철학과

5 중국조선족의 사회발전과 한 · 중관계의 위상
손장권 | 고려대 사회학과

6 해송림 "솔껍질깍지벌레"의 천적 및 주요 종의 생태
김규진 | 전남대 농생물학과

7 사회정의와 실천윤리
박종대 | 서강대 철학과

8 동구개혁의 영향
김달중 | 연세대 정치외교학과

9 한국청소년의 의식세계
김문조 | 고려대 사회학과

10 고강도 철근 콘크리트 구조의 실용화
정헌수 | 중앙대 건축학과

11 신기술의 연관형태 및 출현예측의 구조모형
권철신 | 성균관대 산업공학과

12 민간기업의 연구개발을 위한 조세정책
권영훈 | 한양대 경제학부

13 기술개발 활성화방안
송승구 | 울산대 화학공학부

14 부패의 현상과 진단
이문조 | 영남대 정치외교학부

15 연구투자의 지역적 편중화와 부산지역의 기초과학연구 활성화방안
윤웅찬 | 부산대 화학과

16 GATT의 신구 덤핑방지협정과 그 대응방안
전창원 | 동국대 무역학과

17 한국사회의 도덕성 제고를 위한 진단과 처방
황경식 | 서울대 철학과

18 새로운 노사관계 방향
이진규 외 | 고려대 경영학과

19 21세기 동북아 정세예측과 한국의 전략적 대응방안
최평길 외 | 연세대 행정학과

20 소련의 한국에 대한 정책목표분석
신승권 | 한양대 정치외교학과

21 메모리 커패시터용 $Pb(Zr_xTi_{1-x})O_3$ 강유전체 박막의 제작과 특성
장지근 외 | 단국대 전자공학과

22 러시아 국제법학의 전통
김용구 | 서울대 외교학과

23 유럽연합의 현황과 전망
김동현 외 | 성균관대 행정학과

24 중국의 정치동원
송영우 외 | 건국대 정치외교학과

25 산업적 활용을 위한 이동로보트 시스템의 개발
박민용 외 | 연세대 전자공학과

26 중국조선족의 정치사회화과정과 동화적 국민통합의 방향
전인영 외 | 이화여대 사회생활학과

27 공적부조의 이론과 실제
최일섭 외 | 서울대 사회복지학과

28 대외통상환경의 변화와 법제개편
서헌제 | 중앙대 법학과

29 기업금융의 국제화
최생림 | 한양대 경영학부

30 자동차부품공업의 노사관계
김호진 외 | 고려대 행정학과

31 산업화 과정에서의 한국가족의 실태와 전망
정창수 외 | 성균관대 사회학과

32 공무원 가치관 실태와 정립방안
배병룡 외 | 경상대 행정학과

33 해외귀국청소년의 국내적응연구
이장영 | 국민대 사회학과

34 초고속정보통신망에서 LAN서비스 제공방안
이재용 | 연세대 전자공학과

35 WTO체제의 정책적 대응
김병진 외 | 경희대 행정학과

36 유럽의 통합정치
최수경 외 | 충남대 정치외교학과

37 유기질폐기물을 이용한 고단백사료원인 조류의 생산공정
최정우 외 | 서강대 화학공학과

38 초고속정보통신망의 수용성과 정책방향
박영상 외 | 한양대 신문방송학과

39 중국의 강남사회와 한중교섭
조영록 외 | 동국대 사학과

40 세계화시대의 사회 · 문화의식
신행철 외 | 제주대 사회학과

41 국내 외국인 노동자의 문제와 대책
성규탁 외 | 연세대 사회복지학과

42 노인인력 활용정책과 프로그램
김정후 외 | 강원대 법과대학

43 한일간 학술교류 현황과 활성화방안
정홍익 외 | 서울대 행정대학원

44 계량모형에 의한 한일 경제관계의 이해
김명직 외 | 한양대 경제학부

45 직장인의 음주행태와 삶의 질
진기남 외 | 연세대 보건행정학과

46 유통정보 시스템의 구조와 설계
정용길 | 충남대 경영학과

47 남북통일 이후 사회통합을 위한 교육의 역할
안기성 외 | 고려대 교육학과

48 대중음악에 심취한 청소년들의 심리적 특성
김인경 외 | 연세대 인간행동연구소

49 멀티미디어 시스템을 활용한 교육환경의 개선방안
김한일 | 제주대 컴퓨터교육학과

50 탈냉전기 한일관계의 쟁점
최상룡 | 고려대 정치외교학과

51 자치시대 새로운 '삶의 질' 지표의 모색
김형기 외 | 경북대 경제통상학부

52 유럽통합의 역내외 협력과 갈등
이호재 외 | 고려대 정치외교학과

53 21세기를 대비한 신노사관계
김재원 | 한양대 경제학부

54 대학의 시간제학생 등록제
안규철 외 | 전남대 교육학과

55 21세기에 대비한 방송통신정책
한진만 외 | 강원대 신문방송학과

56 주민참여를 통한 혐오시설 관리운영방안
박균성 외 | 경희대 법학부

57 여성의 정치적 권리인식과 정치참여
전경옥 외 | 숙명여대 정치외교학과

58 한국인 위장질환과 식생활 · 환경요인 및 *H. pylori* 감염과의 관계
이양자 외 | 연세대 식품영양학과

59 학생과 시민의 자원봉사활동
윤정일 외 | 서울대 교육학과

60 동북아 환경문제와 지역환경협력의 모색
신연재 외 | 울산대 정치외교학과

61 노인 자원봉사활동을 통한 사회통합 프로그램 개발
김동배 | 연세대 사회복지학과

62 물류정보 시스템
김태현 | 연세대 경영학과

63 전자식 문서교환을 이용한 항공화물 운송체계
민재형 | 서강대 경영학과

64 청소년과 성
이근후 | 이화여대 의과대학

65 민족통합과 무궁화호 위성의 남북한 공동활용방안
방정배 | 성균관대 신문방송학과

66 채식주의가 20대 여성의 영양상태와 에스트로겐 대사에 미치는 영향
성미경 | 숙명여대 식품영양학과

67 가상정보공간을 통한 지역개발 활성화 전략
유재천 외 | 한림대 언론정보학부

68 조산아 관리현황 및 정책수립 방안
박상기 외 | 조선대 의과대학

69 남북한관의 의식조사와 통일교육 개선방안
김동규 외 | 고려대 북한학과

70 동양 전통 자연사상 탐구
장동순 | 충남대 환경공학과

71 초고속정보망의 시뮬레이터 구현
한기준 | 경북대 컴퓨터공학과

72 유통원가 시스템의 유효성
정다미 | 명지대 경영학과

73 국악과 문화관광의 만남
정익준 외 | 동아대 국제관광통상학부

74 기업의 지식경영 활용사례
김창은 | 명지대 산업공학과

75 선진국과 한국의 직업교육 · 훈련제도의 특성과 한계
정주연 | 고려대 경제학과

76 제주지역 성인 여성의 자원봉사활동
이상철 외 | 제주대 사회학과

77 M&A와 문화충돌 관리
박원우 | 서울대 경영학과

78 폐금속광산 인근 주민들의 중금속 오염실태
정종학 외 | 영남대 의학과

79 북한 농촌 · 농업실태와 인력자원개발 시스템을 통한 북한 농민의 구호방안
박성열 | 건국대 교육공학과

80 중소 소매점의 경쟁력과 소매성과
채명수 외 | 한국외대 무역학과

81 고령자를 위한 쾌적한 실내온도와 착의량의 설정
정운선 | 안동대 의류학과

82 지역문화 이벤트 PR
박종민 | 경희대 언론정보학부

83 인터넷 지역정보화의 실태와 전략
유평준 외 | 연세대 행정학과

84 여성 삶의 질 향상을 위한 사회교육 활성화 방안
김양희 | 중앙대 가족복지학과

85 벤처기업과 벤처금융
강대석 외 | 충남대 무역학과

86 구조조정기에 있어서 실업대책과 사회안전망 구축
박천익 | 대구대 경제학과

87 한국 유아의 조기교육
이명조 외 | 한국외대 교육대학원

88 남북한 경제공동체 형성전략
이상만 | 중앙대 경제학과

89 지방자치회계의 투명성과 주민의 알 권리
권찬태 외 | 경북대 경영학부

90 정치지도자의 정책리더십
이해영 | 경일대 행정학과

91 경제위기와 한국인의 복지의식
신광영 외 | 중앙대 사회학과

92 북한의 노동
김강식 | 한국항공대 경영학과

93 우리나라 중소기업의 정보기술 활용 현황과 경쟁력 강화를 위한 제안
정승호 | 부산외대 정보시스템학과

94 인간배아복제의 법적 · 윤리적 문제점과 그 해결방안
최병규 | 한경대 법학부

95 가치변화에 따른 투표행태
조찬래 외 | 충남대 정치외교학과

96 인터넷 경매에서의 계약체결과 소비자 보호
이기수 외 | 고려대 법과대학

97 세계화시대 남북한 통합의 방향과 과제
윤민재 | 서울대 사회발전연구소

98 글로벌 시대 지방정부의 문화마케팅 전략
박흥식 | 중앙대 행정학과

99 대졸여성실업의 실태분석 및 대학-노동 시장 간 효율적 연계방안
이은우 외 | 울산대 사회과학부

100 그린 투어리즘의 분석
이응진 | 대구대 관광학부

101 지방자치단체장의 부정부패
오일환 | 한양대 아태지역연구센터

102 산업화가 유교체제하 중국여성의 지위에 미친 영향
천성림 | 배재대 사회과학연구소

103 움직이는 말하기
유혜숙 외 | 나사렛대 교양학부

104 장애학생을 위한 특수교육공학의 활용
김용욱 | 대구대 중등특수교육과

105 지식기반사회의 평생교육 이해와 평생교육 프로그램 개발
박성열 | 건국대 교육공학과

106 N세대의 미술교육
김동철 | 대구교육대 미술교육학과

107 노후계획과 투자
권택호 | 여수대 국제통상학과

108 영화산업
양영철 | 경성대 연극영화학부

109 동유럽의 변혁과 언론의 역할
정대수 | 경남대 정치언론학부

110 환율, 임금, 물가가 국제경쟁력 및 수출입산업에 미치는 영향
하인봉 | 경북대 경제통상학부

111 일본기업의 기술혁신 전략
위정현 | 중앙대 상경학부

112 노후보장정책과 역저당연금제도
조덕호 외 | 대구대 행정학과

113 유비쿼터스 라이프와 미래 사회
김석수 | 한남대 멀티미디어공학과

114 죽음과 관련된 생명윤리적 문제들
구인회 | 가톨릭의과대 인문사회과학교실

115 경제적 세계화와 빈곤문제, 그리고 국가
김준현 | 한일장신대 인문사회과학부

116 한국의 세계불교유산
김종명 | 한국학중앙연구원 한국학대학원

117 복지레저서비스론
고태규 | 한림대 국제학부

118 자생적 철학체계로서 인간중심철학
선우현 | 청주교대 윤리교육과

119 전략적 통합과 한반도 평화체제
김승채 | 고려대 정책대학원

120 환경사법론
전경운 | 경희대 법학부

121 인터넷 자료를 통해 본 한국의 이혼 문화와 사회복지
성정현 외 | 협성대 사회복지학과

122 유럽연합의 사회정책에 관한 연구
문진영 | 서강대 신학대학원 사회복지학과

123 여성건강의 통합적 관점
김혜원 | 관동대 간호학과

124 복잡계 네트워크 과학
강병남 | 서울대 물리천문학부

125 경제적인 3세대 전원주택 개발
박근준 | 호서대 건축공학과

126 사회복지와 인적자원개발
이상일 | 인제대 국제경상학부